HEALTH&SCIENCE

U0855520

健康与科学

张洪祯 主编

开明出版社

图书在版编目（CIP）数据

健康与科学 . 1 / 张洪祯主编 . -- 北京 : 开明出版社，2024. 9. -- ISBN 978-7-5131-8865-4

Ⅰ. G883

中国版本图书馆 CIP 数据核字第 2024H2T027 号

责任编辑：柴小星
美术编辑：赵墨染
出　　版：开明出版社（北京海淀区西三环北路 25 号　邮编：100089）
经　　销：全国新华书店
印　　刷：鸿博昊天科技有限公司
开　　本：1/16　889×1194
印　　张：11.25
字　　数：275 千字
版　　次：2024 年 9 月　第 1 版
印　　次：2024 年 9 月　第 1 次印刷
定　　价：68.00 元

印刷、装订质量问题，出版社负责调换货　　联系电话：(010) 88817647

Contents
目 录

政 策 园

名 家 坊

交 流 苑

康 养 居

关于2024—2025年持续开展“公立医疗机构经济管理年”活动的通知

各省、自治区、直辖市及新疆生产建设兵团卫生健康委、中医药局，国家卫生健康委、国家中医药局预算管理医院：

为贯彻落实全国卫生健康工作会议及全国卫生健康财务工作会议部署，持续提升公立医疗机构经济管理水平，助力卫生健康事业高质量发展，结合新形势、新要求，现就2024—2025年开展“公立医疗机构经济管理年”活动（以下简称经济管理年活动）有关事项通知如下：

一、活动主题

继续坚持“规范管理、提质增效、强化监管”的主题，聚焦发展和安全，持续加强以业财融合为核心的运营管理体系建设，推动公立医疗机构内部流程管理精细化、规范化和信息化，以高水平经济管理支撑保障高质量发展。

二、重点任务及内容

（一）大力推进公立医疗机构运营管理信息化建设。各单位结合运营管理实际需要，参考《公立医院运营管理信息化功能指引》，建立健全以业财融合为核心的运营管理信息集成平台，强化人工智能、大数据、云计算等现代信息技术应用，加快内部各类信息系统互通互联、各类数据共享共用，充分发挥信息化在业务管理与经济管理融合发展中的重要支撑作用，显著提升运营管理精细化水平和效率效益。各地要加强配套政策支持，推进本行政区域内公立医疗机构运营管理体系建设，并积极搭建本地区信息化管理平台，对各单位经济运行等情况进行监测分析、跟踪指导，大力提升治理水平。

公立医院高质量发展试点医院及国家卫生健康委、国家中医药局预算管理医院要率先完成运营管理信息集成平台建设，其他医院要加快实施、有力推进。到2025年底，努力实现全国50%三级公立医院具备和应用运营管理信息集成平台；力争到2027年底，实现全国三级公立医院全覆盖，全国二级公立医院覆盖率明显提升。

（二）深入梳理完善公立医疗机构内部各类业务流程。各单位要聚焦内部能够获取资源流入或资源消耗的医教研防产等各类业务活动，以及内部职能科室的各类业务活动，以具体管理“事项”为单元，以遵规守纪和尊重行业规律为前提，以质量提高和效益提升为目标，以节能降耗和增收节支为核心，以健全内部控制体系和风险防控为重点，以全链条管理监督和职能职责无缝衔接为根本，梳理优化相关业务活动的管理流程，并逐步将行之有效的管理流程内嵌到相应的信息系统，积极推进内部各类业务流程的规范化、科学化、精细化、信息化。

公立医院高质量发展试点医院及国家卫生健康委、国家中医药局预算管理医院优化不少于5个业务流程；省级三级公立医院和二级公立医院优化不少于2个业务流程。注重以点带面，在总结经验后逐步扩大优化范围，有效提升医院整体运营效益。我们整理了部分优化业务流程的典型案例，供参考。

（三）积极推动落实财务管理标准化和规范化要求。各地要按照《医疗服务项目财务相关归集口径规范》（以下简称《归集口径规范》），做好《全国医疗服务项目技术规范（2023版）》中的项目与现行医疗服务价格项目的匹配衔接，形成本省份医疗服务项目财务归集口径规范，并指导本行政区域内医疗机构完成映射对接工作。全国公立医疗机构均要按照《归集口径规范》统一医疗服务项目在医疗收费票据分类、会计科目分类以及住院病案首页费用分类等财务相关归集口径，提高卫生健康行业经济数据质量，提升统计数据的规范化水平。各地在实施前，均要通过模拟测试，开展归集口径规范实施前后相关数据指标变化情况的对比，做好结果分析及问题研判，确保不会出现纰漏后再集中推进归集工作。各单位要积极响应省级行政部门的工作部署，按照省级对接结果梳理本单位项目，评价分析对接归集的结果，发现问题，积极主动提出意见建议及解决方法。

（四）着力防范化解公立医疗机构经济运行风险。各地各单位要严格落实审计监督、财会监督、巡视巡查、内部控制等工作要求，深入开展经济运行监测，加强风险排查，聚焦重点事项、关键环节，健全风险评估机制，完善制度体系，构建全员参与风险防范工作格局，保障公立医疗机构健康可持续运行。各地要密切关注收不抵支、长期债务、拖欠薪酬等重点风险，加强监测预警、风险管控，落实工作责任，强化源头治理，分类施策化解风险，切实保障行政区域内医疗机构经济运行安全和可持续发展。各单位要深入剖析风险隐患，分析成因，采取有效措施，有的放矢，切实化解风险隐患。

（五）持续落实2022—2023年经济管理活动任务要求。各地各单位要对照检查2022—2023年经济管理年活动提出的4项重点任务要求，找不足、补差距、提效能。持续做好集中整治医疗机构违法违规获取医保基金三年专项行动，从根本上减少违法违规骗取医保基金行为，规范诊疗行为和计价收费行为，解决重点难点突出问题，强化运用信息化手段开展智能审核监管，构建穿透式监管体系，建立健全长效监督机制。

三、工作要求

（一）强化组织领导。各地要坚持问题导向和目标导向，围绕任务目标，巩固经济管理年活动开展以来成果成效，坚持经常、精准、精细，突出重点、补齐短板，运用具体措施举措，解决重点难点问题，不断提升行政治理能力。持续加强经济管理队伍建设，组织开展公立医院主要领导人员经济管理培训，不断提升医院管理能力。

（二）纵深推进落实。各单位主要负责人要牵头组织实施，坚持全面动员、全员参与、全覆盖管理、全流程管控，将以业财融合为核心的运营管理作为可持续发展的重要措施手段。聚焦运营管理体系建设、实施业财融合具体举措、经济运行风险防范化解、医疗服务项目归集等重点事项及关键环节，制定具体实施方案，明确责任分工。城市医疗集团和县域医共体牵头医院要具体负责和指导医联体内机构的运营管理工作，积极构建牵头带动、整体提升的良好氛围。

（三）加强示范引领。通过持续推进经济管理年活动，全国已形成一批优秀典型案例，各地各单位要积极组织宣传典型、学习典型，借鉴好经验好做法，引导带动本地本单位，不断强化组织、健全制度、完善机制、创新实践，比学赶超、争先创优，不断巩固和深化经济管理年活动成果成效。

国家卫生健康委、国家中医药局将通过调度推进、调研指导、典型推介、总结评价、通报表扬等方式，推进经济管理年活动重点任务及内容的落实，促进公立医疗机构经济管理提质增效。

国家卫生健康委　　国家中医药局

2024年6月28日

关于开展全民健康素养提升三年行动（2024—2027年）的通知

各省、自治区、直辖市及新疆生产建设兵团卫生健康委、中医药局、疾控局：

为全面系统提升全民健康素养，进一步推动卫生健康工作从“以治病为中心”向“以健康为中心”转变，国家卫生健康委、国家中医药局、国家疾控局决定联合开展“全民健康素养提升三年行动”。现将《全民健康素养提升三年行动方案（2024—2027年）》印发给你们，请认真组织实施，确保取得实效。

国家卫生健康委办公厅

国家中医药局综合司

国家疾控局综合司

2024年5月29日

全民健康素养提升三年行动方案（2024—2027年）

党中央、国务院高度重视健康素养促进工作，明确提出“提高全民健康素养水平，是提高全民健康水平最根本最经济最有效的措施之一”。近年来，我国大力实施健康中国战略，出台一系列政策举措，推进健康中国建设，开展健康知识普及行动，取得明显成效。监测显示，我国居民健康素养水平呈现持续增长态势，2023年达到29.70%。

为进一步推动卫生健康工作从“以治病为中心”向“以健康为中心”转变，推动中医药成为群众促进健康的文化自觉，更加全面系统提升居民健康素养，教育引导居民个人真正成为自己健康的“第一责任人”，特制定本行动方案。

一、目标任务

以宣传推广《中国公民健康素养——基本知识与技能》为主线，推动健康教育进社区、进家庭、进学校、进企业、进机关，引导公众自觉践行文明健康绿色环保的生活方式，让人民群众真正成为自己健康的第一责任人，更好地重视健康、维护健康、享受健康。主要目标如下：

——优质健康科普产品供给更加丰富，健康科普服务的覆盖面、触达率和有效性进一步提升；

——健康科普信息传播环境更加清朗，权威健康科普作品全方位、多渠道推送，虚假错误信息得到坚决遏制；

——健康教育人才队伍更加壮大，医疗卫生机构和医疗卫生人员投身健康教育的专业性、主动性、创造性进一步增强；

——动员社会各界支持参与更加广泛，社会力量和人民群众参与健康教育的机会和平台进一步拓展；

——全国居民健康素养水平持续提升，2024—2027年平均每年提升2个百分点左右，中国公民中医药健康文化素养水平持续提升。

二、主要措施

（一）加大优质健康科普产品供给

1.发布一批优质健康科普作品。遴选汇集医疗卫生机构优质健康科普资源，建立国家健康科普资源库矩阵。围绕婴幼儿、儿童青少年、老年人、孕产妇及职业人群等重点人群，聚焦近视防控、心理健康、合理膳食、科学运动、传染病防控、“减盐、减油、减糖、健康口腔、健康体重、健康骨骼”（简称“三减三健”）、健康孕育等重点主题，不断创新健康科普的理念、视角、模式，向社会发布一批科学权威、通俗易懂的健康科普作品。针对重要热点问题反复讲、持续说，不断强化公众意识。

2.出版一套健康科普系列丛书。做好“健康中国 你我同行”等系列健康科普丛书编辑出版工作，覆盖老年、儿童、妇女等重点人群和呼吸系统疾病、感染性疾病、癌症、合理膳食、心理健康等重点内容，向人民群众供给更多权威的健康科普图书。各地结合实际，自行编辑出版或者用好健康科普丛书。

3.办好一场新时代健康科普作品征集大赛。每年举办大赛活动，支持创作更多具有科学性、政策性、传播性的作品。发动全国各省份组织当地健康科普作品征集比赛，鼓励更多医疗卫生机构和医疗卫生人员参与到健康科普作品创作中来。

4.推出一系列中医药科普活动和产品。持续举办中医药健康文化知识大赛、“千名医师讲中医”、悦读中医等品牌活动，支持推出“灸童”“河洛”等多个系列科普漫画、短视频、文创产品等，鼓励中医药系统各单位在新媒体平台开设中医药科普专栏，经常性推送贴近群众生产生活的中医药养生保健等科普内容，不断提升公民中医药健康文化素养水平。

5.打造一批疾控科普传播品牌和精品活动。办好中国健康科普大赛，通过传播技能大赛提升专业人员制作科普作品的能力和水平，逐步拓展覆盖面和参与人群，不断扩大传播力、影响力。结合传染病高发季节时间特点、重大传染病防治主题日宣传活动等，开展形式丰富的线上线下科普活动，将传染病防控健康科普常态化、机制化。建设完善疾控健康科普资源库及专家库，进一步拓宽公众获取健康科普知识渠道，完善传染病疫情监测和应急科普发布联动机制，助力维护公众健康和公共卫生安全。

（二）规范健康科普信息发布与传播

1.落实一个健康科普知识发布和传播机制。强化多部门联动，通过电视、广播、报刊和新媒体等方式，广泛传播优质权威健康科普作品。梳理一批健康谣言和虚假错误信息样本，加大对互联网不良健康科普信息的监测和处置力度，对于影响力大、传播范围广的不良信息，及时处置辟谣，并依法追究传播者责任，净化健康科普网络环境。

2.推广一个健康科普小程序。联合中国计生协会在原试点工作的基础上，在中西部地区拓展“健康知识进万家”项目，利用小程序，依托计生协组织网络和会员组织服务体系，发挥计生协深入社区和家庭的工作优势，以家庭健康指导员为媒介，“点对点”地将优质健康科普作品推送给更多人群。

(三) 加强健康教育人才队伍建设

1.建强一个健康科普专家库。发布国家健康科普专家库成员名单（2024版），对入库专家实行培训和动态管理。推动国家和省级健康科普专家库成员积极开展科普活动，通过现场讲座、媒体采访、视频直播、撰写审核作品等多种方式，提升健康科普作品质量。

2.用好一个健康教育绩效考核机制。指导多地用好用足现有的健康教育和健康科普工作激励政策，让更多医疗卫生人员享受到绩效考核、课题申报、职称晋升、评优评先等制度保障，更愿意投身健康教育和健康科普。

(四) 加强社会倡导动员

1.建设一批健康县区。继续推进健康县区建设，坚持政府、社会、个人共建共享，改善各类健康影响因素。建立健康促进工作机制，制定健康公共政策，建设健康促进场所，营造健康文化，改善健康环境，培育健康人群。

2.打造一批健康促进医院。以健康促进医院建设为抓手，推动实现从以医疗卫生部门为主向以多部门多层次参与转变，从以个人为主向以个人和社区共同参与转变，从以疾病治疗为主向以预防为主转变。通过医院全体员工的参与，有效配置资源，开展有组织的行动，优化医院环境，出台有利于医患的政策，激发医护人员发挥最佳效能，将健康促进和健康教育有效融入疾病防治日常工作各环节。

3.发起一个健康素养宣传月。将每年6月份作为健康素养宣传月，推动行业协会、学会向全系统、全社会发出倡议，组织策划开展健康相关主题宣传教育活动，办好全国健康教育与健康促进大会，不断提升宣传活动影响力，掀起健康素养宣传推广的热潮。利用现有法定节日、传统文化节日、卫生健康主题纪念日等做好健康素养宣传。

4.组织一系列志愿服务活动。国家和各省份联动，定期组织“时代楷模”“最美医生”“中国好医生、中国好护士”月度人物和各级健康科普专家库成员等先进典型代表、权威专家，赴边远地区、少数民族地区、脱贫地区等开展“名医走基层——志愿服务行”活动，通过现场义诊、健康咨询、健康讲座等，将健康知识和健康服务送到村（居）社区和群众身边。

5.开展一场“我家的健康故事”征文活动。每年面向全社会征集健康故事，让广大群众讲好自己身边传承健康家风、树立健康理念、养成健康行为、提升家庭及成员个人健康素养等方面的故事，积极总结推广优秀故事中所反映的促进家庭健康的经验做法。

6.举办一期健康知识网络竞赛。联合有关部门和社会力量，借助互联网平台，每年举办一期健康知识竞赛，号召广大网民积极参与，学习知识，享受快乐，收获健康。

三、组织实施

一是加强协作。争取多部门支持，用好卫生、宣传等部门协作机制，强化卫生健康系统上下联动，广泛动员社会力量参与，落实好各项任务。二是务求实效。各级卫生健康部门结合当地实际，推进工作形式、方法创新，不断增强针对性和实效性，坚持以服务群众为出发点，以群众满意为落脚点，不强制摊派任务，不搞劳民伤财、华而不实的形式主义，办出特色，办出成效。三是总结交流。在行动实施过程中，深入挖掘各地各部门加强健康教育和健康科普的鲜活经验，对典型案例进行交流推广。充分利用各类新闻媒体和网络新媒体，广泛宣传提升居民健康素养的好举措好做法，在全社会营造良好的舆论氛围。

于智敏：砻琢已曾经敏手，研磨终见透坚心

“砻琢已曾经敏手，研磨终见透坚心。”唐代诗人齐己的一句弘扬工匠精神的诗句十分贴切地道出了于智敏的学医心路历程。

幼承家学启蒙，耽嗜岐黄不已

河北省承德市是全国首批历史文化名城，清代有“文明福地”之称。于智敏出生于承德的一个中医世家，其父亲是当地颇具善名的中医，博览群书，医术精湛，淡泊名利，积德行善。

“幼时，常常看到父亲沐浴着药香，站在药匣旁，平和且亲切地与人交谈，治好了一个又一个患者。”于智敏从小耳濡目染，有立伟功于中医之志。父亲亦因材施教，通过讲述名医扁鹊、华佗的故事培养他的兴趣爱好，再以善巧方便之法循循善诱，于智敏通过背诵《医学三字经》《濒湖脉学》《药性歌括》《汤头歌诀》四小经典开蒙，时至今日，许多篇章他仍能脱口而出。

负笈得窥医道，临床始证真诠

1982年，于智敏如愿考入河北医学院（现河北医科大学）中

医系，开始了系统的中医药理论学习与实践。自此，家学启蒙的兴趣爱好和专业系统的高等教育实现无缝衔接。大学期间受到的各科教师的谆谆教导，为于智敏打下坚实的中医理论基础；其亦在临床见习与实习时目睹了中医疗效之神奇。自此，他逐渐明确理论与实践相结合的学术目标。

1987年，于智敏大学毕业，同时考入南京中医药大学，师从中医药文献学家吴贻谷老师攻读硕士研究生。吴老作为《中华本草》的主编，精通医理，深谙药性，学验俱丰。于智敏之所以选择本草专业，主要源于对“医药”二字的理解。《说文解字》以“医”为“治病工也”“药”为“治病草也”训解“医药”。“工欲善其事必先利其器”，岂可疏忽？学习中，于智敏掌握了中药本草文献知识，也了解了中药药理、药化研究进展，这为从新的视角审视中医药提供了参考与借鉴。

1990年硕士研究生毕业后，于智敏被分配到北京工人疗养院（现首都医科大学附属北京康复医院）工作，成为一名中医大夫，在此期间他管过病房，出过门诊，做过药浴，还为医院研制过内部制剂，一步步成长为主治医师。

早在1987年，于智敏便结识了著名中医药学家、国家药典委员会委员、现代中医治则学开创者周超凡教授。经过多方努力，1993年，于智敏被调入中国中医科学院中医基础理论研究所，终于成为一名中医理论研究工作者。期间在周超凡教授的指导下，出版《中医治则学》等多部学术专著，其中两人共同主编的《中医治则学》先后获得中国中医科学院科技进步三等奖、中华中医药学会科学技术奖图书二等奖。

1998—1999年，于智敏作为第七批医疗队队员，参加了中国中医科学院在非洲开展的中医药治疗艾滋病援助项目。他在完成国家科研项目的同时，大胆运用中医辨证论法治疗艾滋病相关综合征，并摸索出一些经验，研究论文《中医药治疗艾滋病相关综合征初探》公开发表后，引起国内外学者的关注。

2003年，于智敏在不惑之年考取中国中医科学院中医基础理论研究所所长潘桂娟研究员的博士研究生。他以中医药学之“毒”为研究对象，以古今文献为本底资料，综合运用文献学、分类学、概念学、诠释学、思维科学等多学科研究方法，对中医药之“毒”进行全方位的系统研究，提出许多新的观点和见解。特别是他在研读《素问•至真要大论》“病机十九条”经文的基础上，结合金元医家刘河间补充“燥邪”病机的经验，对“毒邪”病机进行了逐补，从毒邪导致的病证、毒邪的特点入手，对其进行了高度归纳概括，提出“诸病暴烈，竟相染易，皆属于毒”“诸病重笃，伤神损络、败坏形体，皆属于毒”“诸邪秽浊，皆属于毒”“诸邪迁延，蕴积不解，皆属于毒”的病机原则，实现正本清源，还中医学之“毒”本来面目。

2008年，于智敏成为中央文史研究馆馆员、中国中医科学院名誉院长王永炎院士的传承博士后，开展著名中医药学家学术思想与临床经验的传承研究。他用三年的时间，对王永炎院士的学术思想、学习成果、诊疗经验、用药心得等进行研究挖掘，从守正、传承、创新角度完成了博士后流动站研究工作，出版研究专著《永炎医说》，完成“王永炎学术思想研究”课题的出站报告。于智敏也因此项工作及其成果，荣获2011年度中国中医科学院“岐黄中医药基金会传承发展奖”，其主编的《中医病机新论》在2022年荣获中华中医药学会科学技术奖学术著作奖三等奖。

读经典做临床，参名师悟妙道

于智敏不仅有扎实的中医经典基本功，还有较高的中医临床诊疗水平。工作之余其喜欢研读《黄帝内经》《伤寒论》《金匮要略》《神农本草经》等中医典籍，耽嗜经典，乐此不疲。他坦言这是缘于导师王永炎院士的指引，而且他认为这是企踵先贤、登堂入室的门径与阶梯。经典是根，根深才能叶茂；临床是本，本固才能枝荣；名师是灯，灯明才能破暗；妙道是心，心悟才能上达。

读经典。中医经典中蕴含着大智慧，是颠扑不破的大道。即

便如药王孙思邈，也“青衿之岁，高尚兹典；白首之年，未尝释卷”。经典之魅力与价值永远值得流传。“在我的床头，始终有一种睡前读物，那便是开明出版社出版的《中华传世医书》。该书精选历代著名医学典籍二百一十余种，蔚为大观，展现了中医的历史渊源、人文真谛与临床实践精髓。”

做临床。中医为一门实践医学，不能脱离临床而存在，否则便是无源之水、无根之木。作为第七批全国老中医药专家学术经验继承工作指导老师，于智敏认为在学术传承过程中，要注重把零散的经验总结成理论，进而成为具有普世价值的知识体系，这是做临床的最高境界，也是学术传承的精华。

参明师。“明师懂医理、辨人事、识天理三者缺一不可。”医理是指导临床正确诊疗的核心与关键；人事即人情世故，包括医者之情、患者之情和旁人之情，唯有练达人情才能在治疗中深入人心，挖掘出患者的潜在问题，以此指导诊疗，更好地提高疗效；天理则是人类探索自然的法门，亦指自然的法则。

悟妙道。读经典、做临床、参明师是过程和手段，悟妙道是终极目标和唯一归宿，这也是中医强调“心悟者，上达之机；言传者，下学之要”的由来。《素问•八正神明论》描述的“慧然独悟”，就是一种豁然开朗、恍然大悟的表现。

于智敏每每于三世医学中体会到中医药文化几千年来的精髓，办公室中患者书赠的“佛心仙手，德术并彰”斗方，“德不近佛，才不近仙者不可以为医”赠语，是对他“博览群书，精通道艺”大医风范的褒奖。

经史蕴奇术，典籍藏妙方

于智敏是第七批全国老中医药专家学术经验继承工作指导老师，每天患者不断。在他的桌上摆放着许多“处方笺”，里面记录了每一位求诊患者的望、闻、问、切证候和为其开具的经验处方。对于许多令人束手无策的奇怪病证，于智敏也总是从容不迫。他说：“深入病机，天下无难治之病。”

“喜乐者，神惮散而不藏”案：有一位时常无故发笑的患者，周围人都觉得他患有精神类疾病或神经系统疾病。诉诸中医，众人也难以就病情判断达成一致。面对这一怪病，于智敏从病机出发，做出如下诊断：“喜乐者，神惮散而不藏。”本病应系“神不藏”所致；“心藏脉，脉舍神”，本病为神不藏于脉；“脉为血之府”，血不藏神必为病；“血者神气也”，血与神一体。所以要养血安神，可用张仲景的名方酸枣仁汤来治。一段疗程之后，患者大笑的症状得到了很好的改善。

“前阴者，宗筋之所聚”案：有一位35岁刚完成生育的患者，生育完后，下阴疼痛剧烈，到各个医院治疗，皆无明显疗效。于智敏根据患者描述，逐步分析病情，寻求根本。从部位来看，“前阴者，为宗筋之所聚，太阴阳明之所合也”，病位在下，当为足太阴、足阳明二经；从经脉循环来看，足厥阴肝经绕前阴，“经脉所过，病之所主”，中医对疼痛有两种认识，一是不通则痛，二是不荣则痛。不通则痛是实证，经脉阻滞不通，疼痛剧烈；不荣则痛为虚证，经脉濡养不够，疼痛绵绵。本病显然为实。再结合脉象沉细，故为寒凝肝脉，气血运行不畅，不通与不荣并见。急则治其标，用橘核丸行气止痛、软坚散结。患者服药后疼痛迅速缓解，再以补肝汤合暖肝煎调理善后而恢复正常生活。

“陈莝去而肠胃洁，癥瘕尽而荣卫昌”案：有位“五更泄”患者病情严重，久治不愈，严重影响正常生活、工作与心情，多方辗转来诊。于智敏在闲谈中帮助患者疏解心中郁结，从鲧淹洪水的失败中吸取教训，用大禹治水的成功经验，改变了“堵”的办法，对洪水进行疏导。基于张子和“陈莝去而肠胃洁，癥瘕尽而荣卫昌，不补之中有真补者存焉”的理论，用温脾汤通因通用。患者腹泻不止是因为体内垃圾堆积，刺激肠胃。结合理论经典，于智敏为患者开具方药温脾汤，叮嘱其周末在家服用，因为药物会刺激其多次腹泻，泻完后身体便会好转。果然，患者用药后症状明显好转。《素问·至真要大论》：“寒因寒用，热因热用，塞因塞用，通因通用，必伏其所主，而先其所因。”于智敏指出，“此例所用为通因通用法，是反治法之一，讲究以通治通。”对待患者，于智敏做到了让其知其然，又知其所以然。

“头痛耳鸣，九窍不利，肠胃之所生也”案：有一位老人，自述耳聋，听不见说话声。于智敏本打算按照耳聋耳鸣的症状治疗，结果患者的一句话引起了他的注意：“大夫，你说我咋这么倒霉，耳朵聋，胃还凉，冰冷如铁块。”由此提示，他重点诊察患者的胃肠情况，根据《素问·通评虚实论》云“头痛耳鸣，九窍不利，肠胃之所生也”入手诊治。因为肠胃属于中焦，中焦气机痞塞，升降失常，可导致五官七窍及前后二阴功能失常，并引起头痛耳鸣的病证。此病根本在胃不在耳，以附子理中丸、良附丸、吴茱萸汤合方加减施治。果然，对症下药后，症状明显改善。

明代名医李中梓在《医宗必读》中曾说：“知常知变，能神能明，如是者谓之智圆。”回归到中医治疗本身，要做到心中有疑，手下有准。在治病前耐心询问患者的治疗经历及药方，避免重蹈覆辙，以此达到“通变”的效果。“千方易得，一效难求。”“越是面对难解之题越要沉下心来寻求经典，从中汲取智慧。”这也是于智敏在诊疗过程中形成的基本思想理念之一。

养生莫若知本，生生不息谓易

养生是中医药文化的显著标识，治未病是中医药优势和特色的重要体现。养生涉及多个学科，包括理念、技术和方法。在研读古今养生文献的基础上，并结合自己的经验，于智敏将其概括为精神养生、饮食养生、运动养生、睡眠养生四大方面。

“气出于脑，即不邪干”“精神内守，病安从来”“勇者气行则已，怯者著而为病”：精神养生是根本，以清净之心体会病者体内气行之机，以心意来调其迎随顺逆。

“胃以喜为补”“生病起于过用”：饮食养生强调胃以喜为补，五味各归其所喜，但以喜为补并不意味着我们可以放任口腹之欲，否则会导致生病起于过用。“食物本身没有好坏之分，只有不善于用的人。”

“骨正筋柔，气血以流”“动诸关节，以求难老”：这是运动养生的根本目的，各种运动最终都是为了肌肉柔软，关节灵活，气血顺畅，如此则“气血冲和，万病不生”。

“不觅仙方觅睡方”：要重视睡眠和养生的关系。从现代医学来看，良好的免疫功能是人体健康的基础，免疫功能失调是万病之源，不良睡眠是破坏免疫功能的罪魁祸首。调整睡眠的方法很多，比如“胃不和则卧不安”“先睡心后睡眼，先醒眼后醒心”“寒从脚下生，热从头上起”等，具体方法要择其要而行之。

中医药不仅是传统中国医学的瑰宝，也是世界医学宝库中不可或缺的一部分。在首档向世界传播中医药文化的大型文化节目——《中国中医药大会》中，于智敏通过经典医籍的深入阐述，为大家带来更多中医历史和理论的专业观点，展现了传统中医药文化的现代魅力。

知微通理性，滋味好研精

药物的安全性评价一直是国内外研究的热点问题。随着中国加入世界贸易组织，中医药面临着良好的发展势头和难得的发展机遇。因此，开展中药的安全性评价研究，就显得非常重要。作为中医药研究工作者，于智敏和他的同事们一直关注着中药的安全性问题。

中药的安全性问题主要表现为药物的毒性和不良反应。我国从1989年建立了不良反应检测中心，开始对药物的不良反应进行监测与评价，但对中药不良反应的监控和评价还存在空白。

于智敏说，目前中药出口走向世界的关键就是中药的安全性问题。世人并不怀疑中药的疗效，但对中药的安全性却存在着疑虑。在中药的不良反应中，很多是中药里农药的含量超标，重金属、化学物质残留导致的。另外，中药的炮制、配伍等也缺乏客观、量化的标准，因此，现在的研究是借鉴现代毒理学的一些知识和手段，确定中药的毒性和不良反应是在什么情况下发生的。“药品放心工程”的开展，将有利于解决好中药存在的问题。

胸怀仁德术，发心利乾坤

在中医治学方面，于智敏强调“思贵专一，不容浮躁者问津；学贵沉潜，不容浮躁者涉猎。”主张从“根”上感悟中医魅力，具体而言，就是作为一名优秀的医生应该具备仁心、信心、精心、耐心。

为医要有仁心：“医者，人之司命也。”必须具备仁慈爱心和大慈恻隐之心，如此才能做到“活人之心不可无，而自私之心不可有”。孙思邈的《大医精诚》以先发大慈恻隐之心开头，意义深远。这是医生道德修养的表现。

临证要有信心：医生治病救人，必须胆欲大而心欲小，平心静气，信心十足，如此才能智圆行方、临危不乱。这是医生职业素养的体现。

诊断治疗精心：医生必须技艺精湛，精益求精，在自己的专业领域刻苦钻研，做到名副其实。这是医生专业能力的体现。

对待患者耐心：医者依也，是患者生命的依靠，诊疗时必须有耐心，不能仓皇草率、孟浪从事，更不能言语简单粗暴、行为粗鲁，这些都会对患者造成有形或无形的巨大伤害，所谓断人信心如同图财害命。

《论衡》有言：“医能治一病谓之巧，能治百病谓之良。是故良医服百病之方，治百人之疾；大才怀百家之言，故能治百族之乱。”这或许就是“胸怀仁德术，发心利乾坤”的缘由！

“莫道桑榆晚，为霞尚满天。”跋涉在中医药学的研究长河中，于智敏还有很多的目标想要实现。作为一位坚毅勇敢的行者，他对中医事业的热诚和执着足以散作满天云霞，装点中医学术传承和发展的无双画卷。

（作者/编辑：郑苗苗）

王成祥：仁心施妙手，悬壶誉杏林

“夫医者，非仁爱之士，不可托也；非聪明理达，不可任也；非廉洁纯良，不可信也”，北京中医药大学第三附属医院院长王成祥，便是这样一位有能力、有温度、有担当的医者。

从医40多年来，他始终奋战在临床一线，用一双妙手为无数患者点亮人生；他始终坚持在科研前沿，凭创新技术推动我国中医医学事业不断发展；他始终坚守在三尺讲台，悉心传授毕生所学，精心培育栋梁之材。他是深得患者信任的“王医生”，是中医科研创新领域的“探索者”，是被学生亲切呼唤的“王老师”，更是新一代中医人中的“佼佼者”，也是中医文化宝库的“探宝人”。

因为热爱，所以专注

王成祥出生在五莲县户部乡的一个美丽山村，这里是清代疫病大家刘奎的故里。早在孩提时代，王成祥就受父亲的熏陶，上山采药，练习针灸，与传统中医药结下了不解之缘。耳濡目染，环境熏陶，指引着他的发展方向。1981年他被山东中医学院录取，读书期间，他精心研习，如饥似渴地学习中医药知识，系统研读的《黄帝内经》《伤寒论》《金匮要略》

等经典著作，都使他终身受益。

毕业后，王成祥回到家乡五莲县人民医院中医科成为一名临床大夫，并在父亲的引荐和帮助下，遍访当地名老中医，逐一向他们虚心请教，博采众长。而后，他顺利考取北京中医药大学东直门医院第一届“临床技能型”硕士研究生，师从著名专家杜怀棠、周平安、姜良铎教授。不断地学习深造给王成祥的职业生涯带来了变化和希望：攻读硕士和博士学位期间，王成祥分别以老年性肺炎和病毒性肺炎作为自己的研究方向，毕业后以优异成绩留在东直门医院工作。

一个人看得见的成就，必然有看不见的努力做积淀。回忆以往，王成祥坦言：“努力不一定会成功，但是不努力则一定不会成功。当你彻底想明白生活的本质，你再进入生活就会知道该怎么通过自己一步步地努力，让生活变得更好。”显然，在王成祥看来，临渊羡鱼，不如退而结网。只有努力了，人生才会有价值。

学术继承，开拓创新

作为杜怀棠、周平安、姜良铎等名老中医的主要学术继承人，王成祥长期致力于中医药防治呼吸系统疾病的临床和应用基础研究，前期工作主要集中在呼吸系统常见病原体——病毒和细菌的中医药临床和实验研究。

在呼吸道病毒研究方面，王成祥带领团队对治疗流感的效方益气清瘟解毒合剂进行了临床、整方及拆方研究。临床研究表明该方有明显的退热效果及改善临床症状的疗效，证明该方通过干预炎性细胞因子的表达，可以调节机体的免疫功能，从而减轻炎性损伤。

王成祥团队根据益气清瘟解毒合剂的方义将复方分为辛温解表、辛凉解表、清热解毒、益气四种治疗法则进行拆方。通过四法对抗流感病毒作用机制的系统研究，发现清热解毒法对流感病毒感染急性期及后期显示出较强的抑制作用，并能修复免疫炎症损伤，提出并证实了“在热病热毒炽盛时期，也正是炎性因子异常增高，免疫反应激烈的时期”的假说，筛选出了具有较好抑制免疫炎性损伤并促进其修复的中药黄芩和板蓝根，为中医药防治流行性感冒提供了科学依据，多家医院对该复方进行了临床应用，取得了较好的社会效益。

在呼吸系统细菌感染研究方面，王成祥团队在“十一五”国家科技支撑计划项目“扶正解毒化瘀法干预老年肺炎病死率的临床评价及治疗技术应用规范研究”的实施中，提出“正气亏虚、毒瘀互结”是老年性肺炎的基本病机，扶正解毒化瘀方可有效降低老年肺炎的病死率，尤其对耐药铜绿假单胞菌有较好的干预作用，对病毒所致的老年肺炎亦具有较好疗效；研制了专利药物扶正解毒化瘀颗粒，取得了良好的社会与经济效益。

之后，王成祥以提高临床疗效为目标，在传承秦伯未、董建华、杜怀棠等名老中医治疗肺系疾病学术经验的基础上，拟继续开展中医药防治呼吸系统疾病的临床和应用基础研究，争取在中医药减少抗菌药物应用、减毒增效方面有所突破。其中便有一典型临床案例：82岁的男性患者张某某因慢性咳嗽前来就诊，症状已持续30余年。他本是江苏人，在30多年前定居北京，自觉因气候原因出现咳嗽，出差江苏后咳嗽则无，回京则咳嗽，既往自服咳嗽药未见效。外院就诊时胸部CT示双肺间质性纤维化，右肺下叶胸膜下小结节，双侧胸膜肥厚，胸腔少许积液，予以乙酰半胱氨酸片等服用一年，效果不显。

王成祥在详细观察患者病症、询问其家族史后，诊断患者证型为痰热内阻，开具处方。患者服用一周后复诊：药后咳嗽减轻，平卧位时咳嗽明显，时咳出少量淡黄色稀痰，咽痛，口干，无口苦，欲饮水，纳眠可，大便可（药后大便通畅，不干不溏），尿频，舌暗红，苔厚腻微黄，脉弦数。结合症状，王成祥调整处方，加白花蛇舌草、知母、生地、炙枇杷叶。两周后再次复诊：药后咳嗽减轻，平卧位时咳嗽明显，时咳出少量淡黄色稀痰，容易咳，咽干咽痒，口干，稍口苦，欲饮水，纳眠可，二便可，舌暗红，苔黄燥，脉弦数。证属痰热内阻，气阴两伤，再次诊断病情调整处方。

患者及其女儿诉规律服用中药治疗后，咳嗽较之前减轻，冬春季节咳嗽次数亦减少。经过一年多的治疗，患者对于症状的减轻和疾病的稳定感到满意。患者及其家属对王医生表示感谢。

科研管理，相辅相成

王成祥是一个积极进取的人，深入骨髓的人生信条让他养成了不断进取的习惯，任褒誉满身，他都没有停下追逐和创新的脚步。

2017年7月，他接任北京中医药大学附属第三医院（以下简称北中医三院）院长，充分发挥了中医药在治未病中的主导作用、在重大疾病治疗中的协同作用、在疾病康复中的核心作用。

如今，在多种病原体、微生物感染的背景下，北中医三院的研究团队，将注意力调整到中医方药控疫病的角度上，并着力探索耐药菌感染的病机病理，探索可出奇效的中药配方。

在做好医疗、教学、科研等工作的同时，王成祥坚持医院公益性，注重提升百姓健康水平，提倡中医未病先防理念，并且关注医养护融合发展，重视中医文化的宣讲和中医药下基层活动，努力让中医文化为“健康中国”战略保驾护航。他坚持“中医特色鲜明，中西并行发展”的建院思路，大力开展中医文化建设；定期组织“温经典、做临床”系列讲座和中医优质护理服务评比；开展“八段锦”群众教学的同时，也在微信公众平台开展治未病、中医咨询等服务，得到了患者的认可。

为配合中医药下基层活动，他还建立“杏林飘香”专家服务团队，开展“进社区、进企业、进军营、进学校、进农村”的五进义诊活动。多年来，他带领团队持续开展对口支援、京津冀地区医疗一体化合作，通过总结、梳理名中医经验，推广中医适宜技术，并实施项目化管理，精准帮扶，做到管理精准、人才精准、方案精准，培养了一批既懂临床医疗又懂康复养生，既懂心理又懂管理的全科医学工作者，齐心长久地贡献于我国的健康事业。

为充分发挥名中医专家示范带动作用，加强名中医专家学术经验传承，2023年12月，北京中医药大学第三附属医院在密云区举行首批名中医工作室揭牌仪式。王成祥、唐启盛两位中医专家与密云区5名学员结为师徒关系。

王成祥指出，自北京中医药大学三附院与密云区中医医院深度融合以来，通过人才双向交流、技术设备支持等方式，实现了中医医院综合服务水平的稳步提升，培养了一批中医理论扎实、临床思维清晰的中青年业务骨干。接下来，三附院将以名中医工作室建设为契机，着力发挥传、帮、带在中医传承创新中的突出作用，使密云区中医技术、学科建设、科研教学、人才队伍等方面得到全面提升，让中医理念和传统学术思想得到更好延续，为密云区中医药事业的高质量发展和基层卫生健康综合试验区建设共同助力。

基层帮扶，妙手丹心

子曰：“君子不器。”意思是人不应仅仅成为像器物那样定型的专才，而应成为没有任何名目可以局限的通才，通才具有无限的包容性和宽广性，王成祥认为，当代医院管理者亦应如此。

2003年“非典”期间，由于在病毒科研方面与许多农工党的医学科研专家接触，王成祥加入了中国农工民主党，入党后积极自学统战理论知识，不断提升自身的政治把握能力、组织协调能力、参政议政能力、合作共事能力。近年来，组织安排他担任农工党北京东城区委副主委、东城区政协常委、农工党北京市委常委、农工党中央联络委员会副主任、农工党第十五届和十六届中央委员等职。王成祥特别重视社会服务工作，多次组织和参加了少数民族地区及边远地区的医疗帮扶活动。

2020年8月20日，根据国家卫生健康委、国家中医药管理局《关于对三级医院对口帮扶贫困县县级医院的工作方案》要求，王成祥与专家成员到达扎赉特旗蒙医综合医院，与蒙医综合医院再次对接并开展义诊活动。经过第三批帮扶团队两个月的工作，蒙医综合医院中药房常用的中药饮片已经基本到位，为义诊及后续中医工作开展提供了有利条件。医院捐赠的远程会诊平台设备也在新院址初步搭建完成。8月22日上午，王成祥带领专家团队和帮扶团队又赶到了扎赉特旗阿尔本格勒镇，通过前期沟通，在镇政府的安排下，一起开展了多项健康扶贫活动。

为贯彻落实国家大力发展中医药政策，促进京蒙中医药学科的交流与合作，传播中医文化精粹，造福兴安百姓，8月23日，北中医三院专家团队又来到了兴安盟人民医院进行参观调研。王成祥表示，中医药建设首先要加大中医人才的建设力度，其次是全员推广中医

适宜技术，把被动等待变为主动出击；在协助推进兴安盟人民医院中医药建设的同时，也进一步精进北中医三院西医技术，发挥北中医三院中西医结合特色，更好地为百姓健康服务。

2020年11月，为进一步加强医疗扶贫，根据中央统战部的安排，王成祥带领北京中医药大学第三附属医院专家团队在贵州省赫章县中医院心肺病科、脾胃病科、肾病科、医务科等科室开展义诊、带教查房、科研指导工作。专家们为远道而来的患者悉心诊疗，采取针灸等疗法为患者解除病痛；赫章县中医院的医生认真记录并思考，对类似疑难病例及其诊疗手段有了进一步的了解；就诊患者也切实体会到了中医药“简、便、廉、效”的优势。

11月19日，他们来到大方县中医医院和大方凤山乡卫生院开展精准医疗帮扶和考察调研。帮扶专家组成员在进行实地考察及坐诊、查房等工作后，认为医院整体潜力很大，干部职工很有活力和朝气，求知欲很强，并对医院的各项工作给予了充分肯定。王成祥提出的人才培养、学科建设、医院发展等建议得到了当地领导的肯定，双方深入座谈，达成多项帮扶共识。

2023年11月，为充分发挥中医药及中西医结合的独特优势和作用，作为中华中医药学会肺系病分会主任委员的王成祥赴河南南阳参与“中医药专家赴革命老区送学术送医疗”活动，利用中华中医药学会的专家优势，探索更多合作模式，搭建综合交流平台，提升革命老区中医药人才水平，更好为老区群众提供医疗服务。

在实施健康中国战略的大背景下，本次活动不仅是对医学知识的传播，也是对党建工作引领下的社会责任和担当的践行，更是对国务院印发的《关

于新时代支持革命老区振兴发展的意见》的积极响应。

多年的农工党社会工作，让王成祥多了一重中医“活动家”的身份，他在实践中也很好地演绎了中医传播与推广的“活动家”角色。他几十年如一日，默默无闻、甘于奉献，让中医走进我国偏远山区，帮扶少数民族提高医疗卫生水平，推动中医药产业的发展。面对一份份出色的成绩单，王成祥淡淡地说自己是幸运的！与先辈们相比，他遇上了更好的时代，怀有一颗感恩的心，尽量多地帮助别人，这让他觉得快乐且有成就感。

防控疫情，独辟蹊径

在2020年新冠疫情防控过程中，王成祥作为院长第一时间部署防疫工作，成立医院新冠疫情防控工作领导小组，做好发热筛查、开展应急演练、建设PCR实验室，同时根据对疾病认识的不断深入和防控形势的变化，及时修订防控流程，调动近千人次支援各种岗位。对医院、校医院、小关社区3个阵地进行防控，取得了零感染的战绩，圆满完成了大学疫情防控、社区网点排查、境外返京隔离点医疗保障、密接人员流调转诊、大规模采样等防疫任务。

他与医院科研管理部门一起，总结凝练新冠患者恢复期核心病机和主要证候特点，集国医大师、首都国医名师及抗疫一线专家集体智慧，向北京市药品监督管理局申请并获批了两个院内制剂，分别是针对新型冠状病毒肺炎急性期的清瘟止咳颗粒和针对新型冠状病毒肺炎恢复期的桔杏君子颗粒。其中桔杏君子颗粒目前正在武汉应用于新型冠状病毒肺炎恢复期患者的康复治疗，临床疗效较好，为巩固抗疫成果做了突出贡献。

此外，作为北京中医药学会肺系病专业委员会主任委员，王成祥牵头制定的“新冠肺炎恢复期中医药综合干预方案专家共识”已由北京市中医药管理局印发执行，在指导新冠肺炎恢复期的中医药治疗中发挥了重要作用。他还中标了北京中医药大学新冠肺炎防控应急专项课题“基于‘新型冠状病毒肺炎病例登记系统’的新冠肺炎恢复期与后遗症中医药干预方案研究”，目前正在实施。

作为呼吸病学专家，他充分发挥专业优势，先后在北京卫视养生堂、新华网、北京政协委员讲堂从中医药防治疫病作用等角度展开科普宣传，反响强烈，为普及新冠肺炎传染病预防知识、缓解民众焦虑紧张情绪做出了积极贡献。

作为北京防疫专家组中西医结合组组长，他承担北京市海淀、房山、密云三区新冠感染收治地的技术指导工作；参与北京中医药大学组织的远程会诊，对武汉一线重症及复杂新冠感染病例进行远程会诊指导，提高了新冠感染的临床救治疗效。

在全力参加国内新冠感染防控救治工作的同时，王成祥积极组织学会专家线上支援全美中医药学会和塞尔维亚中医中心的中医同行，通过讲座等方式加强了学术交流，立足当地实际情况，有针对性地给予疫情防控救治的建议和指导，取得良好效果，受到国际友人的热烈欢迎和一致好评，彰显了农工党员的担当奉献和家国情怀，提升了中医药的国际影响力。因在疫情防控过程中贡献突出，2020年12月23日，他被中国农工民主党中央委员会授予“农工党抗击新冠疫情先进个人”荣誉称号。

“有所为，有所新；入于真实境，照以智慧光”，这是王成祥给人最深刻的印象。如今的他，集多重角色于一身，担任北京中医药大学第三附属医院院长一职，医院管理事务繁忙，肩负着引领医院迈向新高度的重任，却依然坚守在临床一线，以高中见贵的职业道德、专中见精的医疗技术、严中见情的工作作风，履行着一名中医人的职责，体现着一名好医生无私奉献、爱岗敬业的优秀品质。

（作者/编辑：郑苗苗）

安阿玥：广闻见行，创新肛肠病新疗法

“行医40多年来，从初次进入病房的好奇，到创造‘安氏疗法’，我见到过一张张被病痛折磨的脸庞，难忘那一双双渴望健康的眼睛，也更懂得扶危济困的责任与医者仁心的价值。如今，青丝转成白发，但行医初心未曾改变：医生，最重要的就是看病，踏踏实实、规规矩矩把病看好。”中国中医科学院望京医院肛肠科主任安阿玥感慨道。

多年的从医经历，被他用短短几句话概括：发明了一种肛肠病新药（芍倍注射液）；创立了一套肛肠疾病疗法（安氏疗法）；为很多患者解决了病痛；培养了一些好学生。

如今，安阿玥书柜里存放着他从医几十年来积累的各种资料。从那一封封手书的感谢信里，从那一张张黑白老照片里，从那一摞摞写满病例的笔记本里，我们走进了安阿玥的人生故事。

潜心钻研，以继承与创新书写肛肠病治疗新篇章

“治肛肠病，找安阿玥。”在肛肠病患者中口口相传。安阿玥发明国家新药芍倍注射液，采取分段外剥内扎芍倍注射术治疗环状混合痔、主灶切开对口引流治疗复杂性肛门直肠周围脓肿、非挂线疗法治疗高位肛瘘、近心端

结扎芍倍注射治疗直肠脱垂等，这些新的药物和手术方法，将肛肠疾病的治疗推向了新的高度。

20世纪70年代初，根据毛主席“六二六”指示，从中学招收一批学生到医院边学习边实践，安阿玥就是其中一员。他跟师苦学，一边自学中西医专业知识，一边勤练技术，自己买小动物练习解剖、缝合，千方百计提高医术。

两年后，他进入外科肛肠组开展临床工作。当时，肛肠科传统的疗法普遍痛苦大、术后恢复慢，往往导致“感染坏死、大出血、肛门狭窄”等并发症，甚至危及性命。

对此，安阿玥下定决心，一定要发明一种更安全的疗法，让病人痛苦小、疗程短、没有并发症。当时我国正开展中西医结合工作，安阿玥拜师苦学，希望能从中医药中获得灵感。他翻遍中西医肛肠疾病专著，骑自行车绕半个北京城去北京大学医学部学尸体解剖，蹲点换药手术并反复观察。没有项目资助，他就自掏腰包，买动物，熬中药；没有器械，就自己在家做，锅碗瓢盆都用上了；没有助手，就一个人做实验，写记录，为了试验药品毒性，他硬是自己喝下去亲身感受……父母觉得他简直着了魔，不但顾不上妻儿老小，好几次连回家的路都找不到了。

经过十多年潜心钻研，1986年，32岁的安阿玥率先提出了收敛化瘀的新法理论，并筛选出3味中药，以赤芍、五倍子、乌梅为主要组方，提纯后制成芍倍注射液。为了证明新药疗效，安阿玥先买来兔子做试验，动物试验成功了，又在自己身上试验，往胳膊、小腿上注射该药，至今仍留有痕迹。自己成功了，又在同事身上试验，最后才开始临床试验。

实践证明，“86—AN注射液”临床效果非常好。1991年，他被国家科委推荐代表中国参加第四十届布鲁塞尔世界发明博览会。参展第4天，一名患痔疮二十多年、久治未愈的欧洲商人在仔细研究了安阿玥的手术视频后，决定请他为自己手术。术后第二天，这名患者就到展厅幽默地吆喝：“这个项目真不错，不信我脱裤子给你们看。”芍倍注射液一举获得“项目金奖”等3项大奖。第一次，作为医疗项目金奖的五星红旗在布鲁塞尔冉冉升起，这一次，也是中医药走向世界的成功范例。

获得国际三项大奖后，安阿玥仍继续沉淀，又经过了11年临床验证，1997年才正式申报新药，2003年正式更名为芍倍注射液，并获得国家二类中药新药证书，同年底开始生产以及在临床使用。迄今为止，芍倍注射液依然是我国为数不多的复方中药注射液。为了使注射液更好发挥疗效，安阿玥又总结出安氏注射术。一般痔疮，只需一针中药注射液扎进患处，短短10分钟痔核可见萎缩，再辅以坐浴，一周内可愈；对于内痔、静脉曲张型混合痔等复杂病，尤其是不适合手术或结扎的痔疮，芍倍注射液也是唯一可以替代手术的新药。

除此之外，安阿玥还对乳腺炎手术进行过创新，从中他发现分散的小切口较一个大切口更利于引流。以此类推，肛瘘和脓肿治疗也需要有效的引流和内口处理，如果能像乳腺炎手术一样“分而治之”就能最大限度地保护肛门括约肌和肛管直肠环。受到启发的安阿玥，针对高位肛瘘和脓肿，设计出“低位切开高位胶管引流”术式，针对复杂肛瘘和马蹄型脓肿，他设计出“主灶切开对口引流”术式。经过三十多年的临床应用，这两种术式均取得了满意疗效，不仅能一次性解决问题，而且创口小，减少了病人的痛苦，保全了肛门的功能和外观，不易复发，疗程也缩短一半以上。现在，再难治的肛瘘不挂线也能治愈了。

因为其手术时间短、痛苦小，患者纷至沓来，有人不禁感叹：“难言之隐数十载，安氏一针即了之。”患者亲切地称他为“安一刀”。

在此期间，安阿玥先后应邀出访美国、比利时、印尼、新加坡、奥地利等十余个国家，进行讲学及手术示范，还多次应邀参加国际性肛肠学科会议，促进了中国与世界肛肠学科的交流与合作。随着国际影响不断加大，安阿玥成为国际肛肠理事会理事，美国肛肠外科协会第一位中国籍会员。

鲜为人知的是，“安氏疗法”由中国著名医学科学家吴阶平命名。1994年，吴阶平在会诊手术中听取了安阿玥关于常见肛肠病的独到见解，并亲自观看了手术过程。吴老欣然将安阿玥一整套关于常见肛肠病的诊疗方案命名为“安氏疗法”，并为其题词“医无止境，再攀高峰”。

二十多年的临床实践证明，以“理论、方法、药物创新”为核心的安氏疗法治疗肛肠病有突出的优势和特点，成为我国肛肠专业唯一以姓氏命名的系列疗法。

2004年，“安氏疗法”被纳入国家级继续医学教育项目和“卫生部面向农村和基层推广适宜技术十年百项计划”，在全国各地展开培训，有数千人接受培训，广大基层患者因此受益。2015年，“安氏疗法”被国家中医药管理局中国中医药科技开发交流中心列为“中医适宜技术成果包”。2005至2006年，安阿玥的课题研究“收敛化瘀法治疗痔疮的基础和临床研究”相继获得中华中医药学会科学技术进步二等奖、国家医学行业最高奖项“中华医学科技奖”三等奖，成为肛肠专业获得该项大奖的第一人。2023年6月，经国家卫健委、国家中医药管理局审核通过，中国民族卫生协会第四届第二次常务理事会审议批准，同意成立中国民族卫生协会肛肠病安氏疗法专业委员会，这不仅是对安氏疗法的肯定，也是希望与鞭策。

芍倍注射液和安氏疗法何以取得如此成就？安阿玥认为，正如2015年中国药学家屠呦呦获得诺贝尔医学奖后、诺贝尔生理学或医学奖评选委员会主席齐拉特所说：“中国传统的中草药也能给科学家们带来新的启发。经过现代技术的提纯和与西医学相结合，中草药在疾病治疗方面所取得的成就‘很了不起’。”

安阿玥说：“中医治疗一定要注意实事求是，拿事实和证据说话，有一说一，有二说二，不做一丁点儿的放大和夸张，才能真正为人信服。”芍倍注射液和安氏疗法问世之初，也曾遭到质疑，但安阿玥认为，听得进反面意见才能成功，不妥之处可以改进。同时，每一项科研成果都要经过五年甚至十几年的临床验证，一两年出成果是不严谨也不现实的。“这些药物，都来自中医药宝库和临床经验的积累总结，如果能够发扬光大，一定能造福更多患者。”安阿玥说。

但凭仁爱，将耐心和细心融入每一次治疗

安阿玥办公室的书架上，有一排整整齐齐的笔记本，是他为每一位患者详细记录的临床总结医案。患者的姓名、年龄、就诊日期、病况、手术示意图、用药详情、预后情况等，无不用蓝、红两色圆珠笔记录得清清楚楚。安阿玥还为每一个病例编了号，以便查询，他认为，手术记录不仅可以用来查阅，还可以作为研究疾病的第一手资料，从中寻找规律。

这样的笔记本，从2000年开始，每本大约记录300人，到目前为止已经是第28本。笔记本中，病人的手术图画得非常详细认真。安阿玥介绍说，这是一位高位肛瘘病人，被其他医院告知，手术成功率低，而且术后存在肛门失禁后遗症。患者几经辗转找到安阿玥，安阿玥为其进行了手术，术后第二天，患者就能正常排便，没有失禁，没有肛门形状改变，也没有剧烈疼痛。患者打心底里感谢安阿玥，安阿玥却说：“我就是一名普通的大夫，这些都是我的职责所在。”

安阿玥的患者有一个特点，老年人比较多。这一群体年龄大，沟通困难、病情复杂、手术风险也大，所以普遍就医困难，有的医院甚至以“没有病床”为由将老年人拒之门外。安阿玥从没有拒绝过老年患者。问到诊疗老年人有什么经验，安阿玥表示就是设身处地为患者着想。一位90多岁的老人前来就医，安阿玥没有急着给她做肛肠手术，而是让老人先查一查心脏、凝血功能等，看看有没有做手术的条件。检查发现老人夜间心脏骤停7秒，家属也反映，这个难题已经困扰老

人多时，可看了很多医院查不出原因。了解到老人做过心脏手术，安阿玥判断是心脏起搏器没电了，经检查果然如此。老人的儿子激动地说，多亏安大夫心细，才及时检查出母亲心脏的问题。

作为中央保健委员会专家，曾为多位国家领导人以及外国友人诊治疾病，安阿玥没有居功自大，他对患者一视同仁，只要住进他的病区，他都亲自检查、亲自治疗。

安阿玥的学生还讲了这样一件事。

2014年10月，一位85岁的抗美援朝老兵在家人陪伴下慕名前来求诊，他在战中脑部受伤，脱肛病情严重，且伴有腔梗、肺气肿、食管裂孔疝等多种疾病，众多医院不敢贸然手术。经过详细检查和综合评估，安阿玥决定为老人进行手术。看到随诊的学生有些“犯难”，安阿玥说：“医生对所有的患者都应该一视同仁，不能因为患者年龄大、病情复杂就怕麻烦。老人是英雄，我们要竭力帮助。”

考虑到老人的具体情况，安阿玥还特意允许家属陪同手术。手术一周后，老人康复出院，他拉住安阿玥的手，哽咽起来。过后，安阿玥又多次电话询问恢复情况。

医术、医德俱高，盛名之下，安阿玥却从不上电视、不愿当“网红”，他说，我不做“空中飞人”，守住本分，治病救人，就是我的主业。

安阿玥治病，有一个原则：能不做手术就不做手术，能做小手术就不做大手术。临床上有患者反复便血，痔结扎术做了几次，经久不愈，后安阿玥仔细询问病人的出血细节及出血前后的情况，完善相关血液检查，最后确诊为血友病，得到了有效的治疗。在经久不愈的病患中，诊断出直肠间质瘤、肛门血管瘤、畸胎瘤等疾病的，不胜枚举，安阿玥经常对下级大夫讲，细节决定成败。

调入望京医院后，安阿玥立下的第一个规矩就是以人为本。安阿玥说，医生的责任就是用最简单的方法把病治好，把复杂的手术做精简，是高水平的体现；把简单手术做复杂了，是低水平的重复。

倾囊相授，育人才天下桃李

安阿玥的办公室里，珍藏着一本绿绸面封皮相册，首页上写着“赠送给安阿玥老师作为留念。新疆卡尔曼、卓娅、帕坦姆、地力夏提 一九八七、五、十九”。

这本相册，是1987年安阿玥在新疆维吾尔自治区维吾尔医院做完培训后，4个弟子凑钱买的，他们不会写汉字，这几行字是专门请汉族医生写的。安阿玥一直珍藏着这本相册。——培养一批好学生，让安氏疗法造福更多百姓，是安阿玥如今最大的心愿。

在传承育人上，安阿玥无私开明，一遍又一遍将他几十年攒下的医学经验和学生们分享交流，并在临床上手把手教授实践技巧。但他对学生最基本的要求就是：踏踏实实做人，规规矩矩做事，守住医生基本的医德。

“我不遗余力地呼吁推广安氏疗法，为什么？用一把钳子、一个剪子、一根针、一支药就能把手术做完了，且损伤小，成本低，患者获益大。”安阿玥说。“安氏疗法”经过多年临床验证是好方法，只有全国患者都用上了，

（下转39页）

刘云军：征程正未有穷期，不待扬鞭自奋蹄

不论是在自然条件恶劣的雪域高原，还是在首都疫情防控第一线，他一如既往地践行着一名医务工作者的初心使命。

他，就是现任首都医科大学附属复兴医院党委副书记、院长刘云军。工作以来，刘云军始终怀揣救死扶伤的信念，敢闯敢试、敢为人先、埋头苦干，展现了不忘初心、砥砺前行、争先创优、奋勇拼搏的精神风貌。

他在海拔4200米的玉树州人民医院坚守1125天，大胆推行绩效改革，积极推动学科建设，努力培养医疗技术骨干，为玉树留下一支带不走的医疗队；他在疫情防控期间，统筹安排、合理部署，积极带领首都医科大学附属复兴医院的医务人员参与疫情防控，守护群众身体健康和生命安全；他在医院改革期间，全方位推进医院高质量发展，全面提高医院管理水平和医疗服务能力，为健康西城贡献力量。

行稳致远结硕果，一片冰心在玉树

1997年，刘云军毕业于河北医科大学临床医学系临床医疗专业，后于首都医科大学宣武医院心内科监护室进修学习，2007年参加中国医学科学院阜外心血管病医院(现中国医学

院阜外医院)心内科骨干培训，2012年参加新疆和田市人民医院对口援建。

2016年7月，中共北京市委、市政府决定对玉树藏族自治州人民医院开展组团式对口帮扶，在顺利完成医疗援疆工作后，时任北京市西城区广外医院副院长的刘云军，怀着对生命的敬畏和护佑之情，主动请缨开展为期3年的援青工作，带领西城区医疗专家团队奔赴青海玉树。在平均海拔4 200米的雪域高原上，他锐意改革创新，提升当地医疗技术水平，满足当地群众健康需求，用担当和实干描绘了援青干部助力脱贫攻坚的鲜明特色。

针对玉树州人民医院人才缺乏、人员医疗技术水平落后等问题，当时挂职青海省玉树藏族自治州卫计委副主任、玉树藏族自治州人民医院院长的刘云军迎难而上，探索形成了“院长+团队+改革”的医疗援青模式。

他先是全面推行绩效考核管理机制，实施新绩效分配方案，向临床一线和重点科室倾斜，激发一线医务人员工作积极性，在玉树藏族自治州人民医院打响“医改”第一枪。第一年，玉树藏族自治州人民医院由原来亏损1 324.23万元实现扭亏为盈；第二年，职工福利提高9.1倍；第三年，医疗收入提高4.75倍。

援青3年，他先后组建了危重新生儿救治中心、感染性疾病科、眼科中心、消化窥镜中心等14个新科室，开设了6个新病区，开展了168项新技术、新业务，开展了“三江源藏族胃癌高发区早期胃癌筛查技术推广”等科研项目。现在百姓不出玉树就能得到有效诊治，减轻了当地群众外出就医的经济负担。

2017年3月22日，危重新生儿救治中心刚刚成立的第13天，一位孕妇早产三胞胎，胎儿体重太轻，脏器发育不全且窒息，情况危急。刘云军第一时间启动应急预案，组织人员抢救三天三夜，随后又调度专业力量进行1个多月的救治护理，使三胞胎各项体征趋于正常。如今，3个宝宝5岁多了，已经可以在草原上自由自在地撒欢儿玩耍了，这3个健康活泼的小家伙不仅是医学上几十万分之一的奇迹，也是玉树州人民医院建院史上的奇迹。

如今奇迹宝宝的故事仍在继续，0~1岁住院婴幼儿的死亡率由2015年的13.59%下降到1.5%，而守护这份奇迹的医护人员，除了北京援青干部，更多的是当地技术骨干。刘云军通过制订《玉树藏族自治州人民医院三年人才培养战略规划》，采取“手拉手”“结对子”等模式，培养出101名技术骨干。他用一片热忱，为玉树这片热土留下了一支“带不走的医疗队”。

刘云军还多方联系开办慈善救助项目，启动“白内障复明”“心脏康复”“包虫病救治”等惠民工程，免费救助500余名藏族同胞；为贫困建档立卡户实行“五免六减”“一兜底”等优惠措施，162人得到实惠；为困难家庭、贫困群体捐款18000余元，避免因病致贫、因病返贫情况的发生；推动建设“健康扶贫智慧分级诊疗”平台，成立“高原适应研究康复玉树分中心”，为当地百姓和援建干部造福。

“苦熬三年，不如苦干三年”，这是刘云军在玉树最常说的一句话，也是他在玉树奋战一千多个日夜后交上的答卷。回望3年的援青之路，让刘云军欣慰的是，如今玉树老百姓能在家门口就医，北京西城区的先进医疗理念与技术被输送到高原，玉树拥有了一支带不走的医疗队，日趋完善的医疗体系护卫着高原同胞的平安与健康。

2017年，玉树藏族自治州人民医院荣获“全国卫生计生先进集体”等3项国家级荣誉称号。2018年，医院顺利通过三级乙等医院的评审，成为玉树第一家三级综合医院，圆了几代玉树医务工作者的梦想。2019年，医院在青海省61家医疗机构4项考核综合排名中有3项进入全省前三名，一改原先在玉树藏族自治州医疗系统中医疗资源不足的局面。

身先士卒再起航，勇于担当开新局

迈入2020年，面对突如其来的新冠疫情，作为北京市西城

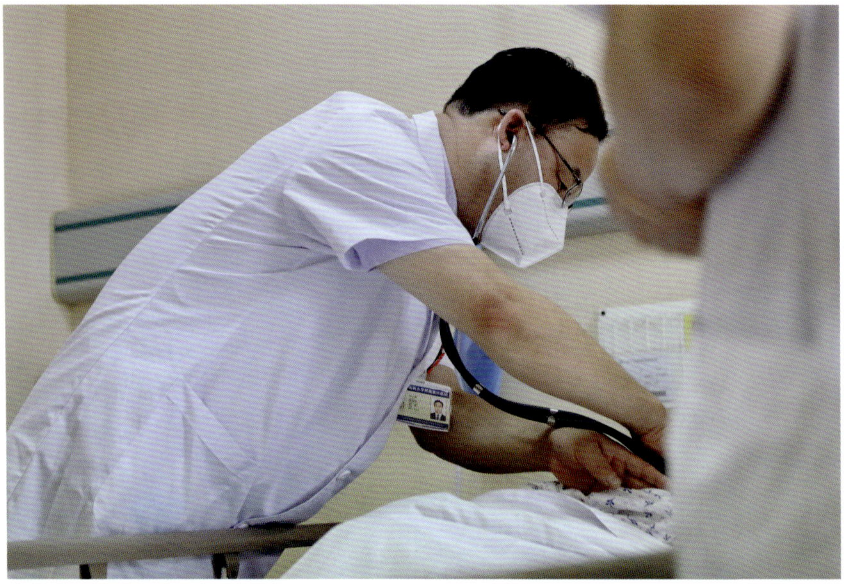

区集中医学隔离观察点的总负责人，刘云军快速组建西城区医学隔离观察点专班，全面统筹21处集中医学隔离观察点管理工作，与区各部门、各单位通力协作、密切配合，全方位保障境外回国人员、境内中高风险地区来京人员的生活。

调任首都医科大学附属复兴医院党委副书记、院长后，作为一名疫情防控工作的引导者、决策者，刘云军团结和带领全院上下攻坚克难、砥砺奋进，全面统筹管理，发挥区域医疗中心疫情防控的龙头作用，带领全院职工迅速进入“战时”状态，以院为家，白天黑夜“连轴转”，实现“挂图作战”，加强密切配合，形成了快速响应的“1+3”指挥调度体系，在较短时间内利落地处置了医院遇到的突发事件，确保了医务人员的安全。

为落实院感防控，他针对医院地理位置、空间布局、功能划分重新布局，优化资源，改造了肝病科发热门诊，完全落实了三区两通道(指传染科为隔离病人与易感者所划分的特殊区域和通道，三区即清洁区、污染区和半污染区，两通道是指医务人员通道和病人通道)，建立了4个负压病房，为封控区、管控区和居家隔离区的特殊人群提供排查隔离、救治支持，区分轻型、普通型、重型确诊患者。针对疫苗接种，他带领全院职工先后承担起辖区内成人及儿童疫苗接种点的医疗保障及疫苗接种工作，对接8个疫苗接种点并支援3个疫苗接种点的医疗保障工作，筑牢疫情防控安全屏障。他还成立专家组，对疫苗接种人员进行疾病评估，为行动不便人群提供上门评估服务，在接种以后进行临床医学观察，确保无任何副作用、不良反应。针对核酸采集，他带领团队圆满完成辖区内12万人口的核酸采样检测工作及指令性任务，还额外派出170多名工作人员支援广外街道，全力驰援顺义区、丰台区核酸检测工作，为坚决阻断疫情贡献了“西城力量”；先后承接8个隔离点的管理及医疗救治工作，承担西城区24小时发热患者排查、24小时核酸检测、所有急危重症患者的救治工作，组织了一支专家团队，针对核酸检测阳性患者进行专家会诊。

在医院人手不足时，刘云军穿上防护服，化身“大白”，在核酸采样台上为辖区居民进行核酸采样，与医院职工并肩作战。

刘云军介绍，在逐步探索中，医院建立、强化了“温馨入住、守望相护”“隔离不隔情、隔疫不隔爱”的隔离管理新思路，使西城区隔离点成为北京市疫情隔离点的典范。

敢于担当、忘我付出，是医者的职责。刘云军充分发挥了作为一名党员、隔离点负责人、医院决策者的模范带头作用，用实际行动严防死守医院、科学管理隔离点，用先锋力量引导职工奋勇向前，和全体西城干部群众一起筑牢西城区疫情“防火墙”，为打赢疫情防控阻击战贡献力量。

从北京到玉树，再从玉树到北京，刘云军始终用行动践行着医者的责任与担当，他先后荣获2017—2018年度“首都精神文明建设奖”、第二届中国优秀扶贫“最美人物”、青海省十佳杰出医院院长，2018年第三届“最美青海人”荣誉称号、首都劳动奖章、第一届北京“人道奖”先进个人称号，2019年全国民族团结进步模范个人、青海省先进工作者、中国最美支边人物、“中国好医生、中国好护士”月度人物、“援青工作先进个人”称号，2020年全国脱贫攻坚奖贡献奖、对口支援青海先进个人、北京市先进工作者、第七届“首都道德模范”、中国好人(敬业奉献类)，2021年北京市事业单位脱贫攻坚专项“记大功”奖励等。

艰难方显勇毅，磨砺始得玉成

坚持“人民至上、生命至上”，全力推动公立医院高质量发展，是刘云军肩上的又一重任。

面对医院发展瓶颈问题，他凭借多年的管理经验，在实践中不断探索，把团结领导班子成员、稳定干部职工队伍、强化履职竞争能力、创造干事创业环境和氛围，化作推进医院精细化管理、推动医院高质量发展、努力打造智慧型医院的强大动力。

在医院精细化管理方面，刘云军首先想到的是基础设施升级改造要更加适合疫情防控条件下的智慧化医院发展新模式。首先，完善感染性疾病科整体装修改造，增设了独立方舱CT、负压病房、负压抢救室，优化了内部功能分区，实现了规范化空间布局，为特殊情况下的患者检测、诊疗、风险排查、留观急救等创造了条件。其次，打造适合新时期教学工作的科教中心，使其硬件设施和软件条件与首都医科大学其他教学医院同向发展、同频共振。再次，根据医院现有资源，重新规划科室功能定位，使空间布局更合理，优势资源更集中，运营模式更简洁，让复兴医院在学科划分和功能优化上更进一步。

首都医科大学附属复兴医院始建于1950年，是一所集医疗、教学、科研、预防和社区卫生服务为一体的三级综合医院，有妇产科学、心血管病学[包括冠心病监护病房(CCU)]、危重症医学(ICU)、全科医学等多个重点学科。其中，宫腔镜诊治中心(含夏恩兰教授的“早孕并发症”专家团队、李天照教授的“复发性流产”专家团队)是北京市宫腔镜诊治中心、国际宫腔镜培训中心亚洲分中心，也是国家卫生健康委员会全国第一批四级妇科内镜手术培训基地。

为此，刘云军立足区域医疗中心定位，积极推进临床重点专科及特色科室建设，快速提升医院发展活力，建立有效沟通渠道，提升行政服务能力，为医院科学发展提供有力保障。作为区属龙头医院，积极推动“基层首诊、双向转诊”的分级诊疗模式落地生根，与区属27家医疗机构携手共建医联体，延伸服务解民忧，合作共赢惠民生；积极打造“西城模式”的区域医学辅助检查检验中心亮点工程，实现区域影像检查的同质化、检验结果互认，全面提升为区域内居民提供检查、检验诊断服务的能力；建立康复、理疗和高压氧综合特色诊疗模式，形成了康复中心神经康复、肌骨疼痛康复、重症康复、心肺康复、老年康复、孕产康复、儿童康复等多个康复亚专科，在神经重症早期康复、偏瘫康复、疑难复杂吞咽康复等方面达到了国内先进水平。同时，将医联体建设作为深化医改的重要抓手，积极对接三甲医院，引入优质医疗资源，提高专科技术和内涵质量，血液内科跑出学科发展加速度，成功完成23例43人次外周血造血干细胞采集，拉开了医院血液成分单采治疗新技术服务临床诊疗的序幕，标志着医院血液病的治疗开始进入细胞治疗阶段，也为医院即将开展的造血干细胞移植等工作奠定了坚实基础；肿瘤内科口腔癌患者的免疫、化疗、靶向等综合治疗，已成为特色专科，达到国内外先进水平。

“当我们把特色学科打造成一个个亮点时，医院就已经走在高质量发展道路上了，整合现有资源，实现优势资源扩容，将学科做精、做细、做深，才能真正实现集成资金，提质增效。”

在高质量发展方面，刘云军还强调完善职工的绩效改革和激励机制是提升职工工作积极性的重要手段。医院要不断开展职业道德培训，树立爱医院、爱岗位、爱患者意识，帮助职工在实践中提升自身能力；树立和强化职工的责任意识，对患者、对自己、对医院负责，扎实工作，积极进取，为医院高质量发展贡献新力量。

一切发展的根基和核心是人才。刘云军制定了医院人才培养战略规划，通过“引进来”“走出去”“压担子”等方式，培养了一批集临床医疗和科研为一体的高水平人才，为学科发展注入活力。

“一名好的院长，不能光会业务，还要懂管理，算得好经济账。”

刘云军同志作为一名优秀的党员领导干部，紧紧牵住“医院公益性”这一牛鼻子，办人民满意的医院，将医疗服务的出发点和落脚点放在“提升人民群众看病就医获得感、健康服务幸福感和公共卫生安全感”的宗旨上来，他认为这才是医院公立高质量发展的题中应有之义。既做让百姓看得见、摸得着、得实惠的实事，更做为后人做铺垫、打基础、利长远的好事，做到不贪一时之功、不为一事之誉、不计一段之成，立足实际、实事求是、稳中求进。医院积极推进互联网医疗，努力打造“智慧医疗”，完成集成平台升级改造、门诊预约号源统一号池、急诊医学临床信息系统建设、病理系统升级改造，做到信息化先修路、后跑车，为后疫情时代百姓就医提供更加便捷的途径。医院科教中心整体装修改造工程竣工验收，温馨和谐的现代化教学条件将为首医培养优秀医务人员提供强大的硬件保证。此外，立足医院特殊的地理位置和区域医疗中心定位，结合医院重点专科建设、特色学科的发展进行统筹规划，与医学建筑设计院合作，使用“SHAPE后评价体系”对既有院区进行全面评价，推动10年院区、病区的整体设计规划，形成既有院区综合性能提升方案，立足现在，谋划长远，稳中求进。

在刘云军的带领下，首都医科大学附属复兴医院发展正驶入快车道。站在新起点上，他不忘初心，落实公益性，为更多老百姓解决看病难、看病贵、看病烦的问题；砥砺前行，引领医院高质量发展和可持续发展，关注疑难危重救治、先进技术的学习和应用、高端人才的引进和培养；身体力行，引入现代化的医院管理和工作理念，做到医院管理能力、管理效率再提高，与员工共同缔造复兴医院的美好未来。

（作者/编辑：郑苗苗）

刘鹏：创新务实求卓越，开拓奋进惠于民

石景山因“燕都第一仙山——石景山”而得名，自古就是京西历史文化重镇。始建于1987年的北京市石景山医院（简称“石景山医院”），是一家集医、教、研、防于一体的三级综合医院，多年来始终秉持“仁爱厚德、大医精诚”的院训，致力成长为专业特色鲜明、公共服务健全的高品质医院。

作为专业技术领军人物和医疗机构管理者，刘鹏自担任石景山医院院长以来，始终关注医院的内涵建设和可持续性发展，重视发展医院诊疗技术，强化医院服务理念，鼎新革故，激浊扬清，由他带领的石景山医院主动融入国家和地方医疗建设，在全国医改的浪潮中，奏响了一曲来自石景山医院的现代创新之歌。

在他的带领下，石景山医院现已发展成为石景山区区域医疗中心、医联体核心医院、北京市急救中心石景山区分中心、北京市基本医疗保险A类定点医疗机构、首都医科大学教学医院、北京市老年友善医院，在管理水平、规模环境、医疗服务、人才学科等方面均有较大的提升，其在北京地区的知名度和影响力不断扩大，多次被评为“百姓放心医院”和“石景山区先进集体”，并成为全国医

院院长参观学习的基地。

修己之身以立基，假外之力而奋起

1984年，刘鹏进入湖北医科大学（现武汉大学医学部）学习，在这里度过了多姿多彩的大学生活，课余时间他经常活跃于体育、文艺活动，养成了广泛的业余爱好。

1989年毕业后，他选择湖北宜昌葛洲坝中心医院作为行医生涯的第一站。三年的住院医师生活，使刘鹏在这里练就了一手过硬的基本功，为专业业务快速提升奠定了坚实的基础。

“我之所以选择外科，就是看中它对综合素质的深度要求，不光需要内科基础，还需要动手能力。”从主动要求分配到普通外科开始，无论有何沮丧、挫折、失望，刘鹏都从未离开，始终致力于掌握肝胆、胃肠、胰腺、乳腺、甲状腺手术及其肿瘤根治技术，并且在微创腹腔镜胆囊切除方面积累了丰富的治疗经验。

1994年，他顺利升任主治医师，随后获得高级职称。2000年，他被医院选送到党校学习，作为后备干部接受培养，同年获评湖北宜昌地区首批“十大标兵”之一。

2001年，刘鹏作为高端技术人才引进北京，担任石景山医院普通外科主任、大外科副主任，负责外科系统的临床救治任务及管理工作。

“当时，石景山医院作为二级甲等医院，以内科见长，外科发展相对薄弱。”为此，刘鹏带领科室成员积极开展微创外科技术，包括腹腔镜手术，肝胆、胃肠、乳腺微创手术，以此提升医院外科技术水平。他本人也连续多年获评“创新技术标兵”。

2003年非典病毒肆虐，他主动请缨，到石景山非典治疗定点医院担任院长，参与抗击非典病毒的战斗，同年5月，以优异的成绩竞聘为石景山医院副院长。上任后，他提出外科专业细分发展战略，将大外科划分普外、脑外、胸外、泌外等二级专业科室，形成了各专业百花齐放、齐头并进的良好局面，实现了专科专治，提升了技术水准，提高了医疗质量，促进了学科建设和发展。他也为此荣获“石景山区优秀人才”称号。

2009年，刘鹏因业绩突出被调任为北京市石景山区卫生局副局长，监管整个石景山区的医疗质量，包括医疗体制改革（简称“医改”）工作。在北京市委书记组织医改讨论时，他是全场唯一一个曾经在基层医院做过院长的。

2014年，他被任命为石景山医院院长、党委副书记。此后，在2016年、2018年石景山医院连续获得国家卫健委、医政司和《健康报》评选的“全国进一步改善医疗服务行动优秀医院”称号，他本人获得“全国优秀院长”称号。建党100周年之际，他时任党委书记兼院长，石景山医院荣获“北京市优秀基层党组织”称号。

在他的带领下，石景山医院2022年顺利通过三级医院评审，从二级甲等医院晋升为三级综合医院。“这是石景山医院发展史上的一个里程碑，为我们引进人才、创新技术、提高质量、加强管理等多方面拓展了进一步发展的空间。”

在三年疫情防控期间，石景山医院作为石景山区唯一一家区属公立医疗机构，在石景山区疫情防控战役中成为绝对主力军，收治了区内及周边区县确诊的新冠感染重症患者，收治的重症患者数量最多达到180人。在全市疫情防控会上，石景山医院出色的疫情防控救治能力得到市领导的表扬。

“医疗质量是一个医院发展的生命线。”30多年来，刘鹏殚精竭虑、无怨无悔的付出，展现了一名医院管理者该有的家国情怀。“如何带领医院跳出自身局限，站在患者、社会和国家需要的层面上去从医、从研”，对刘鹏来说，是一个值得永远追索的问题。

乘时代之风，踏革新之路

多年来，随着国家医改的不断深入，石景山医院也在改革中走出了一条强院发展之路，它从一个规模很小的区级医院发展成

为获奖无数的新型综合医院。

在刘鹏的带领下，石景山医院以提高医疗服务质量为目标，以务实开拓的科学发展精神，大胆创新、锐意进取，开展了诸多行之有效的改进工作。

首先，是在人才队伍建设方面。发现优秀人才、引进学科骨干、培养可造之才，成为石景山医院人才队伍建设的三项法宝。秉承“人才是宝贵战略资源”的优秀理念，刘鹏上任以来陆续引进了骨科、外科、妇产科、口腔科、神经内科、呼吸科、病理科等学科带头人。这些高级人才的引进不但推动了石景山医院重点学科的建设，也为医院发展注入了新的能量，从此医院开始进入发展快车道。

人才引入只是万里长征的第一步。更重要的是解决人才的“使用、培养和留住”问题。为此，刘鹏着手医院管理体系、激励机制、人才培养等一系列制度建设，打造一支适应现代医学发展的人才梯队，形成一支医疗业务精湛、学术视野宽阔、掌握国内外学科前沿动态、具有团结协作精神、素质品德优良的人才队伍，为医院的可持续发展提供了良好的人才保障。

“很早之前，我便与国际应急管理学会医学委员会（TEMC）签订了战略协议，为考试成绩优异的医生提供海外研修途径，为优秀的中青年医疗护理技术骨干提供宝贵的访学机会。”这一举措，对于推进医院人才培养和学科建设的国际化进程具有十分重要的意义。

除去人才引进、人才培养等一系列举措外，师徒带教、手把手教学，也是刘鹏十分重视的人才培养方式。“我们作为综合医院，要注重‘综合’二字，不能仅仅满足于单科的发展，其他学科也要齐头并进。只有这样才能体现医院的综合实力。”

每次院长查房，科主任带教情况和青年医生培训情况，都是刘鹏必询问的问题。他语重心长地说：“作为科室领导，要有甘为人梯的奉献精神，积极做好传帮带的工作。”教学相长、博采众长，成了石景山医院的院风。

现如今，石景山医院作为首都医科大学教学医院，还承担着本科生、大专生的临床教学工作，石景山医院注重从多方面培养他们的科研能力与实际操作技能。

为了增强医院的凝聚力，使医院形成“比、学、赶、帮”的良好氛围，进一步提升医疗服务水平，刘鹏亲自核定了院级重点学科建设方案，确定了评审周期、准入条件及竞争机制等核心内容，确定了心内科、骨科、普外科、肿瘤科、妇产科、急诊科、影像科七个院级重点学科，并在梯队建设、薪酬待遇等方面给予政策扶持。通过这些举措，调动重点学科职工的工作积极性，并使得未被评上的科室有了奋斗的目标，进而带动所有临床医技科室的工作积极性，形成良性循环。

目前石景山医院的卒中中心、胸痛中心每年综合成绩稳定在北京市前十水准，“作为新晋三级医院，在三甲医院林立的北京市，这样的成绩是非常难得的。”

其次，提高医疗服务质量一直是刘鹏努力的方向。他认为，医院必须从自身的内涵建设上下功夫，形成自己独特的优势，为广大患者提供安全、有效、方便、价廉的医疗服务。2016年，在刘鹏及领导班子的推进下，石景山医院从提升医疗质量、优化就诊流程、改善就诊环境和加强医联体建设等多方面进行努力，取得了显著成果。

针对患者住院时间相对较长、住院费用相对较高等问题，在刘鹏主导下，石景山医院引入按疾病诊断相关分组（DRGs）评价体系进行科学管理。通过临床路径规范诊疗行为，鼓励科室积极拓展新业务、新项目。期间，他亲自撰写课件，为临床主任培训DRGs相关知识，为DRGs评价体系的顺利运行奠定了坚实基础。通过实施这一管理举措，石景山医院在全市DRGs综合排名由43名升至27名。

工作中，他注重统筹、亲自督导协调，多次主持召开专项工作推进会，协调各有关科室步调，有效保证了工作顺利开展。目前，石景山医院已经形成了拥有自助缴费、自助挂号、自助打印化验单、自助预约挂号、自助查询及自助打印明细等众多功能的、较为完善的自助服务体系，有效优化了门诊服务流程，缓解了窗口排队压力；医院还与各大银行合作，试点成功实施刷卡结算、先诊疗后付费等便民技术；同时，医院对门诊区域全面进行免费的Wi-Fi覆盖，开发上线了微导诊及掌上医院App，患者使用移动终端即可预约挂号、查询报告单及费用等。

“我们开展信息化建设的宗旨是全心全意为患者服务。患者挂号拿药不用排队，患者在诊室便可以用医保卡解决挂号、查询和缴费等问题，方便患者、惠民便民。此外，我们还对医院周边环境进行综合整治，拆除了院内的一些老旧用房，改建成了中心花园，还在旁边建了新的停车楼，让医院面貌有了巨大改变。”刘鹏自豪地说。改造后，医院周边交通流向更加合理，加上环境优美的中心花园，患者获得温馨舒适的就医体验。

针对医院门诊患者相对较多，门诊区域空间狭窄、环境差等问题，医院对门诊大厅进行了装修改造，并对诊室使用进行了针对性调整，将门诊科室的生活区调整至统一区域，将相同专业的诊室及检查科室设置在同一区域等，改善了就医环境的同时优化了就诊流程，最大限度地减少了患者就医折返，为患者提供了良好的就医环境。

作为区级医联体核心医院，石景山医院依托现有的医联体运行机制，重点突出分级诊疗。以高血压、糖尿病等慢性病的分级诊疗为突破口，完善服务网络、运行机制和激励机制。提供双向就诊，为转诊患者提供优先就诊、优先检查、检查结果互认等措施，极大地方便了患者。全部号源对医联体成员单位开放，并且预留二分之一的号源用于分级诊疗预约转诊；通过医联体预约就诊的患者，可以在24小时内安排就诊，特殊情况不超过48小时。

除去信息化建设以外，开展优质服务活动，进一步提高患者就医满意度，全力打造让老百姓满意的医院，也是刘鹏服务理念的又一体现。早在2015年初，刘鹏就提出“要为患者提供有价值的有品质的服务”，并着手在全院开展优质服务活动，多年来保持365天全天开通的无假日门诊制，为患者提供自由的就医时间。

医院全员上下一心，在改善医疗服务、提升患者满意度方面屡创佳绩。2017年4月8日，北京市石景山医院代表北京市迎接国务院医改办的检查，高质量地通过了综合改革效果评价考核。

创新引领发展，管理赋能医疗。“任何的管理都需要结合实际，不能生搬硬套。作为领导，我们要做到两点：一是指导，二是引导。”

雄关漫道真如铁，而今迈步从头越

为了凝心聚力、团结大家的力量，共同完成医院的提质升级，刘鹏对石景山医院的发展进行了科学规划。他和全院干部充分研讨后，提出每年打造一个主题，并进行全院的宣传和动员。比如2018年是“六项重点工作年”，内容是进一步改善医疗服务、DRGs在质量管理中的应用、中层干部考核细则、定编定岗定员、合同制职工管理办法和食堂改革社会化；

2019年为“服务质量年”，各科室都要围绕这个主题展开工作。“每年的工作都有一个主题，但其他工作也会同时做，我们是在全面推进中有所侧重。”

2023年的主题为——“打造京西好医院”，为了加快实现三级医院的发展目标，努力发展成为专业特色鲜明、公共服务健全、高品质的知名三级综合医院。刘鹏制订了三年提升计划，提出一系列新的举措。围绕“一个中心、两项改革、三项建设、四个突破”展开实施。

一个中心：加强“一切以病人为中心”的医院文化建设，培育“仁爱厚德”的医院精神。两项改革：深化管理体制改革，从医疗质量、运营效率、持续发展、满意度评价四个维度推动管理创新，提升医院发展活力；深化质量监管机制改革，完善三级质控体系建设，建立全面质量管理体系。三项建设：一是强化人才队伍建设，利用三级医院平台，培养、引进一批高水平学科带头人，做到“树名医、创名科、建名院”；二是强化学科专科建设，在继续发展现有的8个区级重点专科基础上，结合医院发展实际，再倾力打造3～5个重点扶持专科；三是强化软硬件、设备建设，打造智慧医院，推进电子病历、智慧服务、智慧管理“三位一体”的智慧医院建设和医院信息标准化建设，打造区域智慧医疗中心，通过门急诊环境、布局、设施的改造，进一步改善患者就医环境，建设感染性疾病科大楼，构建符合标准的重大疫情防控应急与公共卫生预防体系。四个突破：一是在医疗业务的质和量上有突破；二是在重点学科建设上有突破，以“5+N”中心建设为重点，结合医院发展实际，倾力打造重点扶持学科，全面推进卒中、胸痛救治等中心建设，利用现代信息技术，打造院前、院中、院后患者全生命周期的数字化监控系统，构建集院前急救、院内急诊和重症监护于一体的紧急医学救援服务体系；三是在科研项目成果上有突破，推进药物临床试验中心建设，大幅提升临床科研水平，促进医院开展循证医学研究，规范临床治疗路径管理，规范医院的伦理工作，促进临床合理用药；四是在优质服务上有突破。

谈及医院未来的发展，刘鹏充满希望，他相信，在创新驱动发展的整体战略下、在上级各部门的领导下、在兄弟医院的团结合作下、在科室团队的齐心协力下，石景山医院的未来发展之路将更加宽广。

（作者/编辑：郑苗苗）

阴赪宏：我愿天地炉，多衔扁鹊身

医疗援疆时，实施“两癌筛查”；抗击SARS疫情时，坚守发热门诊；参与北京奥运会时，巡诊训练场馆……他的身影无畏且坚定。

首都医科大学附属北京妇产医院党委副书记、院长，北京妇幼保健院院长阴赪宏身上，一直有“不畏难”的特质和追赶时间的勇气，面对看似不可能完成的事情，他总是以“敢啃硬骨头”的韧性精神攻坚克难，确保干一件成一件。面对就任以来的科研、绩效“洼地”，他说得最多的一句话就是：“我得抓紧时间，让有限的时间发挥出无限的价值。”

他致力于出生缺陷防控与生殖健康研究、感染性疾病基础和临床研究，擅长胰腺炎的临床与实验，在疾病诊断、治疗及预防控制方面有较高造诣。多年来他不懈进取，以自身精湛的医术救死扶伤、守护健康。

远赴千里调查 义务讲课诊治

1982年，阴赪宏考入河北医科大学中医系，毕业后在石家庄铁路中心工作，从住院医师升任为主治医师。之后在中国中医科学院攻读硕士、博士，在首都医科大学成为博士后，出站后留在友谊医院，任科研办公室主任。

2003年SARS疫情暴发之时，

阴赪宏作为感染科医生连续20天坚守在发热门诊，诊治和排查了大量发热患者，并亲自将确诊的SARS患者转运至定点医院。“那时候我们第一次戴N95口罩，第一次穿隔离服。”

之后他又做了SARS患者的随访，发现部分患者存在肺的损伤，与当时的激素药用量有关，具体的调查结果发表于《中国医学杂志》。

2006年，他作为专家组组长，率队应对北京市广州管圆线虫病的突发事件。

“过去在东北就有人因食用螺肉来北京就诊，所以医院具备一定的技术储备，遇到同样的病也能很快施治。”早诊断、早发现、早治疗的医疗模式，为处置重大突发公共卫生事件提供了可供借鉴的模式和经验。

通过一系列针对广州管圆线虫病的临床和基础研究，阴赪宏揭示了此种病症的临床特点，并牵头制定北京市《广州管圆线虫病诊疗方案》，参与制定《广州管圆线虫病临床诊断标准》，建设业内公认的诊断坐标。

另外，为了进行流行病学调查，防患于未然，阴赪宏跟踪临床病例，数次带领专家组远赴山西省晋城市晋庙铺镇，现场进行肺吸虫病流行病学调查、防治和宣教，义务为当地医生、村民讲课、检查、诊治，极大地提升了当地医生诊治肺吸虫病的水平，患者感慨道：“这么多年了，从大城市、大医院来的大专家为我义务看病，这还是第一次。”

根据近年来国内外新发、突发传染病增加的现状，阴赪宏建立了发热、腹泻患者临床资料数据库，研究社区发热、腹泻患者病情和传染性分层技术，制定发热和腹泻患者病情及传染性分层评分标准，建立评估软件系统，并在临床工作中试用和推广。

在2008年举办北京奥运会时，阴赪宏还作为奥运医疗经理和临时党支部书记，率领由北京近20家医院的50余名医生、护士组成的奥运医疗队，为运动员、教练员、志愿者提供高水平的医疗保障，将医疗巡诊覆盖整个场馆。

担当和田医生 悉心扶助医疗

时间已过去12年，却似乎从未走远。2010年12月25日，挥别北京张灯结彩迎新年的喜庆，时任首都医科大学附属北京友谊医院副院长、主任医师、教授、博士生导师的阴赪宏以援疆干部的身份对口支援新疆，带领53人的医疗队伍飞赴和田，开启新一轮卫生工作。

援疆期间，阴赪宏被任命为和田地区卫生局副局长、北京市援疆和田指挥部智力支援部副部长、北京市第七批援疆医疗队领队，主抓医疗援疆工作。在他的带领下，一系列医疗卫生项目逐步启动，其中还包括针对和田妇女的“两癌筛查”。

阴赪宏介绍道：“宫颈癌是女性最常见的恶性肿瘤，新疆和田地区妇女宫颈癌的发病率居全国首位，这与当地生活习惯、卫生条件、人乳头瘤病毒（HPV）感染率等有着密切的关系。另外，和田地区女性乳腺癌的发病率也在逐年上升。由于没有定期体检的习惯，很多患者直到癌症晚期才发现，加大了治疗的难度。”

经过一系列的调研和科学论证，2011年11月2日，妇女“两癌筛查”项目在和田地区三县一市全面启动。

在阴赪宏的记忆中，项目实施早期的艰辛一言难尽。一方面，由于位于偏远闭塞地区，和田地区妇女的健康意识普遍不强，要让这里的妇女走出家门，接受哪怕是“免费”的检查，都十分困难。

“当地政府给予了很大的支持。”阴赪宏说。除了大力宣传“两癌筛查”的益处外，各乡村都积极协调组织村民来体检，“我们也会通过给来检查的人发袋洗衣粉，调动大家的积极性”。

另一方面，当地医疗技术水平低是项目开展遇到的另一大难题。“两癌筛查”工作由北京投入项目资金，依托当地医疗资源进行。和田地区各县、乡医院及妇幼保健站的医生，很少有开展“两癌筛查”工作的经验，各项诊疗水平也亟待提升。

“不过我们一个村一个村地推进，逐一进行，避免漏查，最终实现了适龄妇女筛查的全覆盖。”时隔多年，提起工作的圆满完成，阴赪宏依然笑得欣慰而灿烂。

同时，针对和田地区白内障高发的情况，阴赪宏协调开展了白内障复明工作。3年间，来自北京的专家免费为700多名白内障患者进行了手术。在援疆的最后一年，阴赪宏牵头实施北京市对口支援和田儿童先天性心脏病手术项目，20名患儿在北京安贞医院得到了有效救治。

援疆工作是否扎实、有效，是阴赪宏最重视的。援疆3年，他始终坚持首善标准，带领140余名首都医疗援疆专家辛勤工作，填补了和田地区200余项技术空白，开展专家查房10万余次，专家门诊3万余次，手术近6 000台，抢救危重患者4 000余例。他先后组织了13批首都医疗专家举办“情系和田、直达心田”活动，200余名北京三级甲等医院的国内外知名专家到和田进行大型义诊活动，义诊患者3000余例，开展教学查房、疑难病例会诊300余次，完成各类手术500台，通过业务讲座培训医务人员1000余人次。

在检查之外，阴赪宏积极传播先进的医疗观念，先后多次组织医疗专家来和田，手把手地向当地医生传授如何对乳腺癌进行手诊，如何开展乳腺超声检查，如何进行宫颈脱落细胞检查等。他还专门编写了一本适合当地医生的《乳腺癌、子宫颈癌筛查实用技术手册》，发给医生们学习。“转变观念比单纯看病要难得多，但再难也要做。医疗援疆是一项重要的民生工程，是北京市的重要任务之一，我们必须不辱使命。”

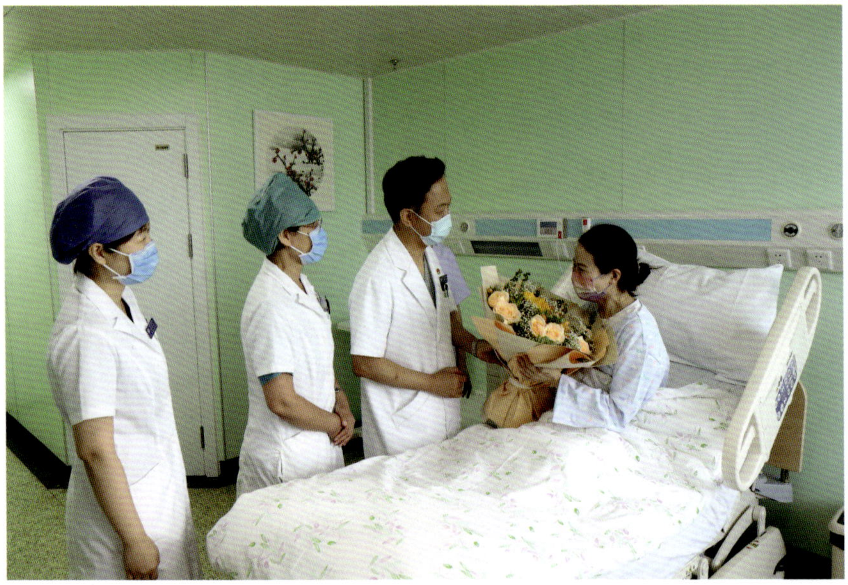

由于当地条件的限制，医务人员的短缺，很多医生没有医师资格证，甚至还有兼职医生。为了提升当地医生的素质，阴赪宏还主抓了一系列“传帮带”的学术培训，邀请北京专家编写了《援疆实用医疗手册》，包括内科、外科、妇产科、儿科、五官科等方面的内容，由人民卫生出版社出版发行，并带领援疆医疗队在和田电视台开办维汉双语医学科普节目，用通俗的语言讲解健康卫生知识。

援疆工作的艰苦是众所周知的，恶劣的自然条件、陌生的环境，加上对远方亲人的思念，都在考验着援疆干部的意志。但是在阴赪宏看来，援疆工作需要的远不只是能吃苦，更要本着“科学援疆、全面援疆、真情援疆”的理念，将先进的管理理念和技术带到当地，根据实际情况提供最有效的援助。

提升医疗水平 破除建设短板

2014年，援疆回京后，阴赪宏调任北京妇产医院副院长，主抓科研、教学、医技、信息等工作。上任以来，他对妇产医院的情况进行了全面分析，在学科、人才、医疗医技方面补短板。阴赪宏深知，医疗服务直接反映技术水平，人才培养是学科发展的关键，科学研究则是学科发展的内在动力。因此，转变理念便成了阴赪宏首抓的最重要的工作，他挨个走访科室，结合科室现状，逐项帮助各科室梳理科研方向和凝练科学问题。

经过深入的交流，阴赪宏逐步梳理明确了“强化学科建设，打造研究型医院”的发展理念，决定从实施精细化管理，依托项目培养人才，加强导师、临床师资队伍建设，提升继续教育项目数量等方面入手提升医院科研实力。他表示，有着60年发展历史的北京妇产医院一定要争做医、教、研协同发展的新时代的领跑者。

针对科研基础薄弱的现状，阴赪宏在2014年5月向北京市中医药管理局申请了北京市中西医结合妇产科研究所，将研究人员与临床医生结合起来，提高科研进程。

2016年他还建立了一站式产前诊断中心，将以往散落在医院各个科室的产前诊断整合，方便患者向产科、产前诊断、超声科、遗传咨询医生咨询，大幅提升患者的获得感和满意度。

经过8年努力，北京妇产医院从几年前的“连中文论文都很少发表”，发展到现在的科研项目数和产出明显增加，科研平台建设初见规模，青年骨干的科研作用显现，教学实现“全链条”，医院学术影响力提升，国际交流进一步开展。一系列的成绩见证了阴赪宏的努力，付出终于有了“回报”。根据中国医学科学院医学信息研究所发布的《2017年度中国医院科技影响力排行榜》显示，北京妇产医院科技影响力跃升至第六位，进入全国第一方阵，医院排名由2016年的224位升至158位，提高了66位，在北京市医院管理局22家医院中排名提升幅度位列第一。

2019年，阴赪宏接手了北京妇产医院的绩效管理工作，看上去又是一块难啃的“硬骨头”，但他笑着说道：“我得抓紧时间，力争在全院职工的努力下，把这项工作做出成效。”

他召开全院的营销大会，把指标落实到科室，控制药品、耗材的不合理增长。一点一滴地改变局面，从节流到开源，发挥绩效的指挥棒作用。

除此之外，他提高了医院在教学、预防保健等方面的实力，帮助医院由单一的临床型医院向研究型医院转变。在教学方面，近几年医院博士生导师从原来的6位增加至18位，硕士生导师也增至近40位。硕士、博士生导师队伍的壮大为培养高水平人才提供了保障。在妇幼保健工作方面，北京妇产医院负责全北京市的妇幼保健工作，既为政府妇幼保健工作出谋划策，又为政策的施行提供了支撑。

在担任北京妇产医院党委副书记、院长，北京妇幼保健院院长后，阴赪宏进一步加强学科建设、人才培养和科技创新的工作，力图打造一所国内领先、国际知名的现代化妇产专科医院。

取得显著成就 贡献科研力量

作为首都医科大学传染病学系副主任、中华医学会医学科学研究管理学分会委员、中国医师协会感染科医师分会委员、中国中西医结合学会灾害医学专业委员会副主任委员、中华医学会热带病与寄生虫病学分会委员、中国中西医结合学会理事，阴赪宏长期致力于感染性疾病的临床和基础研究，近年来关注女性生殖与健康重大问题，主持“十一五”国家科技支撑重点项目、“十三五”国家重点研发计划项目、“十四五”国家重点研发计划子课题、国家自然科学基金、北京市自然科学基金等多项课题，发表论文500余篇（SCI收录140余篇），作为主编、副主编、副主译等出版专著、教材28部。

2024年，阴赪宏团队在JCR Q1区顶刊*Briefings in Bioinformatics*（2022年IF 13.994，2023年IF9.5）2024年卷首发表题为“Identify Gestational Diabetes Mellitus by Deep Learning Model from cell-free DNA at the early gestation stage”的论文。

无创产前筛查（Non-Invasive Prenatal Test,NIPT）技术又称孕妇外周血胎儿游离DNA产前筛查与诊断，是应用高通量基因测序等分子遗传技术检测孕期母体外周血中来自胎儿的游离DNA片段，以评估胎儿常见染色体非整倍体异常风险技术。首都医科大学附属北京妇产医院是国内首个NIPT技术临床应用的医疗机构，近年来产前诊断机构已完成超过15万例NIPT检测，NIPT各项指标居北京市各产前诊断机构前列。

团队基于出生人口队列研究，建立了孕产妇无创产前筛查测序数据库及孕产结局数据库。众所周知，NIPT技术的主要用途是检测孕妇外周血中的胎儿游离DNA片段，孕妇外周血中的游离DNA片段来自于两个个体，少部分来自胎儿，大部分来自孕妇本人，传统的NIPT检测仅使用了游离DNA测序数据中5%~15%的胎儿游离DNA测序数据。阴赪宏团队突破性利用NIPT的孕妇游离DNA测序数据，以孕产妇妊娠并发症为主要关注点，开展了人工智能算法研究，对NIPT测序数据进行二次分析，并进行妊娠期糖尿病发病风险的预测。

该研究采用非重叠滑动窗口法对低覆盖度(~0.2×)的NIPT测序数据进行CNV覆盖度筛选。将CNV覆盖率输入到带有注意力架构的卷积神经网络中进行二次分类，依据妊娠期糖尿病孕妇的cfDNA片段组学特征将妊娠期糖尿病高风险孕妇与低风险孕妇区分开，从而可以实现在孕早期(孕12周)即可无创预测妊娠期糖尿病风险。模型的分类准确率、精确率分别为88.14%和84.07%，AUC高达96.49%，可以有效预测妊娠期糖尿病发病风险，对妊娠期糖尿病的早期精准预测，高风险孕妇早期管理和治疗具有重要的意义。

除精准预测妊娠期糖尿病外，研究还对妊娠期糖尿病孕妇cfDNA片段组学特征进行了进一步研究，为妊娠期糖尿病、糖尿病、心血管疾病等多基因病的诊断和预测提供新发病机制研究的思路和方向。

在科研层面，阴赪宏获得教育部科学技术奖、全国妇幼健康科学技术奖、中华医学科技进步奖、北京市科学技术奖等十余次。技精艺卓、工作突出的他荣获首都劳动奖章，入选了国家卫生计生突出贡献中青年专家、北京市战略科技人才、“北京市有突出贡献的科学、技术、管理人才”、中共北京市委组织部北京市优秀人才培养专项、北京市高层次公共卫生技术人才建设项目领军人才、北京市高层次创新创业人才支持计划卫生领军人才、北京市新世纪百千万人才工程、北京市“十百千”卫生人才工程、北京市卫生系统“215”学科带头人、北京市医管中心“扬帆计划”、“登峰计划”等人才项目，获北京市优秀人才培养专项经费资助。2021年3月15日，他被北京市委办公厅、北京市人民政府办公厅授予“北京市扶贫协作先进个人”称号，2023年入选“北京学者”。

他是医生，曾在SARS暴发时，连续20天坚守发热门诊，逆行而上挽救众多患者的生命；曾在北京市广州管圆线虫病突发时，率队应对重大突发公共卫生事件，推进病情及传染性分层评分标准，建立评估软件系统；曾在大漠深处为边疆妇女带去免费“两癌筛查”，不遗余力提高和田地区医疗服务能力。他还是管理者，分析医院总体情况，科学规划补齐短板，帮助医院提升科技影响力，完成转型建设。

“心里常念患者苦，耳中如闻呼救声。”阴赪宏在医院建设中为医院勾勒美好蓝图，在救死扶伤中为患者带来救治希望，让一个个濒危的生命重浴生活的阳光。

（作者/编辑：郑苗苗）

陈卫：深耕祖国食品产业，破解菌种健康密码

“身膺民社寄，民以食为天。”每个人都在一日三餐的烟火气中，寻找生活的温度和味道。

食品安全作为重大的民生问题，受到党中央、国务院的高度重视。党的二十大强调，要提高公共安全治理水平，强化食品药品安全监管，健全生物安全监管预警防控体系；建设现代化产业体系，推动制造业高端化、智能化、绿色化发展；必须坚持在发展中保障和改善民生，鼓励共同奋斗创造美好生活，不断实现人民对美好生活的向往。进一步为食品安全监管和食品产业发展指明了方向，提供了遵循。

新一轮科技革命正在重塑全球食品产业，生物技术、装备技术、信息技术对食品生产、制造和监管产生深刻影响。功能食品的发展为消费者提供一条选择健康食品的最佳途径。

对食品微生物科学与工程专家，中国工程院院士，江南大学校长、党委副书记，国家功能食品工程技术研究中心主任,食品科学与资源挖掘全国重点实验室主任陈卫而言，食品产业比以往任何时候都需要科技和创新来驱动发展，提高安全、效率和可持续性，为人类

带来更多福祉。

成长之途，行稳致远

1988年，22岁的陈卫从江苏省无锡轻工业学院食品科学专业毕业，取得学士学位，奠定了其在食品领域的探索基调。

随后，在担任江苏淮阴食品工业学校助教期间，他又取得了无锡轻工大学食品工程专业的硕士学位。

学海无涯，为了进一步掌握食品前沿技术，1998年，他来到江南大学，在食品科学领域继续深耕深研，顺利取得博士学位。学成后选择留校任教，成为江南大学食品学院副教授，长期从事食品生物技术的教学和科研工作。

期间，先后到美国维克森林大学食品营养学专业、加利福尼亚大学戴维斯分校食品科学专业访问研究，深层次的系统学习使他迈上科研领域的新台阶。

2005年，陈卫升任江南大学食品学院副院长，期间被评选为教授，入选教育部新世纪优秀人才支持计划；2007年担任江南大学学科建设处处长，2008年入选江苏省“333工程”高层次人才及江苏省“六大人才高峰”支持计划，2009年入选新世纪百千万人才工程国家级人选。2010年担任江南大学食品学院院长，期间获国家杰出青年科学基金奖励。

惟创新者进，惟创新者强，惟创新者胜。随着学识的逐节递增，陈卫肩上的重任也在逐渐加大。2017年4月，他被任命为江南大学党委常委、副校长，2019年11月，当选为中国工程院院士，2020年5月，担任江南大学校长、党委副书记。

就是这样一位奋斗在科研道路上的前沿学者，用他的智慧与汗水为祖国的食品事业添砖加瓦。围绕乳酸菌的资源发掘与整理，益生菌生理代谢与功能机制的解析和优化，益生菌与环境及宿主的互作，益生菌对宿主的健康效应，肠道微生物与人体健康等，陈卫开展了一系列相关研究并成就斐然。

在校期间，他发表科研论文500余篇，其中SCI论文300余篇。申请国家发明专利200余项，其中国际专利20余项，已获授权国际专利14项，中国发明专利100余项。以第一完成人获国家技术发明奖二等奖、国家科技进步奖二等奖、中国专利奖金奖各1项，以及其他省部级一等奖5项。

技精艺卓，守望初心

作为一名长期从事食品微生物学研究的科研工作者，陈卫时刻关注着健康中国建设和我国食品产业的发展，特别是益生菌产业的高质量发展。

益生菌产业是我国战略性新兴产业的典型代表，从起步到成长再到蜕变，历经二十余年，现已具备一定的产业规模。在经历新冠疫情后，益生菌的健康作用被越来越多的消费者关注，也成了全球研究的热点。

作为“舶来品”，益生菌在20世纪90年代已然风靡欧美。随着FAO和WHO对益生菌的重新定义，益生菌逐渐成为一种家喻户晓的产品，甚至发展出一个庞大的产业。

在陈卫开始进行益生菌研究时，菌种资源基本被国外企业垄断。跨国公司的技术垄断、菌种垄断让他产生了自己选育菌种的想法。

在过去的20多年里，陈卫带领团队成员到全国各地采集样本，跑遍了全国30多个省、130多个县区，包括老年协会认证的76个长寿之乡，总共采集了8000余份样本，从中分离出了超过20000余株微生物。经过一系列的遗传性状解析和临床功效验证，发掘出一批具有优良功能的益生菌，并建立了具有自主知识产权的益生菌种库。

目前，相关菌株和专利技术已在国内企业实现产业化应用，形成了良好的经济效益和社会效益。同时还实现了技术出口，其菌株和技术也在美国、德国、荷兰等国家实现应用推广。

如今，他带领着一支近30名教师、200名研究生的“益生菌理论与技术”研究团队，用自己的言传身教，告诫团队成员要“抓住国家和社会的重大需求攻坚克难，并聚焦目标，坐稳‘冷板凳’”。

从筛选、培育优势益生菌菌

株到对其进行功效探索，陈卫团队前瞻判断、准确把握食品科技风向标。今天，他们不仅从全基因组生物信息分析层面进行现有功能菌株的耐药性、安全性评估，更深入挖掘“下一代益生菌”，阐明益生菌的更多生理功能机制，梦想着让更多的人用上更好的益生菌。

陈卫团队以研发适合国人的“中国菌”、培养胸怀国家的食品人为目标，锻造“健康中国”战略的坚强战斗堡垒。团队始终坚守立德树人本质，以“青蓝传帮带”打造一流团队。指导学生参与申请专利200余项，获省、校级优秀毕业论文25人。团队坚持瞄准国家战略需求主动担当支撑国家重大战略需求，聚焦益生菌与营养健康，并向健康食品、保健食品、特殊食品、特医食品、健康个护等领域拓展，发表高水平论文260余篇。

身为全国人大代表，陈卫在研究之余一直关注着国内益生菌行业的发展。他认为，在我国食品工业加快构建新发展格局，着力推动高质量发展的关键时期，以食品为载体，应用益生菌等具有健康特征的功能原料，满足不同人群的多元化健康需求，无疑会成为食品工业创新发展的“增速引擎”。

在两会期间，他提出“关于深化我国益生菌科学研究水平，推进益生菌标准法规建设的建议”。近年来，益生菌行业虽备受关注，但在发展过程中存在潜在隐患和风险，突出表现为益生菌概念使用不当、功效作用难以科学界定、产品标识不规范等问题。

为此，他建议科技部、工信部等相关部门进行科学规划，系统推进我国益生菌科技更深入的研究水平，引导行业重视益生菌功效性与菌株量效关系确证，突破益生菌产业化中的关键技术瓶颈，关注产品全生命周期的科学研究，让更多具有健康作用的产品服务于消费者健康，实现我国益生菌产业高水平科技的自立自强；建议国家市场监督管理总局明确益生菌相关产品分类，以我国益生菌相关科学共识为基础，同时借鉴国际标准法规及权威指南的重要科学结论，制定益生菌菌株系统性的评价要求以及在食品中科学应用指导的国家标准，优化益生菌类保健食品的审评审批工作，加快推动益生菌原料纳入保健食品原料目录；建议国家卫生健康委、国家市场监督管理总局等相关部门重视科技界形成的共识性结论，科学引导并创造高质量的益生菌科普作品，不断提升消费者的认知水平。

图强争先，领跑未来

特殊食品产业目前处于食品产业价值链的顶端，市场规模超6000亿。无锡是全国保健食品和特医食品的发源地和产业高地，肠道营养制剂产品的国内市场占有率近90%。形成了以世界500强企业为龙头，以国内创新企业为基础，上下游产业链完备，以创新为主要驱动力的、极具竞争活力的产业格局。

置身其中的陈卫，亲眼见证了近十年来我国食品工业不少核心关键技术实现了由“跟跑”向“跟跑、并跑、领跑”并存的历史性转变。

他指出，随着生物技术、人工智能、大数据和先进制造等技术的快速兴起，食品科学必将迎来大发展的“黄金期”。

在食品营养以及食品大数据、特殊食品等优势研究领域，江南大学将充分发挥学校人才培养、科学研究和智力积聚等优势，与无锡市全方位开展深度合作，依托全国重点实验室和国家功能食品工程技术研究中心等国家级科技创新平台，重点围绕功能食品原料及功能因子开发与利用、特殊膳食食品研究与开发等市场需求最强烈、最具发展潜力的方向，组织开展原创性、应用性研究。

目前，江南大学食品学科已形成全面涵盖食品营养与健康、食品加工与智能制造、食品安全与质量控制等产业密切需求的五大学科方向，涵盖各个食品产业门类。同时食品学科所在学院拥有125家董事单位和65个校外实习基地，食品企业与科研团队深度融合，广泛实施产学研教育合作。

健康评估，势在必行

2023年，陈卫团队在基于微生物组进行健康状况评估的研究中取得重要进展。

肠道菌群（gut microbiota）是寄居在人体肠道内的微生物群落。经过长达十年的研究，现在全球一致认为这些微生物对人类健康具有重要意义，任何微生物群的失调都会在很大程度上影响宿主的免疫、代谢甚至神经行为。此外，许多相关项目为海量数据的广泛分析和个人健康的理解做出了重大贡献，为大规模回顾性研究提供了参考数据集。因此，用于个性化健康状况推断的高度自动化和强大的生物信息学工具有望将人类微生物组的组成转化为有用的临床适应症，用于非侵入性健康监测、诊断和治疗。

在此阶段，陈卫团队系统地构建了肠道微生物组健康预测和疾病分析统计监测模型，克服了疾病检测率低以及个性化诊断困难的问题，大幅提升了检测的准确率并实现了个性化诊断。该项研究不仅有助于早期疾病筛查，降低医疗支出，而且相关结论可为未来个性化治疗和精准健康调节提供宝贵的方法和数据支撑。

该研究基于肠道微生物组建立健康统计监测框架，详细解析个体的健康状况与肠道微生物之间的关系，建立健康指数以实现健康评估。创新性地在健康人群中挖掘到4种健康模式，并进行了深入解析。在疾病人群中，通过分析肠道微生物对健康指数的贡献谱实现个性化诊断，从而确定与疾病显著相关的物种。

通过深入了解每个人的肠道微生物组，医疗专业人员可以为个体提供更为个性化的治疗方案。这对于慢性病患者、老年人和特殊病例尤其有益，因为他们通常需要更为精细和贴近实际情况的治疗方案。

最重要的是，该项研究有助于提高社会公众对于健康和健康评估的认识。通过将科学和技术用于健康监测，人们可以更好地理解自己的健康状况，采取积极的健康措施。这有望提高整体的生活质量，并推动健康意识的提高。

该研究成果于2023年8月18日以“Statistical modeling of gut microbiota for personalized health status monitoring”为题表发于国际微生物组顶级期刊*Microbiome*（IF 15.5，中科院1区）。

陈卫强调：“肠道菌群是打开生命健康宝库的一把全新的钥匙。未来，有望从肠道菌群中寻找疾病防治、膳食营养的新答案。”

绿色低碳，持续发展

目前，大健康产业已经迈向高质量发展的关键阶段。不仅要满足质量第一、效益优先的要求，更要体现绿色、低碳、循环发展理念。而这些，离不开大健康领域的科技创新。

近年来，陈卫团队在生物技术研究等方面的能力逐渐增强，在高新技术领域向世界先进水平看齐。无锡生物医药产业发展起步早、基础好，目前已形成涵盖化学原料药制药、制剂生产、医药服务外包等相对完整的生物医药产业链。

生命科学与健康工程学院是江南大学在药学院基础上最新组建并将在“十四五”期间重点建设的学院。学院突出生物制药特色，致力于培养面向国际生命健康学科前沿、服务国家生命健康产业发展的新时代人才。

同时，学校还面向衣食住行等方面，发挥设计、纺织、化工、人工智能等学科优势，依托“轻工技术与工程”和“食品科学与工程”两个国家一流学科，凝聚校内外生命科学、药学、医学和工学的优秀人才和优质资源，完善学科布局，打造高水平学科交叉人才培养基地和产学研融合研究创新平台。通过交叉学科研究，围绕“健康中国”战略，研发了诸多大健康领域的产品，助推大健康产业高质量发展。

2022年3月，江南大学制定发布了“奋进计划”，进一步谋划跻身世界一流大学建设行列的中长期愿景。学校将以国家重点实验室重组为契机，围绕食品健康产业需求布局新型研发机构，进一步激发科研人员创新活力。

薪火传承，方能生生不息。陈卫深知人才培养的重要性，将其作为“双碳”战略推动实施的基础保障。积极构建全链条服务“双碳”战略的一流人才培养体系，深入实施生态环境领域人才工程，着力培养一批生态环境领域复合型创新型“双碳”人才。

如今，身为江南大学校长的陈卫，希望能够尽己所能，引领学生成为具有严谨科研态度及良好科研素养的研究工作者，培育保障食品安全的新时代人才，为全国高校学生开展创新创业活动提供良好的机遇和平台。

在陈卫的教育理念中，“创新培养模式，造就行业中坚”从不是一种空洞的幻想，而是其深耕专业文化，造就创新人才的执着追求。

随着食品安全的重要性日益突出，新的挑战迫在眉睫。秉持着对食品行业深邃的洞察力和对食品科技精益求精的追求，陈卫还将继续用科技探索前路，同其他科研工作者一起，使技术创新与安全健康协同发展，助力国家食品行业谱写新篇。

（作者/编辑：郑苗苗）

（上接19页）

它才真正有价值。应该让更多医生掌握，只要学生来学，我就全心全意教。截至目前，除了西藏自治区，每个省、自治区、直辖市都有安阿玥的学生，他无不倾囊传授，毫无保留。

安阿玥常对学生们说，做医生，最要紧的是本本分分做人，治好疾病才是根本。他要求学生，无论是写论文还是做研究，都必须做到诚信严谨。他告诫学生，医生必须实事求是，吹牛撒谎的事不能干，做好医生必须戒骄戒躁，坚持底线，多做好事。

他要求学生们把每天的病例实事求是地记录下来，从门诊情况到所开处方，从患病症状到随访反馈。除此，他还要求学会与病人交流，引导病人讲清病史，向病人解释病情。他教导学生，肛肠科的疾病比较隐私，有些患者不好意思说出来，一定要在问诊的过程中让患者放松，比如患者进入诊室，会先问患者干什么工作，哪个单位的，老家哪儿的，这样患者会放松心情，像与朋友聊天一样把病情娓娓道来。

“要有敬业精神。既然当大夫，就得有耐心。”安阿玥说。

“如今，我最大的梦想就是做好本职工作，培养年轻人。我会把医术倾囊相授给学生。我更希望他们铭记：做医生，要有一颗民胞物与的仁爱之心。”

俗话说“十年磨一剑”，安阿玥用50载不懈追求诉说着对肛肠事业的执着。“桃李不言，下自成蹊”，大家口中的“安一刀”，成为患者对其最大的褒奖。

老骥伏枥，志在千里。目前年过六旬的安阿玥教授仍在中国人民解放军第305医院继续为部队的医疗保障和广大患者服务。

50多年来，他正是靠着自己内在的悟性和韧性，改写了肛肠医学的历史。现在的“安氏疗法”四个字不仅代表的是一种成熟的肛肠病治疗方式，更是一种安氏精神，一种严谨、执着、求实、创新的精神。而这些正是需要我们用心去琢磨和学习的。

（编辑：郑苗苗）

连建伟：鹤发银丝映日月，丹心热血沃新花

中医针灸、藏医药浴法、太极拳被列入联合国教科文组织“人类非物质文化遗产代表作名录”，《本草纲目》《黄帝内经》《四部医典》先后入选“世界记忆名录”。如今，中医药逐渐发展成为一个具有世界影响力的文化符号，身为理论根基的中医经典巨著，如明珠拂尘，逐渐显露出自身璀璨的光华。

屠呦呦研究员从《肘后备急方》中得到研发青蒿素的灵感，挽救了全球数百万人的生命；在新冠肺炎临床救治中发挥重要作用的“三药三方”，也是自中医典籍中的经典名方化裁而成。获得世界关注的中医药古籍，再一次在中华沃土中浇灌出传承精华、守正创新的时代花朵，爆发出强大的生命力。

许多中医人在这条薪火相传、辨证论治的道路上孜孜以求。人群中始终有一个卓尔独行的坚定身影，即使银丝盖黑发、瞬间付年华，他也不曾停下探索的脚步、躬耕的背影。

他就是连建伟，一位驰骋在中医药学领域的先锋人物。

涓涓不塞，是为江河；源源不断，是为理想。他在三尺讲台上书写师者大爱，以德而耕潜心培育英才；他在古方研究中跋涉几多春秋，持之以恒挖掘古方新

用；他在望闻问切中探寻仁爱之道，细致入微点亮希望之灯；他俯首中医长河中，探索中医之源，求证中医之本，悟化生人之术，守护万家灯火。

不忘其所始，不求其所终

1951年2月出生于浙江省嘉善县的连建伟，自幼跟随外婆生活，9岁那年随外婆一家迁居嘉兴。在外婆家，只比连建伟大10来岁的两个舅舅都读过大学，文学基础很好。受舅舅的影响，连建伟在小学和初中时代学习出色，尤其古文课程全校拔尖，还写得一手漂亮的毛笔字。他的古文基础如此扎实，乃至于数十年后仍能大段背诵《论语》《为学》观沧海》等千古名篇。

1966年，他于嘉兴南湖中学毕业，在叔公的引导下开始自学中医。自学中医之初，连建伟就经常跑去嘉兴第二人民医院。"我每天一大早就去医院，站在老中医旁边看着，一边学习他们如何问诊号脉，一边自己思考如何开处方。"看着他求知若渴的样子，老中医们便让他坐在旁边学习诊病。

随着经验的日积月累，也是在这里，连建伟尝试临症施治，开始了他的行医生涯。

"那是1970年的3月28日，"连建伟记得很清楚，"我们作为知识青年下乡，我主动申请去了嘉兴最偏僻的凤桥乡永红村。"在当时条件还十分艰苦的农村，他成为一名"赤脚医生"，为当地百姓治好了不少疑难杂症。

1973年，他得悉广州将恢复出版《新中医》杂志，就立即写信订阅。拿到第一期，他认认真真地每篇文章都从头看到尾。当发现《肝炎的辨证论治》一文有错误观点后，他马上写了《对<肝炎的辨证论治>一文的商榷意见》并寄给编辑部，《新中医》于当年第四期刊发了这篇卓有见地的文章。

1978年恢复高考后，连建伟全心攻读，考入北京中医学院(现为北京中医药大学)，成为该院首届中医基础理论方剂学专业研究生。

1980年12月，硕士毕业的连建伟来到浙江中医学院（现为浙江中医药大学）任教。在主讲中医主干课《方剂学》之余，他潜心著书，编写《历代名方精编》，收录了300个有代表性的方子。每方分为出处、组成、剂量、功效与主治、症候分析、方解、古今临床用法、原书指征、名医方论、医案验证等10个部分。这部37万余字的著作于1987年底出版，获得了浙江省自然科学优秀论文二等奖。2009年应人民卫生出版社之约，连建伟增加了新的内容，出版了《新编历代名方》，由此牢固奠定了他方剂学权威的学术地位。

随后，他凭借自身过硬的专业素养、治教经验，先后担任浙江中医学院方剂学教研室负责人、方剂学教研室主任、基础部副主任、基础部主任、副院长等职务，获得教授职称。

2001年，50岁的他被浙江省人民政府评为"浙江省名中医"，自2002年起，被确定为第三、四、五、六、七批"全国老中医药专家学术经验继承工作指导老师"，2005年被浙江省保健委员会聘为浙江省干部医疗保健专家；2006年任中华中医药学会方剂学分会主任委员，2008年被浙江省人民政府聘为浙江省文史研究馆馆员，享受国务院政府特殊津贴；2012年任中国哲学史学会中医哲学专业委员会副会长，经国家中医药管理局批准建立"连建伟全国名老中医药专家传承工作室"；2013年被聘为中国中医科学院全国中医药传承博士后合作导师；2014年任中华中医药学会方剂学分会名誉主任委员；2015年任浙江省中医药学会顾问；2017年被评选为"浙江省首批国医名师"。2022年获第二届"全国名中医"称号。

有真才者，必不矜才；有实学者，必不夸学。载誉满身、履历卓越的连建伟不坠青云之志，孜孜不倦地献身于中医事业，践行着"为往圣继绝学"的神圣使命。多少日悬壶济民，多少夜青灯黄卷，让他得以集百家医师之长，精养生之妙，学纳百川，独有建树。

望而知之谓之神，切而知之谓之巧

每周五上午，年逾古稀的连建伟都会在庆春路上的浙江名中医馆三楼名中医工作室坐诊。

诊室外，求诊患者络绎不绝、人声喧哗；诊室内，老中医虚静诊脉，细看舌苔，详问病症，反复多次把脉观色，有条不紊地提笔落方。

他的处方一般都只有十来味药，每剂处方的平均价格仅26元钱。他常说，“社会上毕竟还有一部分人，特别是得病的人，贫病交迫。我们尽量让他们用较少的钱治愈较重的病，这才是学医的真正价值所在。”

用药轻灵，起效快捷，每逢坐诊，各地的求医者慕名而来，常常“一号难求”。中午吃个盒饭就继续工作。无论多累，他也总是乐呵呵的，“能来找我看病也是一种缘分，帮人家治好病我们彼此都觉得很开心。”

精于脉理，凭脉辨证，一丝不苟，却时常微笑颔首，从17岁开始行医至今，连建伟就是凭着“一个小枕头、三个手指头”号脉诊病，医好了成千上万的病重患者。

他的“神巧”在于手上、在于心中。精于脉理、平脉辨证的他通过“切脉”便可知七八成的病情，擅长运用经方及后世各家医方的他数方相合、化裁得宜，打破了“古方新病不相能”的模糊认识，“用古方治新病，如同拆旧屋盖新房。我是集众人的智慧加上自己的经验，合用几张传统处方，再配合一些单方草药，就能起到意想不到的效果。”

治心何日能忘我，操术随时可误人

“用经典方剂治新病”是连建伟一直秉持的行医理念。在浙江中医学史上涌现过许多中医名师，古方传承至今，给连建伟带来了深厚的知识底蕴。

“早在黄帝时期，浙江桐庐便有‘采药制方之祖’桐君，时至南宋，浙江名医陈言著《三因极一病证方论》，元代义乌名医朱丹溪首创‘滋阴学派’，明代绍兴的张景岳阐发《内经》奥旨……”对历史里的名家，连建伟如数家珍，“千年之前的经典方剂经过传承在今天依然适用，这些是名医大家为我们留下的智慧结晶。”

连建伟能够成名成家，除了心无旁骛的钻研古方外，还有一个重要的原因，便是他甘当末学、诚恳求教，赢得了不少鸿儒硕学、国医大师的赏识与指点。

他作为张宗良入室弟子。幼时，便在外婆口中了解到，母亲当年罹患肺结核，就是经由当地名中医张宗良调治痊愈的，从那时起他便对医生这一神圣职业有了崇敬之心。学医之初，他便日日站在张先生身旁，看先生诊病开方。

此后10余年间，连建伟得张宗良循循善诱，谆谆教诲，受益良多。

在永红大队合作医疗站工作时，连建伟听说十几里地以外有名医余叔卿，便拿着自己写就的《临床运用桂枝加龙骨牡蛎汤的体验》赶去求教。余叔卿很受感动，把自己保存的《张聿青医案》《南宗景中医内科全书》等珍贵医书借给他看。通过认真学习，连建伟深受启发，医术得以增进。

20世纪70年代中期，浙江省中医院有个失聪的著名中医魏长春。连建伟慕名专程从乡下前去杭州拜访。当时求诊的病人很多，连建伟苦等之余，看到一个医生在旁边刻一篇魏长春所撰题为《诊脉须识常与变》的蜡版。回到乡下，连建伟立马致信魏先生，表达了想学习该文的诚挚意愿。不几天，那篇油印的文章就寄过来了。这一万五千言可谓魏长春诊脉经验的精华，连建伟深表谢意后反复研读，从中学到了很多极其有用的诊脉技巧。

《新中医》是连建伟必看的杂志，他发现每一期都有岳美中的文章，感觉作者不但文笔佳妙，而且看病功夫棒、方子开得好，煞是钦佩。于是连建伟情不自禁用毛笔写了一封长达7页的信给岳美中，自述经历，并附了3篇

论文希望得到指点。令连建伟惊喜的是，岳老很快就回信了，在他的鼓励下连建伟考取了北京中医学院研究生。不幸的是，连建伟报到时，年近八旬的岳美中中风住院，他见到连建伟的第一句话竟是“你要感谢邓副主席。”对此，连建伟铭记在心，对恩师悉心照料，既帮岳老理发，还给他买最爱吃的饺子。在病榻上，岳美中不仅传授连建伟用方用药的经验，而且教他做人的道理。连建伟回忆说：“岳老家有一副自撰对联——治心何日能忘我，操术随时可误人。使我明白要‘业进德进’，只有心地清净忘我，行医才不致误人。”

连建伟的研究生导师是王绵之教授，在其严格的指导下，连建伟愈加慎思明辨，打下了坚实的方剂学基础。

而对连建伟如慈父一般的名医当属北京广安门医院的沈仲圭，他们教学相长，常常从白天聊到夜晚。也正是沈仲圭写信，把当时不太习惯北方生活的连建伟推荐到了浙江中医学院工作。

对他而言，这些老师的教诲是他成长道路上的“明灯”。其学术思想、为医风范润物无声地影响了他漫长的学习生涯。这种和大师之间的奇妙连接让他的中医道路变得更加神圣。

但愿世间人无病，何妨架上药生尘

1968年9月，连建伟接触到行医以来的第一个病人。这位病人便是邻居何先生，他因患肺结核大咯血，被疾病折磨得贫困潦倒，再也没钱去医院治病，走投无路找到连建伟这里。

17岁的连建伟试着从医书里找了一张自认为对症的处方，只有生地、阿胶珠、小蓟炭、血余炭这4味药，2剂药后邻居的咯血止住了，转危为安。当年他的笔记本上还清晰地记录着这则医案：“何某，男，41岁，肺穿孔吐血不止，肺病已有十余年历史。今天又大吐血，先宜止血为要。予阿胶珠三钱，生地三钱，血余三钱，小蓟炭三钱。一帖后血量骤减，服二帖后基本停止。”

在连建伟看来，中医思维是中医药文化历经千年而始终长青，散发着时代魅力与朝气的根源。其哲学思维历久弥新，诊疗技术也不断与时俱进，深入内里，文化基因是中医几千年经久不衰的内生动力。

“我们要做的便是传承精华、守正创新。”连建伟说，“中医经典是古圣先贤的大智慧，大有学头，就如《黄帝内经》在今天仍然有非凡的价值，其中提及的‘治病必求其本’六个字可有着大学问呢。”

这六个字践行于连建伟的每一次问诊中。“治病求本，就算是普通的失眠，我们也要分析背后的原因。若是因为思虑太多，气血太虚，便补气血；若是消化不良，胃胀难以入睡，便需调理脾胃。对情志病患者当加以抚慰开导，给予人文关怀，也是治病求本。”

“治病又治心”是很多患者对连建伟医生的评价。

他常说，医者不仅医病，更要医心。每次问诊，他都关切询问患者相关症状，逐一判断并耐心开导患者，医好病的同时，也打开了其“心结”。

30多年来，连建伟在浙江中医药大学中医门诊部、浙江省名中医馆的门诊几乎从未间断。目前，作为全国名老中医专家、主任医师，挂他的特需门诊号按理说百元以上也属正常，但是他坚持只收50元，碰到生活困难的患者，还经常免收他们的挂号费。加之找连建伟看病不需要什么检查和化验费，他的处方又很少超过20元一副，如此“用较少钱能治较大病”，所以来找连建伟看病的人总是络绎不绝。

而连建伟十分体谅患者的难处，他一般每天看四、五十个病号，但如果有外地甚至国外赶来的患者，他也不一定限号，常常是中午用十几分钟吃一个盒饭就接着看病，因此常常一天下来要看七、八十个病人。虽然这样很累，可连建伟说：“帮人家治好病是一种乐趣，也能体现自我价值。”

作为全国方剂学会主任委员，连建伟要求自己开出的方子必须规范、地道。他常说：“对症下药好比一把钥匙开一把锁，最佳境界是恰到好处。所以每味药开出去都要有它的用处，不能开无关紧要的药。如果什么药都加进去，很可能就会互相制约甚至抵消药效。”

他说：“古人说：医乃仁术。为救人学医则可，为谋利学医则不可。所以没有任何杂念才能治得好病。”他不但自己修为，还提倡“以德养生”，因为好的心态有利于气血平和疏通。

行医于江南，连建伟始终保持和发扬中医特色，在灵活运用经方、时方的基础上，研发新方，对症下药。

令公桃李满天下，何用堂前更种花

在浙江中医药大学，连建伟从事了30多年的方剂学教学工作。方者，法也；剂者，齐也。所谓方剂，即在中医理论指导下以药物组成的用来治病的武器，就是根据中医“理（理论）、法（治法）、方（处方）、药（遣药）”的原则，针对病症把药物按照“君、臣、佐、使”的组方原则妥善配伍，酌定剂量。可以说，方剂学是中医治病的落脚点，十分重要。

自执教以来，他治学严谨，已经培养了相当多医德医术俱佳的学生，有的已成长为主任医师、教授、博导。

他为能从事中医教育工作而自豪，并且希望有更多的人才成长为名中医。为此，他现身说法，提出了名中医成才的六个“良方”：

一要立大志：“学医不精，不若不学”，不单要立志救民疾苦，还要几十年如一日立长志。二要读经典：学经典是为了在临床真能用得上，对四大经典及《药性歌括四百味》《药性赋》《汤头歌诀》《濒湖脉学》等要反复念、反复背、反复吟诵，记住方剂的组成和该方的配伍意义，才能针对病症灵活加减、化裁。三要跟名师：在名师的传道授业解惑中，真正继承他们的学术经验。四要多临证：临床不多，脉学也参悟不透；要把“望闻问切”做到纯熟，“问”要有的放矢，不能随便乱问。五要习国学：国学是我国固有的文化，指中国传统的文史哲（包括儒释道）；加强自身修养才能为病人着想，一心一意治病。六要修道德：所谓“小成靠智，大成靠德”。

“中医是相当了不起的一门学科，中医是以中国古代哲学思想作为理论基础的医学，是以人为本的医学，是构建人与自然相和谐的医学，是治未病的医学，是致中和的医学。”连建伟在教学中强调，“中医实际上是一个无尽的宝藏，我们要深入宝山，采集宝物，然后加工成宝石，来构建更加灿烂的光芒四射的宝库。”

如今，他也化为一盏“明灯”，照耀学子们的前路，帮助他们在未来的学习中继续深入探索中医方剂，传承并发扬中华传统文化，让更多人了解并受益于中医的智慧。

70多个春秋走过，中医药已成为连建伟融入骨血里的印记，任凭荣辱浮沉、岁月加身，都不会夺走他对传承经典的执着热爱。

（作者／编辑：郑苗苗）

顾建文：驱科技之刃，探宇宙华章

他是神经外科领域的知名专家，身披白衣35载，主刀数千台手术，诊治数十万疾患，缔结难以想象的生命奇迹,为无数家庭带来希望与温暖；他是全军首批高层次科技创新领军人才，在显微神经外科、重型颅脑损伤救治，脑、脊髓肿瘤诊治领域耕耘求索，开展显微锁孔神经外科微创手术、脑干及高颈段脊髓肿瘤切除术等高难手术6000余例，为颅脑神经治疗提供了中国方案；他还是一位优秀的医院管理者，以航天医学诊疗及特勤人员医疗康复体系建设为牵引，带动相关学科专业创新发展，为护佑军民生命健康砥砺奋进。

他就是中国人民解放军总医院第九医学中心主任顾建文，一位集军人、管理者、医生多个角色于一身的新锐院长，一位游刃于颅脑的勇士。

淡泊从容：医者当去名利而怀仁义

顾建文曾说过："医学事业犹如车轮与方向盘，方向盘不限制车轮的支配，车就会跌到深渊里去。医生要坚持一种'戒'的态度，才能够帮助自己顺应规律而成事，获得完满自在的生活。"他对初为医生时的老主任吴声伶教授记忆深刻，吴教授曾经为了防止一名气管切开的小孩术后痰液呛咳发生脑出血，亲手举着吸痰管子等着孩子咳出痰块再吸痰，而非将吸痰管伸进气管刺激孩子咳嗽导致不必要的危险，这一等就是2 h，最终挽救了孩子的生命。当时，顾建文深有感触："一名医生只有去除了名利之心、浮躁之气，才能真诚、赤诚地面对生命，想尽一切办法挽救生命。"吴教授宁静淡定的专注心影响了顾建文的从医生涯。

他虽然身处大型三甲医院的管理岗位，但从未忘记医生的本心，无论多忙，每周他都会站上那神圣的手术台，每碰到一个特殊的病例，他一定会阅读大量的文献，为患者的健康全力以赴。经他手的数千台手术，每一台都经得起良心和历史的检验。

就在2019年底，他的左脚不慎骨裂，当时正处于恢复期，可为了几名疑难复杂的脑瘤患者，他毅然坚持站立几个小时为患者进行手术，将他们从痛苦和死亡线上拉回来。

怀揣医者仁心，他始终像陀螺一样不停旋转，带着研究生团队一直站在科研前沿不断研究、探索。他已经是一名大专家，却不遗余力地为社会健康做科普，每日坚持编撰科普短文，目前已达数千篇。他就是希望让科学的医学理念影响大众，不至于信讹、传讹。究其原因，他说："其实我没有三头六臂，也会疲惫倦乏，但以人为本、尊重生命的责任和使命督促和推动着我不断前进。"

精益求精：不断磨砺技术是对生命的最大尊重

大脑是人的中枢机构，密布着细如发丝、阡陌如网的神经系统，复杂程度无法形容，给大脑动刀，治愈与致残只在毫厘之间。从1983年接触医学、1989年毕业正式进入临床到现在，40多年的时间里，顾建文一直在不断打磨、精炼自己的医术，从新药的研发到探测技术的推进，他将大量的新技术应用于临床，如微导管技术取出急性脑血栓且不留主要后遗症，这项治疗技术已经在该中心开展得很好。

任何学科的发展都需要不断探索和创新，基于颅脑外伤方面的积累，他做了大量的研究和实验。在此之前，针对军事爆破导致的颅脑外伤研究，世界上通行的方式是"激波管"实验，研究类似火药爆炸产生的冲击波，获取相关数据，但他觉得这和现实的差距很大，还是应通过自然方式来获取更真实的数据。于是，他带着研究团队设计了模拟自然爆炸的火药装置，通过对动物进行实验，成功在国际上第一个实施了局部爆炸实验并建立了模型，为后期的伤情判定、给药制度等做了大量的工作，设立了一整套系统。

2009年，当时顾建文在原成都军区总医院工作，处理过"6·5"公交车燃烧事件，那次事件中有50多人烧伤面积在95%以上。按常规理念，一个90%的烧伤患者就足以让一个三甲医院的烧伤科手忙脚乱，一下子来了几十个大面积烧伤患者，医院根本没有能力应对，其中一位69岁的患者，按概率计算，他的死亡概率是106.5%，也就是说生还的概率为零，而全国著名的烧伤专家要20多个小时才能到位。顾建文当时是现场总指挥，按照烧伤救护三大步骤规定，应先是抗休克、抗感染、植皮修复，前两步需即刻开始，以往惯例是早期补液抗休克，输液公式按照患者的烧伤面积和体重计算，而烧伤面积是以九分法烧伤部位与全身体表面积百分比计算的，再进行补液治疗，因时间容不得浪费，他当即决定采用实际测量替代这种方法，在锁骨下放中心静脉管，检测全身体液情况，根据中心静脉压值补液，达正常值，人肯定就没事了。现场人员迅速开展补水工作，后来的补水情况让大家特别吃惊，因为按这种方法计算的补水量竟大大超过公式算法的补液量。正是因为他打破常规，凭借多年积累的经验，大胆采取简便、快捷的方法，使所有患者都脱离了危险，在烧伤专家赶到后，成功将所有患者，包括那位69岁的老者在内，安全地交到他们手中。

曾有一位年轻的女孩刚被某著名音乐学院录取，却在脑内发

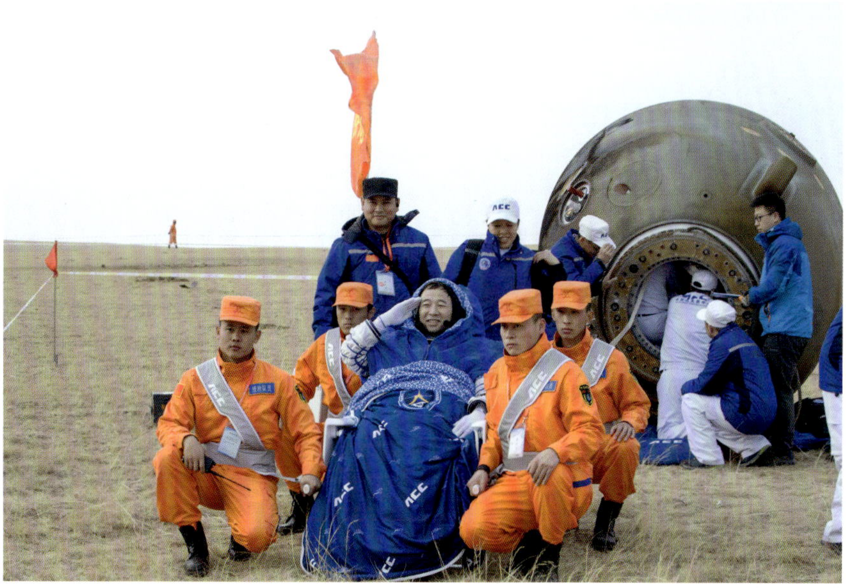

现一颗类珍珠样的肿瘤，因为这个瘤长在太阳穴内的深部颞叶颞极，非常靠近大脑音乐和旋律相关的功能区，如果手术稍有不慎，她可能就要彻底结束音乐生涯，这对于一个3岁起就开始练琴的女孩子来说，是致命的打击。顾建文经过周密的术前准备，制订了初步治疗方案，争取为她保留音乐功能区，使她依然可以靓丽地站在舞台上。为确保更准确切除肿瘤病变部位，又不损伤音乐功能区，手术中他让患者采用拉小提琴和唱歌两种方法来检测手术效果，这个手术取得了圆满的成功，女孩儿又可以神采飞扬地登台表演了，这次手术也被中央电视台《智领未来·先锋之夜—2017机智过人》节目称为“不寻常的开颅术彰显‘中国温度’”。

技术创新永无止步。2024年2月，顾建文带领团队利用影像多模态融合、术中神经导航、荧光素钠染色和显微神经外科“多模态四重奏”技术成功治疗一例功能区巨大脑胶质瘤伴广泛软脑膜播散患者。

患者是一位老年男性，因头痛头晕伴记忆力下降入院，经过神经系统查体、全脊柱核磁扫描、腰穿脑脊液检查等多项检查方式，结合病史和影像学资料，初步诊断为右侧颞叶内侧高级别胶质瘤或胶质肉瘤可能，考虑患者颅内多发且合并广泛软脑膜浸润转移及脑脊液播散，提示预后较差。

但因肿瘤体积较大，存在占位效应，且位于可切除部位，经MDT综合会诊后，决定在尽可能保护功能前提下切除病灶，以期达到减瘤目标，为后续治疗创造时间和空间。

胶质瘤因其具有侵袭性生长的特性，往往使得医生难以分辨其与脑组织的界限，因此在以往的手术中，只能依靠术者的肉眼、器械切除的手感等临床经验完成手术操作。随着技术飞跃发展，术前重建病灶，血管及神经纤维束，术中神经导航精准定位肿瘤位置，荧光素钠清晰描绘肿瘤边界，实现最大程度的切除肿瘤的同时，保护正常脑组织的目的。期间，注重聚焦神经外科个体化治疗，以多学科协作平台完善诊疗闭环，增加手术患者的手术机会，助力患者取得更大获益。

高新技术的应用是医学发展的前提。医生只有不断磨砺手中的技术，开拓视野，积累经验，才能从死神手中夺回生命，才是对生命最大的敬重。

融合创新：没有非专业，只有新征途

顾建文不仅在医疗领域有所创新，在自然科学领域、互联网智能、建筑学方面也有所涉猎，且都有不小的建树，并且创新融合，灵活运用造福群众。

考大学时，他的志愿并不是读医学，而是想当建筑师，因为他比较喜欢画画，画画和建筑的研修占据了他日常的大部分时间。当时，他第一志愿原本报的同济大学建筑系，后来军校提前招生，就被第四军医大学提前录取了，就这样懵懵懂懂地学了医。在学医的过程中，他对建筑、工程等其他学科的兴趣不但没有减少，而且发现，医学和建筑竟有异曲同工之妙，与其他学科也有着千丝万缕的联系。

当前，我国提倡文化自信，

顾建文觉得几千年来，老祖宗留下的东西是很宝贵的，比如中医药就很神奇。在他刚毕业参加临床工作不久，就接收过一个高温不降、大汗淋漓、昏迷不醒的患者，他的血象不高，也没有炎症，用抗生素效果不好，用冰敷短时间内温度下来了，马上又反跳上来，怎么都控制不了。后来一位老中医向他介绍说这是热闭症，需要芳香开窍、降温、下泄，并推荐安宫牛黄丸、紫雪丹，用生大黄水来调服。很神奇的是，这样治疗高热很快就下来了，第二天患者就清醒了。由此，他慢慢地发现了中医的博大精深，并在这方面做了大量的研究，经过10多年的研究，发现中药大黄中含有两种重要成分，大黄素和大黄多糖，大黄素有调理免疫的作用，能够作用到中枢神经细胞，降低神经细胞的兴奋传导。颅脑外伤需要修复伤口，但是高热致使脑细胞过度活跃，消耗很多氧，不利于脑伤的恢复，但如果使脑细胞处于安静状态，就能加快伤口修复，这也可以解释为什么中药大黄能治疗颅脑外伤了。

2005年，顾建文在国际期刊上发表了题为《关于中药大黄治疗颅脑外伤的神经药理》的文章，这是中国人第一次就大黄为什么能治疗颅脑外伤发声，后来因为这个综合研究，解决了很多外伤病人的康复问题，也救活了很多病人的命，2008年这一研究获得了全军科技进步一等奖，经过进一步改良，于2012年获得四川省科技进步奖，而这些应用到医学方面的研究，也都和军事、工程、建筑等有关系。

2020年，抗击新冠疫情阻击战打响，他发现医护人员的防护服大多使用的是分体式防护装备，穿脱烦琐、程序复杂，包括帽子、口罩、眼罩、护目镜、防护服、面屏等逐一穿脱最少十个步骤，舒适性和便捷性不足，同时，透气性差、长期使用存在面部压伤严重、闷热潮湿等问题，严重影响临床一线人员的工作效率甚至生命健康。顾建文利用材料工程学的知识，带领团队着手研究开发一种头罩一体化结构的医用防护服，将面屏、呼吸组件与头罩材料进行密合固定，选择新型高阻隔、高透湿透气防护服大体材料,使其在满足防护要求的同时兼顾透气、透湿良好的性能，面屏采用耐冲击PC材料使其视野开阔、视窗保明。目前，该防护服已研发出样品，并完成自检，准备外检及申报。

他在人工智能上也深钻细研，带领团队进行脑机接口研究，将数据线连入实验动物的大脑，实现中枢神经信号和外界信息的交互。现在他们已通过脑机接口技术理解动作信号的神经振荡环路机制并进行调控：获取了动作任务相关的神经元信号，进行编解码分析，构建特征模型；建立了相应的电刺激方案，探究如何通过对多个神经元的反向电刺激来调控动作活动。目前，已完成前期的动物训练、猕猴电极植入，获取到部分神经元电信号进行综合分析。

顾建文对于不懂的学科，不排斥、不装懂，总是以开放的胸怀去学习和探索。比如非线性动力学，这完全属于物理学科的范畴。在一个同事的影响下，顾建文开始将非线性动力学与医学相结合，试图寻找它们的共通点。比如心电图，非线性科学李雅诺夫稳定指数等复杂度指数越高，说明大脑、心脏越健康，当脑电、心电的复杂度降低，相关曲线变成一个直线，意味着心脏停搏、脑死亡。因此，顾建文从脑电图里边包含的信号来对患者意识进行判断和分析，以期有助于麻醉药理的研究。

他经历了太多的重大事件，参加过太多次重大救援，也见过了太多的生死，他早已将功名利禄放下，怀揣着持戒人欲、胸怀人本的淡泊求真态度，赤诚解除病痛、忠诚守护健康、真诚赢得信赖，在医学之路上怀仁求精创新，孜孜以求……

聚焦前沿：着眼当下，但仍仰望星空

2024年1月，全军临床重点专科航天临床医学科的正式成立，为中心航天医学的发展揭开了新的篇章。

航天临床医学科由临床、研究、康复疗养三部分组成，学科建设采取“(1+N) +1+1”的模式，即涵盖1个临床主体科室和N个协作科室、1个研究室和1个康复疗养力量。1个临床主体科室为特勤诊疗一科（外科楼21层），1个研究室为研究部三室，N个协作科室包含涉及航天临床医学相关的各专业，如消化内科、普通外科、口腔科、内分泌科、妇产科、眼科、耳鼻喉科、特勤健康管理科等。

航天临床医学科的成立旨在承担航天特勤人员的门急诊保障、航天相关职业病的临床诊治、航天医学临床研究和转化应用、参与航天员临床医学鉴定选拔及航天应急救护任务等工作。

作为学科带头人，顾建文表示，将建立航天任务临床医学全流程的航天员临床应急救治体系，航天特殊环境疾病研究诊治康复平台。优化完善航天员临床医学选拔鉴定方案及航天员康复疗养平台。

随着神舟十四号、神舟十五号航天员乘组顺利完成在轨交接，中国空间站正式开启长期有人驻留模式。在此基础上，团队也针对航天常见健康问题展开深度探索，“这对我们的航天医学保障和医疗救护措施提出了更高要求。”顾建文表示，我国真正意义上的航天医学还处于起步阶段。如何做好地面持续安全保障？如何做到能随时担负起返回搜救任务？如何及时应对非正常降落？出现问题时如何快速解决？……这是一个无休止的研究课题。

航天员简单的衣食住行背后，是一个又一个的医疗技术难题。“一个最简单的问题：航天员怎么上厕所？这不光涉及负压技术，还涉及尿液回收、排泄物处理等等方面，难度可想而知。”

顾建文介绍，随着我国深空探测的深度和广度不断拓展，任务不同、人员不同、在轨时间不同、返回窗口期的气候环境不同，航天员也将面临更为全新、更为复杂的环境。

“空间医学未来或是长时间驻留太空医学，以及人类在此环境下的生命极限的状态维持和研究，返回地球时可能面临的更大挑战，着陆场的航天员医疗救护保障也将面临更多课题。”面对航空医学的前沿方向，顾建文与团队更多在深度技术难题上下功夫，力图以低代谢休眠技术、人工智能辅佐下的自助医疗技术为探索方向，开展航天医学关键问题研究，为航天员长期在轨工作“保驾护航”。

“这些航天医学实验领域的创新和突破，也能服务千家万户。”发展航天事业不仅是实现高水平科技自立自强的战略需要，也为航天科技成果走进千家万户，服务千行百业创造机会，具有巨大的综合效益。

顾建文指出，在未来更深空的探测飞行中，载人飞行将经历持续数十年甚至上百年的飞行，研究生命静息技术等极端科学问题，而这将是全球医学科学家面临的挑战性难题，将是航天临床医学重点医院和学科的职责和使命，需要进一步深度探索和研究。

科教兴院，创新立院。在航天医学发展的五十多年来，顾建文与团队一起，站在科学技术的制高点上，向深邃迷人的太空发起挑战，为医学与航天的发展擘画蓝图，成就时代的铿锵凯歌，铸就军人本色。

（编辑：郑苗苗）

郭蓉娟：用行动诠释医者担当

“你我素不相识，但你的健康，由我呵护；你我无亲无故，但你生病的每一天，我都尽力让你感受温暖。”从医40多年来，她甘于无私奉献，勇于创新创造，以高尚的医德、高超的医术救治了众多患者，温暖了千万人的心。她视患者为亲人，赢得了广大患者及家属的信赖，践行了“敬佑生命、救死扶伤”的新时代中国医师使命。她用日复一日的默默付出，诠释着新时代医者的使命与担当。

她就是北京中医药大学东方医院党委副书记、副院长、脑病科主任医师、首都名中医郭蓉娟教授。今天，让我们一起走进她的故事，感受那一份温暖与力量。

以精湛医术为民解忧

1981年，郭蓉娟在北京中医药大学中医系学习；1992年跟随导师林越教授、周平安教授攻读中医内科学硕士学位；1995年，师从王永炎院士继续学习中医内科学，获得博士学位。

毕业以后，她开始从事中医脑病及心身疾病诊疗相关工作，提出了抑郁症线粒体能量代谢障碍假说和突触微环境失衡假说，重视失眠、情绪管理，擅长以中西医结合、药物与心理结合的方式综合防治心脑血管病、焦虑抑郁失眠、头痛眩晕、记忆力减退及痴呆、癫痫、帕金森病、脱髓鞘疾病、重症肌无力、肿瘤等多种疑难复杂疾病。

熟练掌握中医内科精髓的郭蓉娟以救死扶伤为己任，以患者为根本，想患者之所想，急患者之所急。她不仅对待病患温柔耐心，更以精湛医术为他们解除病痛。

曾有一位57岁的女性患者，失眠反复发作10余年，1年前因新冠疫情出现过度紧张、担心害怕、焦虑等症状，入睡困难，持续2～3小时才能入睡，甚至彻夜难眠，先是在某外院就诊，口服思诺思与劳拉西泮1年余，入睡困难渐改善，一晚可睡5～6小时，但仍存在晨起头昏沉，紧张、担心、烦躁，记忆力下降，乏力心慌等症状，且因长期服药，药物效果下降，停药则无法入睡，为彻底摆脱困扰，患者决定来到郭蓉娟的诊室寻求中药治疗。

通过对患者的耐心查检、详细诊疗，明确诊断患者为慢性失眠、安眠药依赖，郭蓉娟选择采用心身并调的治疗原则。调心是针对患者对疫情的紧张和过度关注、担心和恐惧的维持因素予以认知心理领悟治疗，使患者领悟到睡眠先睡心的道理，并教会其情绪管理的方法。调身采用黑白方案，白天药用郁金、香附、山栀、贯叶金丝桃、西洋参、生黄芪、苍术、石菖蒲、丹参的配方颗粒；晚上药用炒酸枣仁、百合、刺五加、生龙齿的配方颗粒，西药继前使用。白天治宜疏肝泻火、健脾益气，晚上治宜养心安神，恢复昼精夜寐的睡眠—觉醒生物节律。

服药月余，患者担心、紧张情绪及睡眠症状明显改善，入睡仅需20分钟，夜间醒2～3次，可睡6～7小时。继续辨证治疗月余，患者焦虑情绪基本平复，自述睡眠时间和质量均得到明显改善。偶有心悸，遇事容易紧张。郭蓉娟嘱其逐渐停用安定类安眠药，中药白天方去山栀，加当归，余药同前。之后继续予以认知心理领悟治疗，增强睡眠治疗的信心，再月余患者停药恢复自然睡眠。半年后电话随访，患者基本保持自然睡眠，即使偶然有事，影响睡眠，也可以很快恢复正常。

在郭蓉娟看来：“患者因疫情应激，出现一系列焦虑失眠症状，服用安定类安眠药有效，遂长期服用，形成安眠药依赖，通过检查已经排除了重大疾病，为典型的心身疾病。”她发现有些医生在临床中只注重改善患者夜间失眠，而忽略了白天的情绪和精神状态，缺乏对失眠症“昼不精，夜不寐”的整体认识。因此她在治疗时不仅从行为认知上加以引导，培养患者良好的睡眠习惯，提高自身的情绪管理能力，实现调心，还依据“昼精夜寐”原则，创造性地提出“昼夜双方，分调阴阳，标本同治”的理念。其“中医心身并调治疗”较“单用镇静安眠类西药治标”具有明显的治本优势，值得临床推广应用。

类似的治愈病例还有很多，都一一体现着郭蓉娟对中医的独特认知与创新，体现着“上医治未病，中医治欲病，下医治已病”的标本兼治、内外结合思想。

还有一位73岁女性患者，四肢无力1年，吞咽困难7个月，加重10天，靠鼻饲管喂食。患者1年前因生气逐渐出现肢体无力、吞咽困难，曾于当地就诊，被诊断为脑血管疾病，治疗效果不佳。几经周折，在北京宣武医院确诊为“重症肌无力”，给予溴吡斯的明（60 mg tid）。刻下症见：留置胃管，吞咽困难，不能自行进食，肢体无力，大便溏泻。以轮椅推入门诊。既往有高血压病史10余年（拜新同30 mg qd）；冠心病史3年，冠状动脉支架植入3年（拜阿司匹林100 mg qd，欣康20 mg bid）；糖尿病史16年，未规律用药；焦虑抑郁史4个月（美时玉半片qn，来士普半片qd）；胃食管反流病史4个月（雷贝拉唑1片qd）。

郭蓉娟根据病人年龄、体质、病情，辨证分析患者为中气不足、痰瘀互结，需要峻补元气、化痰活血，以补中益气汤加减，重用生黄芪为君，党参、熟地、山萸肉、桑寄生为臣，辅以法半夏、石菖蒲、茯苓、炒薏仁、浙贝母、陈皮、蒲公英、黄芩、丹皮、赤芍、川芎、红景天、灵芝、神曲等药，西药继前服用。

《素问·阴阳应象大论篇第五》中曾云“年四十，而阴气自半也”，同时筋肉清窍失养，气血不足，主病位在脾，涉及肝、肾。本例患者为老年女性，重症肌无力诊断明确，属于中医“痿证”范畴，重在补气培元，增强其升填元气之功。故治疗大剂量应用黄芪为君，意在补气培元；山萸肉、桑寄生、熟地脾肾并补；患者因病情志不佳，结合舌脉，考虑为痰热扰心所致，故加以半夏、陈皮、蒲公英、黄芩等清热化痰，以灵芝等补气安神，诸药合用改善睡眠状况，调理体质，预防疾病加重和复发。郭蓉娟通过中西医结合精准施治，治疗半年余，患者得以撤掉胃管，脱离轮椅，恢复正常生活。

以中医特色传递服务

2017年，郭蓉娟带领团队来到窦店镇瓦窑头村，在房山区卫计委、房山区中医医院、窦店镇镇政府及卫生服务中心、瓦窑头村委会的大力支持和协助下，开展了为期两天的“北京中医健康乡村试点建设项目”活动。

团队和房山区中医医院分工协作，共同为当地村民建立慢病管理档案，免费开展脑卒中高危筛查，血脂四项、糖化血红蛋白检查和颈部超声检查，中医体质辨识，提供健康咨询和慢病防控建议。郭蓉娟及其团队充分发挥中医药特色优势，围绕心脑血管、内分泌等疾病为村民详细诊脉查体，中医辨证，提供中西医结合防治指导，亲切细致的服务受到了村民的一致好评。两天共完成血液检查192例，颈动脉超声检查209例，形成中医脑血管病慢性病管理档案211份，免费发放《老年痴呆的早期防治手册》、抑郁症可防可治及失眠头晕防治宣传单等健康宣传材料800余份。

义诊结束后，在房山区卫计委的牵头下，郭蓉娟与窦店镇政府、房山区中医医院和窦店镇卫生院领导进行了座谈。未来东方医院将与房山区中医院协作，积极探索房山中医医联体建设，根据窦店镇卫生院的需求，提供“精准”医疗服务，开通重症患者转诊绿色通道、远程会诊平台，推进三医联动、分级诊疗和双向转诊，协助基层医疗机构培养中医人才，协助完善基层康复体系，使三级医院的优势医疗资源下沉，提高基层医院中医药服务能力。

目前，北京中医药大学东方医院的“健康乡村房山行”活动已坚持了3年。郭蓉娟一直身体力行，带领专家团队以中医诊疗特色维护居民健康，将祖国博大精深的中医药文化传播到百姓心中，润物细无声。

以学术交流助力健康

睡眠关乎健康。2020年10月29日，郭蓉娟参加了由中华中医药学会心身医学分会主办，中华中医药学会中医药文化教育基地、中药配方颗粒关键技术国家地方联合工程研究中心协办的“失眠症药食同源组方及互联网+睡眠管理专家咨询会”，强调以食为药。

“药从食来，食具药功，药具食性”，在会上她分享了《失眠症的药食同源组方探究》，从中、西医两个角度对失眠症进行了介绍，并指出了中医及药食同源理念在失眠症中的应用优势。“以药食之性纠人体之偏”，郭蓉娟在中医对失眠症的辨证论治前提下，结合自己的临床心得，以药食两用的物质为基础，提出了失眠症药食同源四大辨证分型：心肝火旺型、痰火扰心型、心脾两虚型、心肾阴虚型，并给出了相应的药食同源组方，给众多失眠患者带来了福音。

中医主张“天人相应”，认为人与自然息息相关，人应该根据四时变化规律调整人体节律，失眠便于节律失调、阴阳失调息息相关，“白天阳气越盛，晚上阴气越盛，晚上阴气越盛，白天阳气越盛，阴阳之气是相互滋养的，为此，我们在用药时会根据患者体征开具黑白双方，白天黑夜所服方剂并不相同。”

2021年5月13日，郭蓉娟应邀参加了“2021年中国脑卒中大会暨第十一届全国心脑血管病论坛”。在本次大会上国家卫生健康委对10年来长期不懈在卒中防治工作中做出突出成绩的单位及个人进行了表彰，其中，北京中医药大学东方医院再次荣获国家卫生健康委脑卒中防治工程委员会颁发的脑卒中筛查与防治基地资格，郭蓉娟荣获精英楷模奖。

郭蓉娟所在的北京中医药大学东方医院作为全国最早参与脑卒中筛查与防治的三甲中医医院，10年来结合自身中医药特色优势，在常规筛查的基础上，系统调研了区域人群的中医症候特征，完整录入中医症候数据12371份，并在筛查过程中积极开展中医药防治脑血管疾病的健康宣教，建立了中医药慢病防治的良性体系，共同署名发表核心期刊论文55篇。

除此之外，东方医院还积极建立所在属地丰台区基层医疗服务中心协作单位，以点带面，以每年与两家社区医院合作的速度，先后与区属8家社区医院协作，共同承担起丰台区脑卒中慢病筛查与防治工作。

脑卒中的防治是一个长期、延续的过程，但是我国现阶段专科医院发展相对滞后，床位、人才紧缺问题在各地仍然存在，许多患者在脑卒中全周期不能持续得到指导和救治，从而影响到脑卒中群体的康复和生活质量，我国的脑卒中现状不容乐观，打响脑卒中防治保卫战任重而道远，需要各个环节的协同作战，郭蓉娟领衔的脑病防治团队栉风沐雨，砥砺前行。

以科研建设引领未来

作为世界中医药学会联合会心身医学专业委员会会长，中华中医药学会心身医学分会主任委员，北京中医药学会心身医学专业委员会主任委员，世界中医药学会联合会中医心理学会副会长，中国卒中学会中西医结合专业委员会副会长，中国中药协会药物临床评价研究专业委员会副会长、心身医学组组长，中国中医药信息学会医养居融合分会副主任委员等，郭蓉娟在学术交流之外，还积极创新科研，以中西医结合促进学科发展。

郭蓉娟承担的国家自然科学基金课题有：“基于肠道菌群变化研究‘醒脾解郁法’对抑郁症的效应机理”“基于SIRT1/PGC-1α通路介导的线粒体能量代谢研究抑郁症肝郁脾湿病机的生物学实质及中药调控机制”“从TLR4炎性信号通路调控失衡研究肝郁化火焦虑症的生物学机制以及丹栀逍遥散干预的整合机理”，她倾己之力治疗疑难疾病，解除患者痛苦，维护其美满生活。

医学研究表明，抑郁症与单胺类神经递质（兴奋性递质）兴奋传递功能下降相关。单胺氧化酶是一种单胺类神经递质的降解酶。单胺氧化酶抑制剂（MAOID）是目前一种常用抗抑郁药。

郭蓉娟表示，西医治疗抑郁症的有效率为60%左右，治愈率为30%左右，远远不能满足抑郁症目前的临床需求，且有明显的不良反应，让部分孕产妇、青少年难以坚持。

多年来，她致力于探索抑郁症的发病机制，深度探析中西结合治愈抑郁症的可能性。团队通过生物实验，按国际标准对小鼠进行慢性应激使其患上抑郁症，研究发现小鼠大脑中神经细胞的线粒体出现障碍，小鼠骨骼肌上线粒体也存在不足，缺乏能量。由此可知，抑郁症患者除了国际上公认的神经递质不足外，还存在线粒体能量的不足。改善身体的能量不足，是中医的强项，也是中医治疗抑郁症的一个有效靶点。

从能量代谢角度来看，抑郁症前期因线粒体障碍出现的极度疲劳、全身无力，就如同人的手机没电，线粒体就代表细胞里的电池，为细胞供能，一旦供能不足，机体便无法启动。这种不足不仅体现在脑部，更体现在全身各个地方。

“抑郁症是什么？还拿手机为例，我们在正常情况下使用手机电量是够用的。如果这两天连续刷连续剧，手机电量就消耗得快，如果不及时冲动，就该关机了。抑郁症就是这样，大量的精神内耗、焦虑不安，就相当于我们看连续剧一样，要费能量，当供能不足就会出现消极状态，相当于手机的省电模式，是人的自我保护。”她尽量将复杂的病症以通俗的语言传递出来。

抑郁症线粒体能量代谢障碍学说揭示了中医治疗抑郁症的不可或缺性，也证明了中西协同的重要性。

抑郁症在中医层面被称为“郁病”，比西医涵盖的范围要广，但在诊断时仍遵循国际通用标准。中药类抗抑郁药和化学药类抗抑郁药的差异在于其作用靶点不同。化学药类抗抑郁药主要通过调节神经递质的失衡来发挥作用，而中药的作用靶点更为多样，包括疏肝理气、益气养血等。

《金匮要略》云：“见肝之病，知肝传脾，当先实脾”，见肝之病是指情绪类的疾病，当早期出现肝病证候时，就要想到实脾，知道补益脾胃，这就是中医治未病思想在临床实践中的应用，先安未受邪之地。注重疏肝健脾，肝脾同治，为机体补充物质能量。

“中医的优势在于‘补益’，以此解决人体能量不足的问题。患者通过治疗会觉得自己有力气了、能吃饭睡觉、心情好了，这也体现了中医心身并调的优势。”郭蓉娟说，“西医控制情绪，中医补充能量，中西结合就会达到增效的目的，对一些重症患者不失为一种好的治疗方式。”

目前，中医治疗正处于从传统经验累积向循证研究转变的过程中，以期形成一套中医治疗抑郁症的标准化指南，以便指导临床医生规范应用，从而实现治疗的一致性和统一性。

在工作之余，她发表医学论文200余篇，主编论著5部；连续主持国家自然科学基金课题4项；主研课题获得国家及省部级奖多项；取得治疗焦虑抑郁失眠的国家专利2项，对疑难杂症常有独特疗效。她还承担本科、研究生的带教工作，培养博士16名、硕士21名。

以心理干预调节情志

治疗抑郁症，离不开心理干预。

病由心生，境由心转。在临床实践中，郭蓉娟重视运用儒释道三教的哲学思想，通过精神层面的引导，帮助患者实现心灵的觉醒，调整心态，达到心理的平衡，从而在思想层面上产生了积极的治疗效果。

“西方通过认知行为治疗、精神分析法治疗心理疾病，那我们可以用国学去治疗心理疾病，儒释道其实就是中国人的世界观、人生观、价值观，教人如何能做到心态宁静，如何能做到有作为，是有利于中国人的本土化的心理治疗。”郭蓉娟如此表述自己建立认知心理领悟治疗体系的出发点。

这一体系分为五个板块，第一是结缘模块，一个人的成长并不是主动的，往往遇到困难、挫折的时候，才是其要成长的时机。人的心理问题也是这样，要化挫折为成长，积极地引导应激，让其成为成长的起点。认知成长注重的是个人内心的成长，内心的强大。

（下转56页）

谢立科：勇毅笃行探疾患，赓续创新返光明

“萧萧肃肃，爽朗清举”，用来形容中国中医科学院眼科医院副院长谢立科再恰当不过。言谈中，他的朗朗笑声让人印象深刻。他清澈的眼眸凝聚着历尽风雨的豁然与不避锋芒的专注，绵绵话语透露出清风拂面的从容与坚如磐石的初心。

他在眼科领域孜孜以求了36年，深知“凡看病施治，贵乎精一”。治病救人本就不应人云亦云、轻言性命，唯有精诚，才堪为良医。正因如此，他踏上了一条未有太多人涉足的道路——中西医结合眼科治疗。

身为领路人的他，逐渐背负起越来越多的职责与使命，与团队一起，踏入科研领域的最深处，取得了众多璀璨生辉的科研成果，为维护众人眼中多彩的世界而奋力拼搏。

初涉医学，获得命运的转折

1982年高考结束，谢立科面临着人生的重大抉择，那时的他稍显迷茫。

恰逢改革开放，炒股、“下海”、经济特区这些名词随着现代化建设飘入千家万户，金融成为人们口中的热点话题。被时代裹挟的谢立科也难免身处其中。报考初期，他的父亲建议选择湖南财经学院工商管理专业，但与其他家人意见相左，而正是这次意见的分歧给了谢立科接触医学的契机，也带来了他命运的转折。

“学医可以缓解人们的痛苦，是一份十分珍贵的职业。”回忆起这次转变，谢立科还能清晰记起家人们据理力争的情景。

就这样，他进入湖南中医药大学医疗系，度过了一段难忘的时光，那时的交通和通信远没有现在这样便捷，就像木心诗中提及的“从前的日色变得慢，车、马、邮件都慢”那样，谢立科对外界的了解大多来自图书馆中的书籍。面对时代的变化、医疗科技的进步，刻苦学习的他早已对西医萌发了浓厚的兴趣，并为此投入了更多精力。

后来，谢立科来到眼科医院实习，在这里见到了许多因视觉障碍无法正常生活的患者，近距离感受到了他们的痛苦与失意。为了帮助人们治疗眼疾，他决定成为一名眼科医生，在这一领域发挥自己的光与热。

毕业之际，作为特优生的他收到了中日友好医院的入职邀请，但由于家庭因素，他最终选择留在湖南中医药大学第一附属医院眼科（国家中医药管理局及湖南省高校重点学科）工作。

“眼科专业其实需要掌握西医的手术技术，如白内障、糖尿病视网膜病变、斜视等都需要手术治疗。”作为临床教学医院，湖南中医药大学第一附属医院同时具有中医眼科学和西医眼科学两门课程，谢立科出于自身兴趣，主讲西医眼科学，在授课之余更加努力学习西医眼科知识，在理论上、实践上、心理上为日后的中西医结合治疗眼部疾病打下了扎实的基础。

由于对待患者耐心细致并屡获赞誉，1999年8月谢立科被调至中山市小榄人民医院（南方医科大学附属医院）眼科工作，2005年10月调入中国中医科学院眼科医院工作。

工作上得到的肯定并未让他松懈学业，他先是在中西医结合眼科专业获医学硕士学位，后作为访问学者在美国南加州大学进修学习，了解了更多西医眼科知识。

他在多年临床工作中重点研究了视网膜血管阻塞、玻璃体疾病、黄斑疾病及玻璃体手术后视功能恢复的治疗方式，擅长玻璃体视网膜病变、青光眼、干眼症、翼状胬肉及疑难眼病诊治与手术，在眼科显微外科手术及中西医结合治疗眼科疑难病领域有独到经验。

他凭借独特的治疗方式，以人为本，以德行医，精医重道，仁心惠世，还患者一生光明。

技精艺卓，开启白内障治疗新篇章

他在白内障手术方面技术卓著，曾代表国家卫生健康委考察中山眼科中心的白内障手术发展情况。调查中他发现国内擅长白内障手术的医生数量大幅增加，在眼科医生中占20%～30%的比例，但在更加困难的玻璃体手术方面，掌握者却寥寥无几。

其中由糖尿病引起的视网膜病变，存在四分之一的发病率，在眼底出现的出血、渗出、水肿侵犯到黄斑时就会出现显著的视力下降，后期甚至会出现增殖期的糖尿病视网膜、病变视网膜的脱落或失明。只有擅长玻璃体手术的医生，才能通过手术救治这些失明的患者。为此，谢立科在

（上接54页）

第二阶段是认识情绪，觉察自己的内心世界。管理情绪的方式是认知，“同样半瓶水，追求完美的人会觉得这是不足，而懂得人生智慧的人，会认知人生都是半瓶水，没有满瓶水。”情绪就是猴子的脸，我们要学会改变认知，不做情绪的奴隶。

第三阶段为觉知部分，依靠禅宗精华破除执念。戒掉贪嗔痴，学会放下。

第四阶段是觉知之后，还要进一步运用道家思想去觉悟，道法自然、天人合一，理想要遵循自然规律，遵循自然规律的理想是目标，脱离了自然规律的理想就是贪念。

第五阶段为觉醒，在平稳心态后，将负向情绪转化为正向情绪，再转化为积极情绪，强大自

可以成熟运用白内障手术后，开始深入探析玻璃体手术的临床应用，以求造福于患者。

此外，他在白内障超声乳化的基础上，结合唐由之大师的白内障增补手术，形成一个特殊的手术方式——前后劈核法，减少了术中超声能量的使用,减少了眼内组织的损伤,使白内障超声乳化变得更加安全有效,使患者早日获得最佳的矫正视力。

中西合璧，探析疑难眼病诊治之道

“手术治疗更多情况下可以使结构复位，但功能的恢复还需中药调节。”这是谢立科萌生中西医结合治疗眼科疑难病的根源。这种结合本就是一种优势互补、择优选择，可以针对病因进行根本性治疗。

在常规的手术后，他开始辅以中药、针灸、理疗固本培元，并对一些疑难杂症展开独特的探索。其一便是在眼底视网膜血管病方面发病率为30% ～ 35%的干眼症，在国内有3亿左右的患病人群，多表现为眼部干燥、有异物感、炎症。目前国际眼科界对干眼症的主要治疗方式为人工泪液，但仅是针对泪液的补充，不能从根本上、病因上对疾病进行彻底的治疗。

为此，谢立科积极发掘中医药优势，查阅各类中医文献，寻求治疗方法。“古时将干眼症记载为白涩症，又称神水将枯，当时的人充满智慧，即使没有现在先进的检测设备，却也知道是眼睛中的一种水出了问题。几千年前中医对干眼症的认识与现在对干眼症泪膜异常的认识完全一致。”他赞叹于古代医者的超前理解力，投入百倍的热情探寻前人的经验。

自2005年以来，谢立科带领团队从干眼病因出发，证实泪液减少与阴津亏虚病理改变一致，肝失疏泄与全身性激素失衡及神经机能障碍有关，以“肝郁阴虚”为病机，最早提出干眼局部微环境的概念及其在干眼发病中的作用，创立“疏肝养阴”法，细分内服外治疗法，在内以逍生散颗粒剂，有效减轻干眼症状，改善眼表局部的微环境，保护结膜杯状细胞，使泪膜稳定；在外运用“密蒙花提取物滴眼剂”点眼，密蒙花既能清肝，又能养肝，为厥阴肝经之正药，恰中干眼中医病

己的内心。

最后一个阶段是成长永远在路上，经过不断的学习以后，智慧越来越多，洞察力就更深邃，成就也会更大。

儒释道理论各有利弊，三足鼎立时才能让一个人有作为，发挥各自的精髓。对抑郁症患者本人来说，正视心理健康问题是一件需要勇气的事情。作为精神科专业从医者，她希望能够进一步提升社会对心理健康问题的尊重和包容，让每一个真正有需求的患者，都能获得专业的帮助。

名医大家，灿若星河。40多年来，郭蓉娟倾尽精力，用实实在在的行动，深刻诠释了敬业奉献的内涵和精、谨、勤、敬、仁的医者担当，让我们感受到医者的情怀、力量和仁爱。

（作者/编辑：郑苗苗）

因病机。

这一科研成果得到国家自然科学基金课题支持，荣获中国中西医结合学会科技进步二等奖、中国民族医药学会科技进步一等奖。

谢立科学验俱富,在治疗视网膜静脉阻塞方面更是有独到见解。视网膜静脉阻塞作为临床上较常见的视网膜血管性疾病之一，以静脉扩张，视网膜出血、水肿、渗出等为主要眼底表现。发病急骤、病程迁延、视力损害严重,中医属“暴盲”“视瞻昏渺”范畴，在眼底视网膜血管病方面发病率位居第二。

面对这一突出病症，谢立科将视网膜静脉阻塞病理因素如瘀血、水湿、痰浊与气滞，概括为中医“积”之为患，创新性提出本病病机为“络损积阻”，主张以“祛积通络”为主要治则，自拟祛积通络方。临床研究证实祛积通络方联合抗VEGF在提高患者视力、减轻黄斑水肿、促进视网膜出血吸收、改善微视野方面明显优于单纯抗VEGF治疗，中药治疗能明显改善患者中医证候，并减少注药次数，减轻患者经济负担，省力高效地解决了大部分患者的痛苦。

2022年12月23日，团队凭借《视网膜静脉阻塞关键证候机制和诊疗策略研究》，获得中国中西医结合学会科学技术奖一等奖。课题组基于气—血—水—痰—瘀—虚在疾病发展的演变规律，提出关键证候机制及创新诊疗策略。

谢立科表示，后期会继续开展视网膜静脉阻塞临床与机制研究，深入开展院内制剂及中药新药研发，引领并推动视网膜静脉阻塞疾病中西医结合领域发展。

还有一种令患者十分痛苦的疾病是炎性假瘤，如名可知，炎性一般被认为是感染，感染性的炎症好治疗，搞清病因就可迎刃而解，但炎性假瘤并不是真正的感染，而是一种免疫性的炎症。西医主要通过激素或免疫抑制剂治疗，虽初期治疗效果显著，但容易反复发作，一旦发作便需加大用药剂量，还伴随着胃穿孔、股骨头坏死、肥胖等并发症。

谢立科认为该病的根本病机为风热上袭，痰瘀互结，临证时应以祛风清热解毒，祛瘀散结止痛为核心治法，在痰瘀互结理论指导下,谢立科独创“去瘕化瘤方”，并根据眼眶炎性假瘤早期、中期、晚期三期不同特点，随证立方，灵活加减，治疗效果显著，既可以做到根治炎症，还无任何副作用。但此法传播面受限，为了让更多人受惠，他经常通过网络为深受折磨的炎性假瘤患者答疑解惑、检验开方。

随着学术交流、科研探索的日益推进，谢立科在寻根究本的同时越来越坚定发展中西医结合眼科领域的想法，他认为中国患者是全世界最幸福的患者，国内存在的两种医学虽各有优缺，但可以通过互补达成全面的治疗。基于此，他积极地在工作中根据不同的病情采取个体化治疗，灵活运用中医和西医，以效果最好、花费最少的方案治病救人，服务大众。

同行者众，共筑眼科健康新里程

医学在准确诊断和正确治疗疾病的关键步骤中不断寻求共识，谢立科在攻克疑难问题的道路上，从未停止脚步，带领眼科医院成员不断夯实眼科健康的基础。

2022年12月24日，由谢立科牵头制定的4项国际中医眼科临床实践指南（RVO、AMD、RP、Dry Eye）中英文版正式发布，文章发表在《世界中医药》中文及SCI期刊。可为世界中医眼科医师提供规范指导。

2023年12月，他牵头制定《马应龙八宝眼膏眼科临床应用专家共识》（SCM/TR 0003-2023），并横向开展“马应龙八宝眼膏治疗干眼多中心临床研究”课题，主要研究马应龙八宝眼膏治疗干眼的有效性和安全性。

马应龙八宝眼药创自明朝万历年间，已有四百余年临床应用历史，以牛黄、麝香、冰片、炉甘石等8味药物组成，共奏清热退赤、止痒去翳之效。1981年，通过制剂改良，研制出马应龙八宝眼膏，用于风火上扰所致的眼睛红肿痛痒、流泪，是眼科中成药的代表性药物之一；2011年，“马应龙眼药制作技艺”被收入国家级非物质文化遗产目录；分别于2015年与2020年两次纳入《中华人民共和国药典》，现为医保中成药乙类药物。为此，中国中医科学院眼科医院特邀全国知名眼科医院多位专家学者共同开展多中心临床研究，进一步明确马应龙八宝眼膏治疗干眼的临床有效性及安全性，古为今用，推动中医药眼科传承创新发展。

“通过勤求古训，博采众方，让患者获得最佳治疗效果，是医者的使命所在，也是我一直以来追寻的光。”他将以厚重的医学实力，引领医院中医眼科发展，通过更多学术交流、合作，将中医思想、理念、治疗方法传递出去。

科学预防，健康无忧

近年来，我国老年人口数量逐渐增加。2022年，我国60岁及以上人口已达2.67亿。老年人口的增加，标志着我国已进入人口老龄化社会，人口老龄化程度加深。

中国中医科学院眼科医院作为三级甲等眼专科医院，承担着国家中医药管理局老年眼病防治中心及青少年近视防治中心建设任务，多年来积极开展开展老年眼病的预防、治疗、康复、科学研究、人才培养及国际交流与推广等工作，为推进老年眼病医学临床转化不断努力。

2023年，谢立科团队开展的“老年眼病的构建与证治研究”科研项目获得中华中医药学会科学技术奖二等奖。老年眼病属于老年疾病中的一个组成部分，虽不比心脑血管疾病那样直接危及生命，但其引起的视力异常以及低视力可能严重影响生活质量，对家庭、社会造成一定的负担。当前人口老龄化趋势为我国老年眼病的防治工作带来了空前挑战，而中西医结合防治老年眼病亦有巨大潜力。

故谢立科从中医学对老年眼病的认识入手，阐述中西医结合防治常见老年眼病的研究机制、治疗现状等，并对中西医结合防治老年眼病的发展方向给予分析与展望。

面对我国亟须解决的老年人眼健康问题，他还从临床实践出发，结合医疗工作中患者提出的问题，以问答形式阐述眼科知识，出版形成《小眼睛大健康》等科普著作，从老年人如何保护眼睛、眼病的诊断治疗以及预防护理等方面进行编写，包含常见老年眼病的发病原因、临床表现，患者如何自我判断，病后注意事项等深受患者关心的问题。

从多层次、多角度，推动全社会增强爱眼护眼意识，并动员社会各界力量，共同关心关爱老年眼健康。

云程发轫，携手光明

如今的谢立科越来越深爱医学，也越发庆幸当初的选择。“政治可以救社会，学医可以救人。在我的职业生涯中，我越发意识到生命的重要性，而眼睛是人的第二生命，守护光明是我一生的职责。”

他不仅在中西医结合领域功勋卓著，还担任众多学术职位，是全国中医药创新骨干人才导师、享受国务院政府特殊津贴专家、世界中医药学会联合会眼科专委执行会长、全国中医眼科医联体总负责人、国家自然科学基金评审专家、教育部硕博士论文函审专家、中国中医药循证医学中心视网膜静脉阻塞项目负责人、中国中医科学院眼科医院国家级重点学科中医眼科学学科带头人、中国中西医结合学会眼科专业委员会副主任委员、世界中医药联合会眼科专业委员会副会长、北京市中西医结合学会眼科专业委员会副主任委员、国家医学教育发展中心眼科学术委员会常务委员、中华中医学会眼科分会委员、北京中医药学会眼科分会委员、北京科雄教育科技有限公司客座教授、国家级继续医学教育专家。

在管理方面，他带领医院成立全国及京津冀中医眼科医疗体系，顺应时代变化调整发展模式、发展方向及人才培养方式，打造学术思想、思维能力、医德医风的全方面教学模式，培养中医眼科领域顶尖人才。“除了作为一名医生，我还是硕士、博士、博士后导师，单纯看病是不够的，培养人才也是很重要的任务。”他是这样想的，也是这样做的。

多年来，他在科研领域硕果累累，主持各类课题近20项，参与课题20余项，获中国民族医药协会科技进步奖一等奖、中国中西医结合学会科技进步奖二等奖等共8项，其领导的团队获得“全国五一劳动奖章”。他认为科研与临床相互促进，科研验证临床的科学性，又服务于临床。许多科研成果可以应用于临床，服务于患者，带来更好的疗效。

他还在工作之余编著著作10余本，参编近20本。在SCI核心期刊及眼科专业杂志发表学术论文180余篇，申请专利5项。另外，他在《健康报》《人民日报健康时报》《中国中医药报》等国家及省级报刊发表科普论文300余篇，2008年被中国中医药学会评为“全国优秀中医健康信使”，2010年获得“全国中医药科学普及金话筒奖”，2021年获得北京市“首都名中医”称号。

他对自己的定位始终是光明院长、光明医生，以救死扶伤为己任，以妙手回春为己责，以杏林春满为己愿，抚慰光明，照亮前路。

创新引领，管理赋能

2024年3月22日，由中华中医药学会主办的“2023年度中医药十大学术进展和中医医院学科（专科）学术影响力评价研究报告发布会”在京举行。会上发布了2023年度中医医院学科（专科）学术影响力榜单，中国中医科学院眼科医院连续三年荣获中医眼科学第一名。

近年来，中国中医科学院眼科医院不断加强专科建设，提高学术水平，优化人才队伍，改善医疗服务，全面提升医院综合实力。中医眼科作为医院优势专科，始终立足发挥中医药特色优势，持续提升临床疗效，在专科建设和学术影响方面屡创佳绩。

谢立科表示，要明确医院发展定位，打造一所国内领先、国际知名的中医、中西医结合眼科为主体的一家三级甲等专科医院，在“强专科、大综合”上下功夫，以眼科为优势，多学科共同努力。其次，要重视人才队伍的培养，发展“一主两翼”格局，打造中西医结合眼科为主体，聚焦“一老一小”社会热点，高质量建好全国中医药老年眼病防治中心与全国中医药青少年近视防控中心，从临床、教学、科研、科普等多方面加强两个中心的建设工作。

临床作为医院发展的关键，近几年医院在专科建设走出了一条富有特色的道路。如针对糖尿病视网膜病变患者，医院已设立糖尿病一体化诊疗（MDT）门诊，打造糖尿病专科、糖尿病眼病、口腔科多学科参与诊疗服务协作模式，患者挂一个号就可以看三个科的门诊，很好地解决了患者来回奔波和对诊疗方案无所适从的看病难问题。此外，医院还开设中医护理特色门诊、以学生为主体的夜间门诊、低视力康复门诊等，充分发挥包括适宜技术在内的中医药治疗优势。

“中医眼科是中医学的一个重要分支，在宋代就已经独立成科，经过历史实践证明，中医是一种治疗眼部疾病非常有效的手段。谢立科指出，中医眼科发展前景光明，随着现代科学的发展，中西医并用是一个很好的医疗方向，应继续发挥中医药“治未病中的主导作用，重大疾病中的辅助作用，疾病康复中的重要作用，围手术期的快速康复作用”。

在未来的工作中，眼科医院将继续立足专科优势，不断激发内生动力，挖掘创新活力，深耕医院高质量发展，持续深化中医、中西医结合眼科能力提升，以高质量的医疗服务助力健康中国建设。

坚守初心，医心为民。在对专业深度探索的过程中，谢立科肩负起为民解忧之责，协调处理好医生、导师、管理者、科普工作者各项工作，带领团队追光逐梦，以攻坚克难的豪气，以奋发有为的朝气，以勇往直前的锐气，加快推进医院高质量发展，实现健康最大化！

（作者/编辑：郑苗苗）

肠道菌群与人体健康

肖 越[1] 陈 卫[2*]
（1. 食品科学与资源挖掘全国重点实验，副研究员
2. 中国工程院院士，江南大学校长）

【摘要】肠道菌群对于人体健康发挥着关键作用，菌群失调与一系列疾病的发生和发展有关。近年来，肠道菌群已经成为调控人体健康的新靶点。本文对肠道菌群的研究历史、肠道菌群的组成和功能、肠道菌群失调与疾病的关系进行系统综述，重点总结和剖析肠道菌群研究过程中的“里程碑”式发现、“健康微生物组”概念、菌群的“生物地理学”特征、菌群功能特征等方面的结论和最新发现，并从相关证据、因果证实以及机制挖掘三个层面系统归纳肠道菌群失调和疾病间关系研究的最新进展。

【关键词】肠道菌群；健康调控；疾病；健康微生物组；菌群功能

Gut Microbiota and Human Health

Yue Xiao[1, 2] Chen Wei[1, 2*]
(1 School of Food Science and Technology, Jiangnan University, Wuxi, China, 214122; 2 State Key Laboratory of Food Science and Technology, Jiangnan University, Wuxi, China, 214122)

Abstract: The gut microbiota plays a crucial role in human health, and dysregulation of the microbiota is related to the occurrence and development of a series of diseases. In recent years, gut microbiota has become a new target for regulating human health. This article provides a systematic review of the research history of gut microbiota, the composition and function of gut microbiota, and the relationship between gut microbiota imbalance and diseases. The focus is on summarizing and analyzing the "milestone" discoveries, the concept of "healthy microbiota", the "biogeographical" characteristics of microbiota, and the functional characteristics of microbiota. The latest progress in the study of the relationship between gut microbiota imbalance and diseases is systematically summarized at three levels: relevant evidences, causal links and molecular mechanisms.

Keywords: Gut Microbiota; Health Regulation; Disease; Healthy Microbiome; Microbiota Function

肠道菌群是定居在机体肠道的微生物群体，它们在发酵食物为机体提供额外能量、抵抗病原菌感染、调节宿主免疫应答和维生素合成等多方面发挥着重要作用[1]。肠道微生物数量巨大，人体肠道中含有高达100万亿的微生物，它们具有相当于完整人类基因组150倍的遗传信息[2]，因此，肠道菌群被认为是“隐藏的器官”。总体来说，肠道菌群由肠道细菌、真菌、病毒、噬菌体以及古菌等组成。其中，研究最多最广泛的且与机体健康紧密关联的是肠道细菌，也就是我们通常提到的“肠道菌群”概念。肠道菌群与人体健康的关系已经被多维度广泛证实。维持肠道菌群稳态对宿主生理和代谢具有至关重要的作用，菌群偏离正常状态就会引发疾病。目前，肠道菌群与健康相关研究的证据层级正在从相关水平的观测向因果关系证实过渡，从关注健康/疾病相关菌群整体变化转到锁定发挥作用的关键物种/菌株及机制分子[3]。

1 肠道菌群的研究历史

公元前3世纪，现代医学之父希波克拉底就说过，“所有的疾病都始于肠道”。在我国，肠道菌的健康作用可以追溯至1000年前东晋时期，在中医偏方古籍《肘后备急方》中首次记载了用粪清治疗食物中毒和严重腹泻的方子：“绞粪汁，饮数合至一二升，谓之黄龙汤，陈久者佳”。伴随着研究手段的进步，科学家们对肠道菌群的认识经历了一个由浅入深、由表及里、不断修正完善的过程，该过程大致可分为三个阶段，对粪便分离的肠道细菌的生理功能的探索和评价；20世纪末，随着分子生物学技术的兴起和模式动物、基因工程动物的开发，开始对肠道菌群结构和多样性进行研究；近年来，宏基因组学等测序技术和代谢组等组学技术的涌现，使得对肠道菌群进行更为深入、更高分辨率的组成和功能分析成为可能。这期间有一些承前启后、意义深远的“里程碑”式研究成果。

早在1670年至1680年，手工显微镜的发明和应用使得我们可以观察人体不同部位的细菌。1899年，法国巴黎儿童医院的Tiesser从健康婴儿粪便中分离到第一株菌种—双歧杆菌，并发现其与婴儿营养和腹泻率有关。1907年，Metchnikoff提出著名的“梅氏假说”，指出肠道菌群及其与宿主的相互作用对健康至关重要，被认为是肠道菌群研究起始[4]。1917年，德国的Alfred Nissle教授从在志贺氏菌大爆发中幸免的士兵体内分离出一株大肠杆菌，并发现该菌株可治疗肠道感染疾病。1965年，通过大鼠胃部冷冻组织显微成像，第一次获得许多杆状、球状细菌粘附于消化道黏膜的显微图像[5]；同年，研究人员开始应用无菌小鼠模型进行肠道菌群移植实验[6]，来研究肠道菌群对宿主的健康作用。

1996年，领域内开始使用16S rRNA测序方法取代之前的末端限制性长度多态性分析（T-RFLP）、变性梯度凝胶电泳（DGGE）、温度梯度凝胶电泳（TGGE）及实时定量PCR等分子手段，对肠道菌群的多样性和组成进行表征，省时省力且检测分辨率高[7]。1998年，通过使用16S rRNA测序结合温度梯度凝胶电泳（TGGE）的方法，研究人员首次揭示了肠道菌群的宿主个体差异性以及健康成年个体菌群的长时间稳定性[8]。2004年，揭示肠道菌群与机体免疫互作的机制，提供了一个基于“共生”理论的宿主机体对微生物的“免疫耐受”新视角[9]。2005年，发现饮食与肠道菌群降解活性的关联，揭示“喂养”肠道菌群的重要性[10]。2006年，科学家们通过粪菌移植在小鼠上再现了人类的肥胖表型，为后续研究肠道菌群与人类机体表型间的关联提供了基础[11]。2010年，QIIME（微生物生态学定量研究，quantitative insights into microbial ecology）工具应用到菌群测序研究，可以对大量测序数据进行分析和解释，开启了使用生物信息学工具进行菌群研究的新时期[12]。2010年开始，国内外专家学者开始使用宏基因组和高通量测序技术对大规模人群队列进行肠道菌群分析，这些研究可以发现菌群和人类健康/疾病间潜在关联[13]。2012年，全球人类微生物组研究兴起，开始发现不同地理位置人群肠道微生物群落间的显著差异[14]。2019年，基于生物信息学分析方法的进步，基于肠道菌群宏基因组数据组装单个细菌基因组成为可能[15]，这极大丰富了我们对肠道难培养细菌的认识，并拓展了我们已知的肠道微生物群落的系统发育层面上的多样性。

目前，肠道微生物研究进入了一个新时期，开始由识别人体疾病相关微生物的相关研究，进入建立微生物效应分子（如菌群色氨酸衍生物、胆汁酸等）与人体健康表型间的因果关系层面[3]，这些研究为开发更为精准、更为有效的靶向肠道菌群的健康干预策略奠定了理论基础。

2 肠道菌群的组成和功能

2.1 健康微生物组的结构和组成

2.1.1 健康微生物组

健康人群的肠道菌群组成存在巨大的个体差异，就如每个人的“指纹”一般，具有“个性化”独特的图谱特征，造成这种差异的原因包括遗传、环境、膳食和生活方式等多种因素。尽管如此，健康成年人的肠道菌群也有共性，比如拟杆菌门（Bacteroidetes）和厚壁菌门（Firmicutes）在健康宿主肠道中是丰度最占优势的两个细菌门[16-18]。2011年Arumugam等人在Nature杂志发表的前瞻性研究描述健康肠道菌群共性，首次提出基于属水平上的组成将肠道菌群划分为3种“肠型”，3种“肠型”分别以拟杆菌属（Bacteroides），普氏菌属（Prevotella）和瘤胃球菌属（Ruminococcus）为分类特征[19]。后续，一些研究者使用生信建模等其他方法，将肠道菌群划分为2到4个不同类型，但是仍与最初的3种肠型具有部分一致性[20, 21]。2013年Nature杂志基于对207名来自欧洲和北美的人群粪便宏基因组分析，在物种水平上识别了66个在人群肠道中丰度占优势的“核心肠道菌”[22]。近年来，随着测序技术和生物信息学分析技术的发展，科学家们不断丰富着“健康微生物组”的内涵。2022年Nature杂志论文在荷兰人群中鉴定到9种稳定存在于95%的个体中的微生物，对维持肠道菌群稳态具有重要作用，被研究者认为是“基石微生物”[23]。基于“健康有共性，而不健康则各有特征”的科学假设，去识别健康人群肠道菌群的“基石”或“核心”物种。它们如同菌群森林中的“大树”在维持菌群健康上发挥着“主干”作用，也将是我们未来靶向菌群调节人体健康最有可能的干预靶点。

2.1.2 菌群的“生物地理学”

值得注意地是，现有研究分析的肠道菌群样本绝大多数是粪便样本，也有较少数量的消化道活检样本。虽然这些样本相对容易以新鲜状态获得，但是这些样本中的菌群结构不能代表肠道菌群的全貌。近年来，菌群的“生物地理学”概念被提出，肠道菌群存在从十二指肠到结肠的横向分布与从肠腔到肠粘膜表面的纵向分布。我们知道在小肠中存在较高浓度的酸、氧气和抗菌肽，并且小肠的食物周转时间短[24]。这些性质限制了细菌的生长，只有那些能够快速生长，兼性厌氧并且可以成功黏附于上皮和粘膜的细菌才能获得增殖[24]。在小鼠中，小肠菌群主要是乳杆菌科（Lactobacillaceae）[25]。相反地，结肠环境支持高定殖含量和更多样的细菌生长，主要是可以降解小肠中无法消化吸收的复杂碳水化合物的厌氧菌，如普雷沃氏菌科（Prevotellaceae），毛螺菌科（Lachnospiraceae）和文肯菌科（Rikenellaceae）[24, 25]。另外，腔内菌群和粘膜菌群也有较大差异，例如，拟杆菌门（Bacteroidetes）在粪便/肠腔中的丰度高于在粘膜中的含量[26, 27]，而厚壁菌门（Firmicutes），尤其是梭菌属XIVa分支（Clostridium cluster XIVa），相比肠腔，在粘膜层显著富集[27]。2018年Cell杂志研究发现小鼠和人体中，消化道菌群存在梯度变化，粘膜和腔内的菌群存在差异，均与粪便菌群不同[28]。目前，为了更全面完整的了解肠道菌群的地理特征，科学家们开展了多方面的尝试。例如，2023年Nature杂志发表最新研究结果，他们设计了一套肠道采样胶囊，吞服后可以在指定肠道区域采集约400μL液体，随粪便排出后回收，并进行分析[29]。

2.2 肠道菌群的功能

2.2.1 肠道微生物组功能注释

随着宏基因组学测序技术的广泛应用，尤其是基于人群队列的大数据分析，使得我们开始从功能基因层面认识肠道菌群。2006年Science论文前瞻性地将鸟枪法全基因组测序从单菌分析引入到肠道菌群分析，并结合16S rDNA测序，从功能基因水平揭示了健康人肠道菌群功能特征，通过粪便菌群基因组与人类基因组的对比，发现肠道菌群富含代谢多糖、氨基酸等的功能基因，且含有更多的介导维生素和类异戊二烯生物合成的通路，为宿主和肠道菌群在代谢功能上的互补性提供了证据[30]。近年来，随着肠道菌全基因组测序及宏基因组组装基因组（metagenome-assembled genomes，MAGs）技术的应用，我们对肠道菌群功能有了更加深入的认识。2021年Nature biotechnology杂志对当时可得到的204, 938个肠道菌的基因组和宏基因组组装基因组（MAGs）进行功能分析表明，这些肠道菌含有丰富的参与氨基酸转运和代谢以及细胞壁/细胞膜/表层生物合成和转录的功能基因[31]。同时，来自纤维杆菌门（Fibrobacterota），拟杆菌门（Bacteroidota），厚壁菌门I（Firmicutes I）和疣微菌门（Verrucomicrobiota）等分支的物种具有更高比例的碳水化合物利用酶[31]。

另外，基于细菌功能基因组分析，在特定肠道菌中发现了一些与宿主健康紧密相关的代谢功能基因（如胆汁酸代谢基因、色氨酸代谢基因等）。以胆汁酸代谢为例，2019年Microbiome杂志研究了胆盐水解酶（bile salt hydrolase，BSH）在117个属的591株人肠道菌中的分布，发现这些研究菌株中有27.52%都具有BSH，具有将宿主分泌的初级结合胆汁酸水解为游离胆汁酸的能力[32]。需要指出的是，宿主没有上述胆汁酸解离能力，胆汁酸代谢必须有肠道菌群的参与。

2.2.2 肠道菌群的生理调节功能

肠道菌群含有人体基因组100倍以上的基因组含量，表达丰富的酶系，与宿主酶互补，共同参与膳食碳水化合物、氨基酸及脂质的代谢，发挥着维持和调节宿主正常生理的重要作用。另外，肠道菌群在保护肠道粘膜完整性、为宿主提供维生素等营养物质以及粘膜免疫系统的发育、成熟和稳态维持方面发挥着重要作用。

(1) 菌群代谢的生理作用

肠道菌群具有与宿主互补的代谢能力，对于某些膳食组分（如复杂膳食碳水化合物、色氨酸）或者机体内源性物质（肝脏分泌的初级胆汁酸）的代谢，宿主缺乏相应的酶，需要肠道菌群的参与。对于复杂膳食碳水化合物，它们不能在消化道上端被消化吸收，进入结肠后，被肠道菌群发酵，产生短链脂肪酸；对于色氨酸的代谢，需要宿主酶和微生物酶的共同参与，产生吲哚物质等色氨酸衍生物；对于胆汁酸代谢，宿主没有相应的代谢酶，其转化和代谢均依赖于肠道菌群的作用，产生去结合胆汁酸和次级胆汁酸等代谢产物。短链脂肪酸、色氨酸衍生物以及胆汁酸是目前报道的三类对人体生理有显著调节作用的有益代谢物。以短链脂肪酸（short-chain fatty acid，SCFAs）为例，2013年的发表在Nature和Science上的三项研究表明肠道菌群产生的SCFAs能够促进免疫细胞Treg的分化，首次揭示了肠道菌群与宿主免疫间存在由化学信号介导的交互应答[33-35]。肠道SCFAs主要是丙酸（propionate）、丁酸（butyrate）和乙酸（acetate）三种。这些SCFAs由菌群作用产生后，被肠道上皮细胞快速吸收后，参与一些重要细胞过程的调控，如基因表达、趋化性、细胞分化、增殖和凋亡等[36]，发挥重要生理作用。大多数厌氧肠道菌都可以产生乙酸，但是丙酸和丁酸由特定微生物产生[37]。丁酸具有抗炎症、抗癌症的活性[38, 39]，可以降低细菌移位和增强肠道屏障功能性[38]，并且是结肠细胞的重要能量来源[36]。SCFAs在调节肝脏糖脂代谢稳态、调节免疫系统合炎症应答等方面也有积极作用[38]。2023年发表在Nature communications的研究针对来自加纳、南非、牙买加、塞舌尔和美国的1904名非洲裔成年人，研究肠道菌群、粪便SCFAs与肥胖的关系，研究结果表明粪便SCFA浓度、微生物多样性和SCFA产生菌降低与肥胖相关[40]。

相比短链脂肪酸，肠道菌群色氨酸代谢和胆汁酸代谢的健康作用，近年来才受到关注，成为研究热点。2021年Cell杂志研究表明婴儿粪便中富集的菌群来源色氨酸衍生物—吲哚-3-乳酸，可能通过上调半乳凝素1表达来抑制免疫细胞Th2和Th17活化，从而对机体生命早期的免疫发育发挥积极影响[41]。2019年Nature杂志[42]和2021年Cell Host&Microbe杂志[43]研究表明特定胆汁酸代谢物具有增加抗炎性Treg细胞分化的免疫调节作用。

(2) 维生素合成和代谢

肠道菌群在从头合成机体必需维生素方面也发挥着至关重要的作用[44]。肠道乳酸菌可以产生维生素B12[44, 45]，双歧杆菌则是叶酸的主要生产者[46]。其中，叶酸在调节宿主细胞DNA合成和修复上发挥着关键作用[46]。人体肠道菌群还可以合成维生素K、核黄素、生物素、烟酸等与机体健康紧密关联的维生素[47]。肠道菌群除了上述维生素合成作用外，2022年发表在Cell Host&Microbe上的研究表明肠道菌群也具备维生素代谢能力[48]，即肠道菌群具有将膳食维生素A转化为视黄醇，并最终生成其活性代谢物类视黄醇的能力，为肠道共生菌可以扩展宿主代谢能力提供了直接证据。

(3) 肠道屏障保护和免疫调节

肠道菌群在影响上皮和粘液层稳态、肠道粘膜和周身免疫系统发育方面发挥着重要作用。无菌鼠模型为肠道菌群的上述屏障功能和免疫调节功能提供了最直接的证据。相比正常有菌鼠，无菌鼠的上皮细胞总量减少，附着黏液层的厚度降低，当有菌群定殖后会得到改善[49, 50]。多形拟杆菌和柔嫩梭菌等肠道菌被报道在肠道黏液层生成中发挥作用[51]。另外，无菌动物缺少几类免疫细胞，主要是CD4+T细胞亚群。2005年Cell杂志研究表明给无菌小鼠补充脆弱拟杆菌的胞外多糖可以显著反转上述免疫细胞不全的表型[52]。近年来，肠道菌群与免疫的关联研究被推进到更精细的水平，特定菌株或菌株产物与更明确的免疫细胞亚型间的互作关系被识别。例如，2009年Cell杂志研究表明分支丝状菌（segmented filamentous bacteria，SFB）可以显著诱导肠道炎症性Th17细胞[53]；2014年Cell杂志报道脆弱拟杆菌可通过产生鞘糖脂抑制肠道iNKT细胞的分化[54]；2010年PNAS杂志报道脆弱拟杆菌可以通过产生的表面多糖增加Treg细胞的含量[55]。

3 肠道菌群失调和疾病

菌群在人体健康维持和调控上发挥着关键作用，菌群失调或者紊乱与一系列疾病状态相关，如免疫相关疾病［炎症性肠病（Inflammatory bowel disease，IBD)、I型糖尿病、类风湿性关节炎等］、代谢疾病（肥胖、II型糖尿病和高血压等）以及精神疾病和神经退行性疾病（帕金森、阿尔兹海默症等)。在研究的最开始，研究者们是观察到疾病伴随着肠道菌群失调，即建立了相关性的联系；后续借助无菌鼠/抗生素处理的动物和人模型，提供一种菌群和疾病的强相关性和弱因果联系；接着采用基于病人菌群的粪菌移植，可在无菌鼠等模型上重现疾病表型，开始建立菌群和疾病的因果关联；目前研究已经进展到识别驱动疾病表型的关键菌群物种/菌株，并锁定相应菌株的效应分子。

3.1 肠道菌与疾病间的相关研究

测序技术的长足进步使得研究者可以通过健康和疾病人群的对比，识别到疾病相关的菌群特征。这些健康/疾病相关菌群特征研究经历了从菌群多样性的变化，到特定菌门丰度变化，如拟杆菌门/厚壁菌门（Bacteroidetes/Firmicutes，F/B)，再到后续关注到特定物种/菌株的丰度。

对于免疫相关疾病，以炎症性肠病［IBD，包括溃疡性结肠炎（UC）和克罗恩病（CD)］为例，相比健康人，IBD病人菌群的多样性会下降或保持不变。一项2020年发表在Gastroenterology杂志的荟萃分析结果表明，在75%的CD研究和29.4%的UC研究中观测到病人菌群的α多样性下降，在其余研究中未观察到差异[56]。另外，IBD疾病的严重性与菌群α多样性呈负相关，即IBD症状越严重，菌群多样性越低[57]。当前的大部分研究报道了相似的IBD相关菌群门水平的变化，包括厚壁菌门和拟杆菌门的下调和变形菌门的上调[58]。2023年发表在Journal of Autoimmunity上的综述系统总结了IBD病人的菌群变化，如出现柔嫩梭菌、罗斯氏菌、梭菌属的某些种等有益菌丰度的下调，同时，大肠杆菌的病原性分支、产肠毒素脆弱拟杆菌等促炎细菌的上调[59]。另外，2022年Nature Microbiology等杂志的研究表明Phocaeicola vulgatus的蛋白酶水平与UC炎症严重性强相关，是治疗UC 的潜在肠道菌群靶点[57]。

对于代谢性疾病，在代谢性疾病病人中观测到的最一致的菌群特征是菌群多样性降低，对于菌群组成的变化具有争议，没有得到一致结论。菌群门水平上的变化受疾病状态外的许多干扰因素的影响，比如宿主年龄、性别、人种/地理差异等。然而，可以鉴定到特定属种与疾病的相关性。例如，阿克曼氏菌（Akkermansia muciniphila，AKK）的丰度在肥胖病人中降低，而锻炼和膳食等有效的干预疗法会提升AKK菌的丰度[60, 61]。同时，在人群中提升胰岛素敏感性的膳食干预中，AKK菌的丰度与更健康的代谢状态相关[61]。目前少量研究也探究了高血压相关的菌群差异。研究表明，相比健康人菌群，高血压菌群多样性降低11，包括克雷伯菌属（Klebsiella）在内的机会病原菌增加[62, 63]，多形拟杆菌、双歧杆菌和柔嫩梭菌等潜在有益菌丰度降低[62, 64]。

对于远肠道精神疾病，与正常人相比，这些病人的肠道菌群也经常发生转变。例如，拟杆菌门内物种的丰度在帕金森病人（尤其是普雷沃氏菌）[65, 66]和药物抵抗癫痫（尤其是拟杆菌属）[67, 68]中显著降低。相反地，在抑郁病人中检测到另支菌属（Alistipes）丰度提高[69, 70]。另外，AKK菌的丰度在多发硬化病人中，相比正常健康人，显著提高[71]。对于ALS和ASD两种疾病，肠道菌群组成如何变化存在争议。例如，一些研究报道肠道拟杆菌丰度与ASD正相关[72]，另外一些报道则表明两者存在负相关[73, 74]。

3.2　肠道菌与疾病间的因果证实

基于抗生素处理小鼠、无菌鼠以及粪菌移植（FMT）的研究为肠道菌和疾病间的因果联系提供了直接的证据。对于炎症性肠炎，2012年发表在Gastroenterology一项针对402名轻症CD病人的II期临川研究表明，每天两次服用800mg抗生素利福昔明-EIR（Rifaximin-Extended Intestinal Release），服用12周，可有效缓解CD，表明肠道菌群在CD中发挥重要作用[75]。在无菌状态下，基因易感动物很少发展为自发性的结肠炎。2020年发表在Gut杂志的研究表明，当把IBD相关肠道菌群移植给无菌鼠时，结肠中Tregs细胞和记忆B细胞转换发生改变[76]。

对于肥胖等代谢疾病，青少年和儿童服用抗生素与肥胖的发生发展相关。2018年Gut杂志发表一项纳入333353名儿童的研究表明，2岁前的抗生素暴露与肥胖发展相关[77]。无菌鼠单定殖实验提供了肥胖和菌群的因果关联的更直观证据。2013年ISME Journal发表一项研究表明，在疾病性肥胖患者中分离出来的肉毒素产生肠杆菌，可在无菌小鼠中诱导肥胖和胰岛素抵抗[78]。对于高血压，抗生素处理改善了小鼠高血压并降低了肠道菌群失调[79]。同时，相比正常菌群鼠，血管紧张肽II诱导的高血压在无菌鼠得到显著缓解，表明肠道菌群在高血压发生发展中的重要作用[80]。值得注意地是，肠道菌群还会影响抗高血压药物的疗效。2022年发表在Hypertension杂志的研究表明，降压药喹那普利（quinapril）的降压作用在与抗生素联合施用时，效果更佳，原因是肠道菌群中含有代谢分解降压药物的物种，减弱了药物的作用[81]。

对丁精神疾病，相比有菌正常小鼠，无菌鼠具有永久的神经发育缺陷，表明肠道菌群在机体神经发育方面的重要作用。综观现有研究，肠道菌群在不同精神相关疾病上的作用存在双向性。在一些情况下，清除肠道菌群可以缓解疾病表型。例如，在帕金森小鼠模型中，无菌鼠和抗生素处理的小鼠在运动机能、便秘缓解以及脑部小胶质细胞活化等方面得到改善[82]。类似地，对无菌鼠进行多发硬化模型造模不能成功[83]。相反地，清除菌群会让肌萎缩侧索硬化（ALS）疾病小鼠病情恶化。抗生素处理的ALS小鼠表现出增加的运动机能失调、脊髓细胞死亡、脑萎缩等，同时无菌鼠相比有菌鼠死亡率增加[84]。同样地，生酮饮食的抗癫痫作用在普通小鼠中有效，但在无菌鼠和抗生素处理小鼠中失效，表明这种膳食发挥疾病缓解作用必须肠道菌群的参与[85]。FMT可复现供体表型进一步提供了精神疾病与肠道菌群因果关系的证据。将PD病人的菌群移植给无菌PD小鼠，会使得受体小鼠的运动机能受损[82]。将ASD病人的菌群移植给无菌小鼠，无菌小鼠出现行为学损伤[74]。也有临床研究表明，将健康人的菌群移植给多发硬化和ASD病人，可以达到病情缓解的作用。

3.3　机制发掘

目前已经初步锁定了一些物种/菌株及相应的菌株分子和基因与疾病的因果关系。对于炎症性肠病，2014年Gut研究表明IBD患者的肠道菌群中，丁酸盐产生菌柔嫩梭菌和Roseburia hominis菌的丰度下降，同时，以灌肠的形式给予丁酸可缓解UC[86]。对于代谢疾病，例如，2015年Cell metabolism研究表明，梭状芽孢杆菌（C. scindens）及相关梭菌，具有胆汁酸转化细菌基因（bai操纵子），可通过调节菌群胆汁酸代谢中的LCA和DCA，增加胰岛素敏感性、降低炎症和增加胰岛素、GLP-1和PYY的分泌[87]。2018年发表在Elife上的研究表明，多形拟杆菌可通过其BSH基因形成去结合的胆汁酸（如β-MCA），转变肠道血糖、脂质和节律基因的表达，降低血糖水平[88]。对于精神疾病，2016年Cell研究表明，SCFA产生菌株可以通过产生的SCFA，促进小神经胶质细胞增大、增加突触核蛋白聚集和提高身体机能，从而影响宿主神经功能[82]。2022年发表在Cell metabolism上的研究发现，肠道菌群谷氨酸盐/GABA代谢，尤其是脯氨酸代谢，影响宿主抑郁表型，FMT可以将抑郁表型转移至健康小鼠，同时，在果蝇中敲除脯氨酸和GABA转运基因以及单定殖产GABA植物乳杆菌，均可以缓解抑郁相关表型[89]。

4　结语

肠道菌群研究经历百余年发展，随着动物模型、测序技术和生物信息学等相关领域的革新，我们对肠道菌群的认识不断完善和深入，其作为一个集“代谢、免疫调节、屏障保护”等功能为一体的“无形”的器官的重要地位逐渐凸显，其与人体健康间关联的知识体系也逐渐建立起来。在肠道菌群研究进程中，不断涌现的“里程碑”式发现和进步，不断完善、修正甚至颠覆着我们的认知，让我们对肠道菌群有了愈加清晰的认知。人体肠道菌群具有宿主个体差异，同时也具有共性，国内外研究者在定义“健康微生物组”上前赴后继、不遗余力，从“肠型”的划分到识别对人体健康其关键作用的“基石微生物”。也开始认识到粪便菌群并不能代表肠道菌群全貌，衍生出了菌群的“生物地理学”概念并发明了如肠道采样胶囊等肠道菌群采样新技术。在肠道菌群功能认识上，得益于宏基因组测序技术的普及和测序数据的积累，短链脂肪酸产生能力、色氨酸代谢和胆汁酸代谢等对宿主具有显著益处的肠道菌群特异性的代谢能力被发现。对于肠道菌群与疾病间的关系研究，正在经历着从相关研究、到因果证实，最终到锁定对宿主健康发挥关键作用的菌株和菌株分子的机制研究层面。未来，我们将从“健康微生物组”角度识别对宿主健康发挥关键作用的基石微生物，从疾病相关菌群角度识别偏离健康菌群的菌株和菌株分子，利用益生菌、膳食等手段，调节上述健康/疾病相关肠道菌群靶点，为靶向肠道菌群的膳食策略的开发提供理论基础。

参考文献

[1] Hou K, Wu Z-X, Chen X-Y, Wang J-Q, Zhang D, Xiao C, et al. Microbiota in health and diseases. Signal transduction and targeted therapy. 2022, 7: 135.

[2] Grice EA, Segre JA. The human microbiome: our second genome. Annual review of genomics and human genetics. 2012, 13: 151-70.

[3] Chaudhari SN, McCurry MD, Devlin AS. Chains of evidence from correlations to causal molecules in microbiome-linked diseases. Nature chemical biology. 2021, 17: 1046-56.

[4] Mowat AM. Historical Perspective: Metchnikoff and the intestinal microbiome. Journal of Leucocyte Biology. 2021, 109: 513-7.

[5] Dubos R, Schaedler RW, Costello R, Hoet P. Indigenous,

normal, and autochthonous flora of the gastrointestinal tract. The Journal of experimental medicine. 1965, 122: 67–76.

[6] Schaedler RW, Dubos R, Costello R. Association of germfree mice with bacteria isolated from normal mice. The Journal of experimental medicine. 1965, 122: 77.

[7] Wilson KH, Blitchington RB. Human colonic biota studied by ribosomal DNA sequence analysis. Applied and Environmental Microbiology. 1996, 62: 2273–8.

[8] Zoetendal EG, Akkermans AD, De Vos WM. Temperature gradient gel electrophoresis analysis of 16S rRNA from human fecal samples reveals stable and host-specific communities of active bacteria. Applied and environmental microbiology. 1998, 64: 3854–9.

[9] Rakoff-Nahoum S, Paglino J, Eslami-Varzaneh F, Edberg S, Medzhitov R. Recognition of commensal microflora by toll-like receptors is required for intestinal homeostasis. Cell. 2004, 118: 229–41.

[10] Sonnenburg JL, Xu J, Leip DD, Chen C-H, Westover BP, Weatherford J, et al. Glycan foraging in vivo by an intestine-adapted bacterial symbiont. Science. 2005, 307: 1955–9.

[11] Turnbaugh PJ, Ley RE, Mahowald MA, Magrini V, Mardis ER, Gordon JI. An obesity-associated gut microbiome with increased capacity for energy harvest. nature. 2006, 444: 1027–31.

[12] Caporaso JG, Kuczynski J, Stombaugh J, Bittinger K, Bushman FD, Costello EK, et al. QIIME allows analysis of high-throughput community sequencing data. Nature methods. 2010, 7: 335–6.

[13] Qin J, Li R, Raes J, Arumugam M, Burgdorf KS, Manichanh C, et al. A human gut microbial gene catalogue established by metagenomic sequencing. nature. 2010, 464: 59–65.

[14] Yatsunenko T, Rey FE, Manary MJ, Trehan I, Dominguez-Bello MG, Contreras M, et al. Human gut microbiome viewed across age and geography. nature. 2012, 486: 222–7.

[15] Pasolli E, Asnicar F, Manara S, Zolfo M, Karcher N, Armanini F, et al. Extensive unexplored human microbiome diversity revealed by over 150, 000 genomes from metagenomes spanning age, geography, and lifestyle. Cell. 2019, 176: 649–62. e20.

[16] Structure, function and diversity of the healthy human microbiome. nature. 2012, 486: 207–14.

[17] Faith JJ, Guruge JL, Charbonneau M, Subramanian S, Seedorf H, Goodman AL, et al. The long-term stability of the human gut microbiota. Science. 2013, 341: 1237439.

[18] Marchesi JR, Adams DH, Fava F, Hermes GD, Hirschfield GM, Hold G, et al. The gut microbiota and host health: a new clinical frontier. Gut. 2016, 65: 330–9.

[19] Arumugam M, Raes J, Pelletier E, Le Paslier D, Yamada T, Mende DR, et al. Enterotypes of the human gut microbiome. nature. 2011, 473: 174–80.

[20] Costea PI, Hildebrand F, Arumugam M, Bäckhed F, Blaser MJ, Bushman FD, et al. Enterotypes in the landscape of gut microbial community composition. Nature microbiology. 2018, 3: 8–16.

[21] Zhu J, Xie H, Yang Z, Chen J, Yin J, Tian P, et al. Statistical modeling of gut microbiota for personalized health status monitoring. Microbiome. 2023, 11: 184.

[22] Schloissnig S, Arumugam M, Sunagawa S, Mitreva M, Tap J, Zhu A, et al. Genomic variation landscape of the human gut microbiome. Nature. 2013, 493: 45–50.

[23] Gacesa R, Kurilshikov A, Vich Vila A, Sinha T, Klaassen MA, Bolte LA, et al. Environmental factors shaping the gut microbiome in a Dutch population. Nature. 2022, 604: 732–9.

[24] Donaldson GP, Lee SM, Mazmanian SK. Gut biogeography of the bacterial microbiota. Nature Reviews Microbiology. 2016,14: 20–32.

[25] Gu S, Chen D, Zhang J-N, Lv X, Wang K, Duan L-P, et al. Bacterial community mapping of the mouse gastrointestinal tract. PloS one. 2013, 8: e74957.

[26] Eckburg PB, Bik EM, Bernstein CN, Purdom E, Dethlefsen L, Sargent M, et al. Diversity of the human intestinal microbial flora. science. 2005, 308: 1635–8.

[27] Van den Abbeele P, Belzer C, Goossens M, Kleerebezem M, De Vos WM, Thas O, et al. Butyrate-producing Clostridium cluster XIVa species specifically colonize mucins in an in vitro gut model. The ISME journal. 2013, 7: 949–61

[28] Zmora N, Zilberman-Schapira G, Suez J, Mor U, Dori-Bachash M, Bashiardes S, et al. Personalized gut mucosal colonization resistance to empiric probiotics is associated with unique host and microbiome features. Cell. 2018, 174: 1388–405. e21.

[29] Shalon D, Culver RN, Grembi JA, Folz J, Treit PV, Shi H, et al. Profiling the human intestinal environment under physiological conditions. Nature. 2023, 1–11.

[30] Gill SR, Pop M, DeBoy RT, Eckburg PB, Turnbaugh PJ, Samuel BS, et al. Metagenomic analysis of the human distal gut microbiome. science. 2006, 312: 1355–9.

[31] Almeida A, Nayfach S, Boland M, Strozzi F, Beracochea M, Shi ZJ, et al. A unified catalog of 204, 938 reference genomes

from the human gut microbiome. Nature biotechnology. 2021, 39: 105−14.

[32] Song Z, Cai Y, Lao X, Wang X, Lin X, Cui Y, et al. Taxonomic profiling and populational patterns of bacterial bile salt hydrolase (BSH) genes based on worldwide human gut microbiome. Microbiome. 2019, 7: 1−16.

[33] Smith PM, Howitt MR, Panikov N, Michaud M, Gallini CA, Bohlooly-y M, et al. The microbial metabolites, short-chain fatty acids, regulate colonic Treg cell homeostasis. Science. 2013, 341: 569−73.

[34] Atarashi K, Tanoue T, Oshima K, Suda W, Nagano Y, Nishikawa H, et al. Treg induction by a rationally selected mixture of Clostridia strains from the human microbiota. Nature. 2013, 500: 232−6.

[35] Arpaia N, Campbell C, Fan X, Dikiy S, Van Der Veeken J, Deroos P, et al. Metabolites produced by commensal bacteria promote peripheral regulatory T-cell generation. Nature. 2013, 504: 451−5.

[36] Corrêa-Oliveira R, Fachi JL, Vieira A, Sato FT, Vinolo MAR. Regulation of immune cell function by short-chain fatty acids. Clinical & translational immunology. 2016, 5: e73.

[37] Louis P, Flint HJ. Formation of propionate and butyrate by the human colonic microbiota. Environmental microbiology. 2017,19: 29−41.

[38] Morrison DJ, Preston T. Formation of short chain fatty acids by the gut microbiota and their impact on human metabolism. Gut microbes. 2016, 7: 189−200.

[39] Lin L, Zhang J. Role of intestinal microbiota and metabolites on gut homeostasis and human diseases. BMC immunology. 2017, 18: 1−25.

[40] Ecklu-Mensah G, Choo-Kang C, Maseng MG, Donato S, Bovet P, Viswanathan B, et al. Gut microbiota and fecal short chain fatty acids differ with adiposity and country of origin: the METS-microbiome study. Nature Communications. 2023,14: 5160.

[41] Henrick BM, Rodriguez L, Lakshmikanth T, Pou C, Henckel E, Arzoomand A, et al. Bifidobacteria-mediated immune system imprinting early in life. Cell. 2021, 184: 3884−98. e11.

[42] Hang S, Paik D, Yao L, Kim E, Trinath J, Lu J, et al. Bile acid metabolites control TH17 and Treg cell differentiation. Nature. 2019, 576: 143−8.

[43] Li W, Hang S, Fang Y, Bae S, Zhang Y, Zhang M, et al. A bacterial bile acid metabolite modulates Treg activity through the nuclear hormone receptor NR4A1. Cell host & microbe. 2021, 29: 1366−77. e9.

[44] LeBlanc JG, Milani C, De Giori GS, Sesma F, Van Sinderen D, Ventura M. Bacteria as vitamin suppliers to their host: a gut microbiota perspective. Current opinion in biotechnology. 2013, 24: 160−8.

[45] Martens J-H, Barg H, Warren Ma, Jahn D. Microbial production of vitamin B 12. Applied microbiology and biotechnology. 2002, 58: 275−85.

[46] Pompei A, Cordisco L, Amaretti A, Zanoni S, Matteuzzi D, Rossi M. Folate production by bifidobacteria as a potential probiotic property. Applied and environmental microbiology. 2007, 73: 179−85.

[47] Hill M. Intestinal flora and endogenous vitamin synthesis. European Journal of Cancer Prevention. 1997, 6: S43−S5.

[48] Bonakdar M, Czuba LC, Han G, Zhong G, Luong H, Isoherranen N, et al. Gut commensals expand vitamin A metabolic capacity of the mammalian host. Cell Host & Microbe. 2022, 30: 1084−92. e5.

[49] Smith K, McCoy KD, Macpherson AJ, editors. Use of axenic animals in studying the adaptation of mammals to their commensal intestinal microbiota. Seminars in immunology; 2007: Elsevier.

[50] Petersson J, Schreiber O, Hansson GC, Gendler SJ, Velcich A, Lundberg JO, et al. Importance and regulation of the colonic mucus barrier in a mouse model of colitis. American Journal of Physiology-Gastrointestinal and Liver Physiology. 2011, 300: G327−G33.

[51] Wrzosek L, Miquel S, Noordine M-L, Bouet S, Chevalier-Curt MJ, Robert V, et al. Bacteroides thetaiotaomicron and Faecalibacterium prausnitzii influence the production of mucus glycans and the development of goblet cells in the colonic epithelium of a gnotobiotic model rodent. BMC biology. 2013, 11: 1−13.

[52] Mazmanian SK, Liu CH, Tzianabos AO, Kasper DL. An immunomodulatory molecule of symbiotic bacteria directs maturation of the host immune system. Cell. 2005, 122: 107−18.

[53] Ivanov II, Atarashi K, Manel N, Brodie EL, Shima T, Karaoz U, et al. Induction of intestinal Th17 cells by segmented filamentous bacteria. Cell. 2009, 139: 485−98.

[54] An D, Oh SF, Olszak T, Neves JF, Avci FY, Erturk-Hasdemir D, et al. Sphingolipids from a symbiotic microbe regulate homeostasis of host intestinal natural killer T cells. Cell. 2014, 156: 123−33.

[55] Round JL, Mazmanian SK. Inducible Foxp3+ regulatory

T-cell development by a commensal bacterium of the intestinal microbiota. Proceedings of the National Academy of Sciences. 2010, 107: 12204−9.

[56] Pittayanon R, Lau JT, Leontiadis GI, Tse F, Yuan Y, Surette M, et al. Differences in gut microbiota in patients with vs without inflammatory bowel diseases: a systematic review. Gastroenterology. 2020, 158: 930−46. e1.

[57] Mills RH, Dulai PS, Vázquez-Baeza Y, Sauceda C, Daniel N, Gerner RR, et al. Multi-omics analyses of the ulcerative colitis gut microbiome link Bacteroides vulgatus proteases with disease severity. Nature microbiology. 2022, 7: 262−76.

[58] Hirano A, Umeno J, Okamoto Y, Shibata H, Ogura Y, Moriyama T, et al. Comparison of the microbial community structure between inflamed and non‑inflamed sites in patients with ulcerative colitis. Journal of gastroenterology and hepatology. 2018, 33: 1590−7.

[59] Wu R, Xiong R, Li Y, Chen J, Yan R. Gut microbiome, metabolome, host immunity associated with inflammatory bowel disease and intervention of fecal microbiota transplantation. Journal of Autoimmunity. 2023: 103062.

[60] Dao MC, Belda E, Prifti E, Everard A, Kayser BD, Bouillot J-L, et al. Akkermansia muciniphila abundance is lower in severe obesity, but its increased level after bariatric surgery is not associated with metabolic health improvement. American Journal of Physiology-Endocrinology and Metabolism. 2019, 317: E446−E59.

[61] Dao MC, Everard A, Aron-Wisnewsky J, Sokolovska N, Prifti E, Verger EO, et al. Akkermansia muciniphila and improved metabolic health during a dietary intervention in obesity: relationship with gut microbiome richness and ecology. Gut. 2016, 65: 426−36.

[62] Yan Q, Gu Y, Li X, Yang W, Jia L, Chen C, et al. Alterations of the gut microbiome in hypertension. Frontiers in cellular and infection microbiology. 2017, 7: 381.

[63] Li J, Zhao F, Wang Y, Chen J, Tao J, Tian G, et al. Gut microbiota dysbiosis contributes to the development of hypertension. Microbiome. 2017, 5: 1−19.

[64] Liu J, An N, Ma C, Li X, Zhang J, Zhu W, et al. Correlation analysis of intestinal flora with hypertension. Experimental and therapeutic medicine. 2018, 16: 2325−30.

[65] Scheperjans F, Aho V, Pereira PA, Koskinen K, Paulin L, Pekkonen E, et al. Gut microbiota are related to Parkinson's disease and clinical phenotype. Movement Disorders. 2015, 30: 350−8.

[66] Keshavarzian A, Green SJ, Engen PA, Voigt RM, Naqib A, Forsyth CB, et al. Colonic bacterial composition in Parkinson's disease. Movement Disorders. 2015, 30: 1351−60.

[67] Peng A, Qiu X, Lai W, Li W, Zhang L, Zhu X, et al. Altered composition of the gut microbiome in patients with drug-resistant epilepsy. Epilepsy research. 2018, 147: 102−7.

[68] Xie G, Zhou Q, Qiu C-Z, Dai W-K, Wang H-P, Li Y-H, et al. Ketogenic diet poses a significant effect on imbalanced gut microbiota in infants with refractory epilepsy. World journal of gastroenterology. 2017, 23: 6164.

[69] Naseribafrouei A, Hestad K, Avershina E, Sekelja M, Linløkken A, Wilson R, et al. Correlation between the human fecal microbiota and depression. Neurogastroenterology & Motility. 2014, 26: 1155−62.

[70] Jiang H, Ling Z, Zhang Y, Mao H, Ma Z, Yin Y, et al. Altered fecal microbiota composition in patients with major depressive disorder. Brain, behavior, and immunity. 2015, 48: 186−94.

[71] Cekanaviciute E, Yoo BB, Runia TF, Debelius JW, Singh S, Nelson CA, et al. Gut bacteria from multiple sclerosis patients modulate human T cells and exacerbate symptoms in mouse models. Proceedings of the National Academy of Sciences. 2017, 114: 10713−8.

[72] De Angelis M, Piccolo M, Vannini L, Siragusa S, De Giacomo A, Serrazzanetti DI, et al. Fecal microbiota and metabolome of children with autism and pervasive developmental disorder not otherwise specified. PloS one. 2013, 8: e76993.

[73] Kang D-W, Park JG, Ilhan ZE, Wallstrom G, LaBaer J, Adams JB, et al. Reduced incidence of Prevotella and other fermenters in intestinal microflora of autistic children. PloS one. 2013, 8: e68322.

[74] Sharon G, Cruz NJ, Kang D-W, Gandal MJ, Wang B, Kim Y-M, et al. Human gut microbiota from autism spectrum disorder promote behavioral symptoms in mice. Cell. 2019, 177: 1600−18. e17.

[75] Prantera C, Lochs H, Grimaldi M, Danese S, Scribano ML, Gionchetti P, et al. Rifaximin-extended intestinal release induces remission in patients with moderately active Crohn's disease. Gastroenterology. 2012, 142: 473−81. e4.

[76] Torres J, Hu J, Seki A, Eisele C, Nair N, Huang R, et al. Infants born to mothers with IBD present with altered gut microbiome that transfers abnormalities of the adaptive immune system to germ-free mice. Gut. 2020, 69: 42−51.

[77] Stark CM, Susi A, Emerick J, Nylund CM. Antibiotic and acid-suppression medications during early childhood are associated

出生缺陷危险因素研究进展

基金项目：国家重点研发计划（2016YFC10000101）
通讯作者：阴赪宏，Email：yinchh@ccmu. edu. cn

高　屾[1]　刘瑞霞　岳文涛　阴赪宏[2*]
（首都医科大学附属北京妇产医院中心实验室，研究员）

出生缺陷是指胚胎或胎儿在发育过程中所发生的结构或功能代谢的异常，包括先天畸形、染色体异常、遗传代谢性疾病以及功能异常，是造成胎儿早期流产、死胎、新生儿死亡和先天残疾的主要因素[1]。根据《中国出生缺陷防治报告（2012）》报道，我国每年新增90万出生缺陷病例，占全国出生人口5. 6%，严重影响出生人口素质和群体健康水平；其中发生率最高的前五位依次是先天性心脏病、多指趾、总唇裂、神经管缺陷和先天性脑积水。全球疾病负担研究（global burden of diseascs，GBD）显示，1990—2019年中国先天性出生缺陷疾病标化发病率在持续波动后呈上升趋势，但年龄标化死亡率、年龄标化伤残调整寿命年均呈持续下降趋势，已明显高于全球水平[2]。出生缺陷可由染色体畸变、基因突变等遗传因素、环境因素、母体因素及其交互作用等多种原因导致。因此明确出生缺陷危险因素，对于出生缺陷的防治至关重要。

1　遗传因素

基因突变、染色体数目或结构的异常等，可引起遗传因素的改变，导致出生缺陷。在病因诊断明确的出生缺陷患者中，94. 4%是由基因突变和染色体异常所致[3]。

1.1　基因突变

基因突变是由于DNA分子中发生碱基对的插入、缺失或替换，导致基因结构的改变，从而引起出生缺陷的发生。研究显示，HOXD13基因的多种突变与指（趾）畸形发生密切相关[4]；GJB2、GJB3、SLC26A4和线粒体基因突变均可导致子代先天性耳聋[5]；GFRA1和NPNT的纯合性功能丧失性突变与双侧肾缺如[6-7]；MTRR的基因突变可能会导致相关酶的功能性改变，从而影响体内同型半胱氨

with obesity. Gut. 2019, 68: 62-9.

[78] Fei N, Zhao L. An opportunistic pathogen isolated from the gut of an obese human causes obesity in germfree mice. The ISME journal. 2013, 7: 880-4.

[79] Pevsner-Fischer M, Blacher E, Tatirovsky E, Ben-Dov IZ, Elinav E. The gut microbiome and hypertension. Current opinion in nephrology and hypertension. 2017, 26: 1-8.

[80] Karbach SH, Schönfelder T, Brandão I, Wilms E, Hörmann N, Jäckel S, et al. Gut microbiota promote angiotensin II–induced arterial hypertension and vascular dysfunction. Journal of the American Heart Association. 2016, 5: e003698.

[81] Yang T, Mei X, Tackie-Yarboi E, Akere MT, Kyoung J, Mell B, et al. Identification of a gut commensal that compromises the blood pressure-lowering effect of ester angiotensin-converting enzyme inhibitors. Hypertension. 2022, 79: 1591-601.

[82] Sampson TR, Debelius JW, Thron T, Janssen S, Shastri GG, Ilhan ZE, et al. Gut microbiota regulate motor deficits and neuroinflammation in a model of Parkinson’s disease. Cell. 2016, 167: 1469-80. e12.

[83] Berer K, Mues M, Koutrolos M, Rasbi ZA, Boziki M, Johner C, et al. Commensal microbiota and myelin autoantigen cooperate to trigger autoimmune demyelination. Nature. 2011, 479: 538-41.

酸水平，产生毒性作用于细胞和胚胎，从而增加神经管畸发生风险[8-9]。丁凡等研究发现ZIC3基因外显子c. 1341A>G、c. 1154C>G和c. 890G>T位点突变，GATA4基因c. 744C>T、c. 1220C>A、c. 839C>T、c. 899A>C、c. 685C>T位点突变可能和先天性心脏病相关[10]。

1.2 染色体异常

染色体数目和结构的改变可导致多种先天性疾病，多于器官发育异常、智力障碍等多种症状合并时存在，如先天性卵巢发育不全（Turner's 综合征）、猫叫综合征、脆性X染色体综合征、Williams综合征和13、18、21-三体综合征等[11-14]。

2 环境因素

环境中多种暴露因素，如环境污染、重金属、环境内分泌干扰物等，均显示可直接或间接作用于正在发育的胚胎或胎儿，导致畸形。

2.1 环境污染物

Yuan等人利用全国监测数据进行的病例对照研究显示，母体PM2. 5暴露量每增加10μg/m³后代患先天性心脏病的风险显著增加2%，其作用呈线性关联；先天性心脏病的多种亚型中，间隔缺损是受母体PM2. 5暴露量影响最大类型；35岁以下、生活在中国北方地区和生活在低收入地区的母亲更易感[15]。王瑞奇等纳入西安市人群数据进行的时间序列研究显示，妊娠早期空气颗粒污染物PM2. 5、PM10及气体污染物SO2、NO2的暴露将显著增加子代先天性心脏病的发病风险，四种污染物作用最强的窗口期分别在孕7周、孕10周、孕3周及孕4周[16]。此外，Lin等人纳入9项流行病学研究进行的荟萃分析结果显示母体PM2. 5暴露与子代尿道下裂显著相关，妊娠前1个月母体PM2. 5暴露水平增加子代患尿道下裂风险提高25%；妊娠早期母体PM2. 5暴露水平增加子代发生尿道下裂的风险提高了17%[17]。除大气污染物，绿地覆盖程度或极端温度暴露也与多种出生缺陷相关。美国国家出生缺陷预防研究利用归一化差值植被指数（normalized difference vegetation index, NDVI）评估孕妇居住地500米范围内绿地覆盖程度，并分析其与子代出生缺陷关联，结果显示孕妇居住地500米范围内NDVI降低，子代发生特定种类出生缺陷，如法洛四联症、房间隔缺损、无脑畸形、小耳或无耳畸形、唇腭裂、横向肢体缺陷和脐膨出的风险显著升高[18]。美国大样本人群病例对照研究显示，春夏季极端高温事件显著增加胎儿室间隔缺损、房间隔缺损的发生风险1-3倍，可能与热休克蛋白干扰蛋白质合成，进而导致细胞膜破坏、细胞死亡、血管破坏等有关[19]。此外，中国广东大样本人群研究也显示，怀孕后2-8周暴露于极端高温天气与新生儿先天性心脏病，特别是房间隔缺损与动脉导管未闭显著相关[20]。

2.2 环境重金属暴露

最新纳入13项人群研究的荟萃分析显示，妊娠期暴露重金属砷、镉、汞和铅会增加子代发生先天性心脏病的风险1.3-2. 3倍；进一步分析显示，暴露

[84] Blacher E, Bashiardes S, Shapiro H, Rothschild D, Mor U, Dori-Bachash M, et al. Potential roles of gut microbiome and metabolites in modulating ALS in mice. Nature. 2019, 572: 474-80.

[85] Olson CA, Vuong HE, Yano JM, Liang QY, Nusbaum DJ, Hsiao EY. The gut microbiota mediates the anti-seizure effects of the ketogenic diet. Cell. 2018, 173: 1728-41. e13.

[86] Marchesi JR, Holmes E, Khan F, Kochhar S, Scanlan P, Shanahan F, et al. Rapid and noninvasive metabonomic characterization of inflammatory bowel disease. Journal of proteome research. 2007, 6: 546-51.

[87] Broeders EP, Nascimento EB, Havekes B, Brans B, Roumans KH, Tailleux A, et al. The bile acid chenodeoxycholic acid increases human brown adipose tissue activity. Cell metabolism. 2015, 22: 418-26.

[88] Yao L, Seaton SC, Ndousse-Fetter S, Adhikari AA, DiBenedetto N, Mina AI, et al. A selective gut bacterial bile salt hydrolase alters host metabolism. Elife. 2018, 7: e37182.

[89] Mayneris-Perxachs J, Castells-Nobau A, Arnoriaga-Rodríguez M, Martin M, de la Vega-Correa L, Zapata C, et al. Microbiota alterations in proline metabolism impact depression. Cell metabolism. 2022, 34: 681-701. e10.

于砷显著增加间隔缺损风险，暴露于钡显著增加间隔缺损和左心室流出道梗阻风险，暴露于铅显著增加圆锥动脉干畸形及左心室流出道梗阻风险[21]。来自中国人群的病例对照研究显示，产妇胎盘中镁、钙、锶和钡四种碱土金属混合物暴露水平越高，胎儿患神经管畸形的风险越高，其中钡是联合作用的主要因素；动物实验显示，孕鼠胃内给予钡可诱导胎鼠出现无脑和神经管闭合不全，其可能的机制为氧化应激[22]。此外，纳入600例孕妇及子代的病例对照研究显示，孕妇血清中10种稀土元素混合浓度增加显著提高子代发生神经管畸形的风险；单一的稀土元素中，神经管畸形发生风险随着镧浓度的增加而增加[23]。

2.3 环境内分泌干扰物

环境内分泌干扰物是指自然界天然存在或者人工合成，可以直接或间接作用于胎儿，改变母体激素平衡，对生物体及其子代产生有害效应的化学物质，包括有机氯农药、双酚A及邻苯二甲酸酯增塑剂等[24]。杨杨等对陕西省出生缺陷危险因素研究发现，孕期农药接触者其子代发生出生缺陷的风险是无农药接触史者的3. 5倍[25]。这种生殖毒性可能是由于有机氯农药可经呼吸道、消化道、皮肤等多种途径进入机体，干扰甲状腺素、雌激素、雄激素、胰岛素及神经内分泌系统的正常作用，从而间接影响人体内的生殖系统、心血管系统和代谢系统的正常运转，进而导致出生缺陷[24]。谢军等对妊娠孕鼠进行双酚A染毒发现，双酚A可以依靠其脂溶性透过胎盘屏障，对胚胎细胞产生损害作用，使胚胎产生异常分化，最终诱发胚胎发育异常，导致其产生多种畸形[26]。邻苯二甲酸酯染毒可降低机体正常的雄激素水平，干预生殖结节中Fgfs信号通路及其受体正常的表达，影响尿道管状结构的形成、生殖结节的分化和发育，这可能是邻苯二甲酸酯导致尿道下裂发生的重要原因[27]。

3 母体因素

研究显示，孕妇年龄、孕期感染、药物暴露、营养情况、不良生活方式及患病情况等母体因素，也会影响发生出生缺陷的风险。

3.1 孕妇年龄

母亲年龄越高，女性卵巢储备功能衰退、卵子质量和数目下降，染色体畸变等遗传物质改变的可能性增加，发生出生缺陷的概率也会随之增长[28]。

3.2 孕期感染

孕期感染致畸病毒增加畸形患儿的发生率，致畸机制主要包括抑制细胞有丝分裂、细胞凋亡、诱导自噬等；NF-κB信号通路中分子表达异常也与畸形发生相关，尤其在胎儿生长发育重要时期免疫系统发育尚不完全，极易造成先天性心脏病、神经系统发育异常、眼部疾病、唇腭裂等出生缺陷，尤其是2016年巴西寨卡病毒暴发流行期间，共报道6158例小头畸形和中枢神经系统畸形患儿出生，引起世界范围广泛关注[29-31]。后续研究显示，母亲在怀孕期间感染寨卡病毒可能导致婴儿严重的先天性缺陷，典型表现为小头畸形，还会引起无脑回、脑积水及多发性钙化等；随着先天性寨卡病毒感染婴儿的年龄增大，还逐渐发现癫痫、视力丧失和发育迟缓等问题[32]。

3.3 妊娠期用药

妊娠期用药一直是国际母婴医学研究领域的热点与难点问题之一，大部分药物都可穿透胎盘屏障对胎儿产生一定的影响，因此妊娠期用药直接关系母婴安全。除链霉素和甲氨蝶呤等目前已知明确具有致畸作用的药物，抗癫痫药物也被证实有抗叶酸的作用，从而引起孕妇叶酸水平的下降，引发神经管畸形。荟萃分析显示，孕期用药与围产儿出生缺陷的合并OR为8. 08，95%CI为1.59−18. 39，提示孕期用药是出生缺陷发生的危险因素[33]。美国国家出生缺陷预防研究显示，孕前3个月服用布洛芬的孕妇，子代发生腹壁裂的风险增加60%[34]。此外，加拿大人群研究显示，孕早期每天使用帕罗西丁超过25mg的孕妇，子代发生严重先天性心脏病的风险显著增加（OR=3. 07, 95%CI=1.00−9. 42）[35]。尽管如此，目前世界各地的监管系统中高达23%的药物依旧没有数据支撑其使用安全性[36]。此外，动物用药安全性研究不能准确预测对人类胚胎的致畸作用，如沙利度胺在动物实验中均未发现致畸性，但在人类中具有很高的致畸性[37]，因此人类怀孕期间使用的大多数药物的安全性、有效性和药代动力学尚需进一步研究。

3.4　营养状况

孕妇营养状况也是影响子代出生缺陷发生的重要因素。叶酸缺乏是目前公认的导致胎儿神经管畸形危险因素[38]。我国出生缺陷的一级预防要求，对于计划妊娠的妇女应在孕前3个月至早孕期3个月开始补充叶酸，以预防子代神经管畸形的发生。维生素的缺乏和服用过多是导致出生缺陷的重要原因。研究显示，维生素A可通过调控目的基因，参与胚胎生长发育，母亲孕期维生素A缺乏，严重影响胚胎生长发育，导致先天性心脏病、先天性膈疝等出生缺陷发生[39-40]。但维生素A中，视黄醇、视黄醛、视黄酸均能引起毒性，动物试验也证明，孕期维生素A过量摄入，可能通过抑制层黏连蛋白和纤维黏连蛋白的合成、降低神经生长因子和trkA水平，导致胚胎吸收、流产和胎儿心脏畸形和神经管畸形[41]。孕妇体重也是反映其营养状况的指标之一。流行病学数据显示，孕妇孕前超重、肥胖可能增加胎儿出生缺陷的发生风险，相比正常体重者，孕前超重、肥胖会使胎儿出生缺陷分别增加1.755倍和2. 369倍，孕前肥胖尤其会增加胎儿循环系统及肌肉骨骼系统出生缺陷风险[42]。最新一项荟萃分析显示，孕前肥胖孕妇子代发生先天性肾脏及尿路畸形风险显著增加14%[43]。

3.5　生活方式

母亲吸烟、饮酒等不良生活方式会导致子代出生缺陷发生率升高。最新荟萃分析纳入了41项病例对照和11项队列研究，结果显示母亲吸烟与泌尿生殖畸形（OR=1.13，95%CI: 1.04−12. 3)、隐睾（OR=1.18，95%CI: 1.12−1.24)、尿道下裂（OR= 1.16，95%CI: 1.01−1.33）和肾脏畸形（OR=1.30，95%CI: 1.14−1.48）发生风险增加显著有关[44]。另一项荟萃分析显示，母亲在怀孕期间吸烟显著增加子代先天性肢体缩小缺陷（OR=1.27，95%CI: 1.18−1.38)、多指/并指/趾（合并OR=1.32，95%CI: 1.25−1.40）的发生风险[45]。Mateja等人发现母亲在怀孕前酗酒与先天性心脏缺陷风险之间存在关联（OR=2. 9，95%CI=1.1−7. 5)，且这一关联在吸烟孕妇中更为强烈[46]。

3.6　患病情况

母亲孕期的患病情况与胎儿出生缺陷密切相关。既往研究显示，以高血糖、肥胖、高血压为主导风险因素的妊娠期代谢综合征会增加新生儿出生缺陷的发生率，尤其是先天性心脏病[47]。此外，母体孕前空腹血糖超过6. 1 mmol/L为胎儿出生缺陷的影响因素（RR=1.65, 95%CI: 1.22−2. 22)，其中胎儿心血管系统（RR=1.88, 95%CI: 1.21−2. 92）和消化系统（RR=5. 83, 95%CI: 1.71−19. 80）受到影响最大[48]。基于国家免费孕前优生健康检查项目进行的数据分析显示，孕前患糖尿病导致子代发生出生缺陷的风险显著增加54%[49]。此外，来自加拿大女性数据分析也显示，患Ⅰ型糖尿病和Ⅱ型糖尿病的女性胎儿出生缺陷的发生风险分别为血糖正常女性胎儿的2. 38倍和2. 31倍[50]。此外，母亲甲状腺激素水平也是出生缺陷的影响因素。队列研究显示，母亲促甲状腺激素低于0. 4mIU/L将显著增加胎儿心血管系统畸形和四肢畸形的发生风险[48]。纳入23项流行病学研究的荟萃分析显示，妊娠期高血压显著增加胎儿先天性心脏病发病风险（RR=1.65，95%CI: 1.50~1.83)；进一步亚组分析显示，妊娠期高血压无论是否接受治疗，胎儿先天性心脏病发病风险分别增加111%和72%[51]。多项研究显示，孕妇情绪或心理异常也显著增加子代出生缺陷的风险。我国陕西省横断面调查研究显示，围孕期存在情绪低落、烦躁易怒、焦虑等精神状态，以及家庭关系不和，子代出现出生缺陷的风险分别增加60%−107%[52]。

综上所述，出生缺陷的影响因素众多，作用复杂，且大多数的出生缺陷非单一因素作用的结果，通常是受到几种因素的相互作用影响而发生。因此，需要对出生缺陷危险因素进行进一步的大样本、多因素分析，综合考虑各个方面的影响，排除混杂因素的干扰，以制定合理有效的干预措施、防治出生缺陷的发生。

参考文献

[1] 李淑妮, 许晨耘, 伍芳芳等. 海口市2016—2019年新生儿出生缺陷情况及相关影响因素分析［J］. 实用预防医学: 2021, 28(07): 881-884.

[2] 冷雪, 肖文艳, 郑娟等. 1990—2019年中国先天性出生缺陷疾病负担分析［J］. 中国循证医学杂志, 2023, 23(04): 386-390.

[3] Feldkamp ML, Carey JC, Byrne JLB, et al. Etiology and clinical presentation of birth defects: population based study［J］. BMJ. 2017, 357: j2249. DOI: 10. 1136/bmj. j2249.

[4] 代礼. 出生缺陷家系收集及并指（趾）多指（趾）畸形的HOXD13基因突变分析［博士］, 四川大学, 2006.

[5] 曾玉坤, 刘玲, 丁红珂等. 针对孕期耳聋基因突变携带者配偶行相应基因测序在降低出生缺陷中的意义研究［J］. 中国产前诊断杂志(电子版), 2017, 9(02): 22-25. DOI: 10. 13470/j. cnki. cjpd. 2017. 02. 005.

[6] Arora V, Khan S, El-Hattab AW, et al. Biallelic Pathogenic GFRA1 Variants Cause Autosomal Recessive Bilateral Renal Agenesis［J］. J Am Soc Nephrol. 2021, 32(1): 223-228. DOI: 10. 1681/ASN. 2020040478.

[7] Dai L, Li J, Xie L, et al. A Biallelic Frameshift Mutation in Nephronectin Causes Bilateral Renal Agenesis in Humans［J］. J Am Soc Nephrol. 2021, 32(8): 1871-1879. DOI: 10. 1681/ASN. 2020121762.

[8] Ouyang S, Li Y, Liu Z, et al. Association between MTR A2756G and MTRR A66G polymorphisms and maternal risk for neural tube defects: a meta-analysis［J］. Gene. 2013, 515(2): 308-312. DOI: 10. 1016/j. gene. 2012. 11.070.

[9] Olteanu H, Wolthers KR, Munro AW, et al. Kinetic and thermodynamic characterization of the common polymorphic variants of human methionine synthase reductase［J］. Biochemistry. 2004, 43(7): 1988-1997. DOI: 10. 1021/bi035910i.

[10] 丁凡, 王新宽, 侯小东等. 转录因子ZIC3和GATA4突变与先天性心脏病的关系［J］. 中国妇幼保健. 2019, 34(17): 4020-4023.

[11] 胡建阳. 先天性卵巢发育不全症148例临床分析［J］. 实用预防医学, 2005, (03): 687-688.

[12] 孔馨羚. 染色体畸变与唐氏综合征30例分析［J］. 地方病通报, 2007, (04): 96-97. DOI: 10. 13215/j. cnki. jbyfkztb. 2007. 04. 091.

[13] 史旭刚, 赵志鹏, 康龙丽. 脆性X染色体综合征的生殖遗传研究进展［J］. 国外医学(医学地理分册). 2015, 36(02): 155-158.

[14] 梁瑛, 周爱卿, 王世雄等. Williams综合征临床诊断和基因缺失的研究［J］. 中华儿科杂志, 2001, (03): 13-15.

[15] Yuan X, Liang F, Zhu J, et al. Maternal Exposure to PM(2. 5) and the Risk of Congenital Heart Defects in 1.4 Million Births: A Nationwide Surveillance-Based Study［J］. Circulation. 2023, 147(7): 565-574. DOI: 10. 1161/CIRCULATIONAHA. 122. 061245.

[16] 王瑞奇, 谢桂兰, 杨文方等. 妊娠早期空气质量状况与子代先天性心脏病的时间序列研究［J］. 中国妇幼健康研究, 2021, 32(09): 1239-1244.

[17] Lin HC, Guo JM, Ge P, et al. Association between prenatal exposure to ambient particulate matter and risk of hypospadias in offspring: A systematic review and meta-analysis［J］. Environ Res. 2021, 192: 110190. DOI: 10. 1016/j. envres. 2020. 110190.

[18] Weber KA, Yang W, Carmichael SL, et al. Assessing associations between residential proximity to greenspace and birth defects in the National Birth Defects Prevention Study［J］. Environ Res. 2023, 216(Pt 3): 114760. DOI: 10. 1016/j. envres. 2022. 114760.

[19] Lin S, Lin Z, Ou Y, et al. Maternal ambient heat exposure during early pregnancy in summer and spring and congenital heart defects - A large US population-based, case-control study［J］. Environ Int. 2018, 118: 211-221.DOI: 10. 1016/j. envint. 2018. 04. 043.

[20] Yu X, Miao H, Zeng Q, et al. Associations between ambient heat exposure early in pregnancy and risk of congenital heart defects: a large population-based study［J］. Environ Sci Pollut Res Int. 2022, 29(5): 7627-7638. DOI: 10. 1007/s11356-021-16237-8.

[21] Li S, Wang Q, Luo W, et al. Relationship between maternal heavy metal exposure and congenital heart defects: a systematic review and meta-analysis［J］. Environ Sci Pollut Res Int. 2022, 29(37): 55348-55366. DOI: 10. 1007/s11356-022-21071-7.

[22] Wang C, Pi X, Chen Y, et al. Prenatal exposure to barium and the occurrence of neural tube defects in offspring［J］. Sci Total Environ. 2021, 764: 144245. DOI: 10. 1016/j. scitotenv. 2020. 144245.

[23] Wei J, Wang C, Yin S, et al. Concentrations of rare earth

elements in maternal serum during pregnancy and risk for fetal neural tube defects［J］. Environ Int. 2020,137: 105542. DOI: 10. 1016/j. envint. 2020. 105542.

［24］张康, 马明月. 环境因素与遗传因素及两者交互作用与出生缺陷发生的关系［J］. 沈阳医学院学报, 2017, 19(06): 514-518+523. DOI: 10. 16753/j. cnki. 1008−2344. 2017. 06. 017.

［25］杨杨, 曾令霞, 颜虹. 陕西省出生缺陷的相关危险因素分析［J］. 西安交通大学学报(医学版), 2011, 32(01): 75−79.

［26］谢军, 李小玲, 陈宏. 双酚A致体外培养大鼠胚胎发育毒性的时间-效应关系研究［J］. 实用预防医学, 2010, 17(08): 1649−1651.

［27］吴德生, 秦逍云, 谭琴等. 邻苯二甲酸酯类化合物的生殖毒性及其环境内分泌干扰效应［J］. 癌变·畸变·突变. 2015, 27(04): 316-318+322.

［28］徐道仙, 施晓华, 宋艳萍等. 新生儿出生缺陷风险和缺陷类型与父母年龄的相关性分析［J］. 中国妇幼保健, 2022, 37(21): 4043-4046. DOI: 10. 19829/j. zgfybj. issn. 1001−4411.2022. 21.044.

［29］Adams Waldorf KM, McAdams RM. Influence of infection during pregnancy on fetal development［J］. Reproduction. 2013, 146(5): R151−162. DOI: 10. 1530/REP-13-0232.

［30］Dixon MJ, Marazita ML, Beaty TH, et al. Cleft lip and palate: understanding genetic and environmental influences［J］. Nat Rev Genet. 2011, 12(3): 167−178. DOI: 10. 1038/nrg2933.

［31］刘扬, 新燕, 田婵. 病毒致出生缺陷或不良妊娠结局研究进展［J］. 病毒学报, 2019, 35(04): 662−671.DOI: 10. 13242/j. cnki. bingduxuebao. 003564.

［32］van der Linden H, Jr., Carvalho MD, van der Linden V, et al. Epilepsy Profile in Infants with Congenital Zika Virus Infection［J］. N Engl J Med. 2018, 379(9): 891−892. DOI: 10. 1056/NEJMc1716070.

［33］徐灵敏, 闫欢, 金红梅等. 近5年我国出生缺陷非遗传因素研究现状的Meta分析［J］. 中国医刊, 2015, 50(02): 53−57.

［34］Mac Bird T, Robbins JM, Druschel C, et al. Demographic and environmental risk factors for gastroschisis and omphalocele in the National Birth Defects Prevention Study［J］. J Pediatr Surg. 2009, 44(8): 1546−1551.DOI: 10. 1016/j. jpedsurg. 2008. 10. 109.

［35］Berard A, Ramos E, Rey E, et al. First trimester exposure to paroxetine and risk of cardiac malformations in infants: the importance of dosage［J］. Birth Defects Res B Dev Reprod Toxicol. 2007, 80(1): 18−27. DOI: 10. 1002/bdrb. 20099.

［36］Tronnes JN, Lupattelli A, Nordeng H. Safety profile of medication used during pregnancy: results of a multinational European study［J］. Pharmacoepidemiol Drug Saf. 2017, 26(7): 802−811.DOI: 10. 1002/pds. 4213.

［37］Brent RL. Utilization of animal studies to determine the effects and human risks of environmental toxicants (drugs, chemicals, and physical agents)［J］. Pediatrics. 2004, 113(4 Suppl): 984−995.

［38］Gildestad T, Bjorge T, Haaland OA, et al. Maternal use of folic acid and multivitamin supplements and infant risk of birth defects in Norway, 1999-2013［J］. Br J Nutr. 2020, 124(3): 316−329. DOI: 10. 1017/S0007114520001178.

［39］Gilbert RM, Gleghorn JP. Connecting clinical, environmental, and genetic factors point to an essential role for vitamin A signaling in the pathogenesis of congenital diaphragmatic hernia［J］. Am J Physiol Lung Cell Mol Physiol. 2023, 324(4): L456−L467. DOI: 10. 1152/ajplung. 00349. 2022.

［40］Kawai S, Pak K, Iwamoto S, et al. Association Between Maternal Factors in Early Pregnancy and Congenital Heart Defects in Offspring: The Japan Environment and Children's Study［J］. J Am Heart Assoc. 2023, 12(17): e029268. DOI: 10. 1161/JAHA. 122. 029268.

［41］任霞, 李勇. 维生素A与出生缺陷的研究进展［J］. 中国生育健康杂志, 2004, (06): 372−375.

［42］王生兰, 李洁, 海妤婷等. 妇女孕前超重、肥胖与胎儿出生缺陷关系探讨［J］. 中国计划生育学杂志, 2021, 29(04): 730−734.

［43］Jadresic L, Au H, Woodhouse C, et al. Pre-pregnancy obesity and risk of congenital abnormalities of the kidney and urinary tract (CAKUT)-systematic review, meta-analysis and ecological study［J］. Pediatr Nephrol. 2021, 36(1): 119−132. DOI: 10. 1007/s00467-020-04679-0.

［44］Zhang Q, Zhang ZC, He XY, et al. Maternal smoking during pregnancy and the risk of congenital urogenital malformations: A systematic review and meta-analysis［J］. Front Pediatr. 2022, 10: 973016. DOI: 10. 3389/fped. 2022. 973016.

［45］Cevik J, Salehi O, Gaston J, et al. Maternal Cigarette Smoking and Congenital Upper and Lower Limb Differences: A Systematic Review and Meta-Analysis［J］. J Clin Med. 2023, 12(13)DOI: 10. 3390/jcm12134181.

［46］Mateja WA, Nelson DB, Kroelinger CD, et al. The association between maternal alcohol use and smoking in early pregnancy and congenital cardiac defects［J］. J Womens Health (Larchmt). 2012, 21(1): 26−34. DOI: 10. 1089/jwh. 2010. 2582.

［47］王小华, 谭洁, 梅瑾等. 妊娠期代谢综合征及其主导危险因素

GPT 颠覆医疗：全球医疗科技革命拥抱生成式 AI

喻 陆
（国药医疗健康产业有限公司副总经理，北京大学博士生导师，主任医师，教授）

从2022年11月开始由微软和OpenAI联手推出的一个革命性产品chatGPT到2024年全国两会提出新质生产力，人工智能。所带来的全球热潮始终未见降温，虽然chatGPT的技术高层和合作医生在《超越想象的GPT医疗》一书中反复强调“问题重重，答案寥寥”依然未能让人工智能（AI）迅速地渗透到各行各业并将对医疗领域产生前所未有的影响的进程有所减缓。GPT是一种基于深度学习的大语言模型，它正在以惊人的自然语言处理能力，引起广泛关注。那么它出现在医疗领域，究竟意味着什么？它如何改变我们对医疗的认知和实践？

chatGPT是一个基于已有信息资源通过人工智能而形成的真正革命性问答服务。它提升了我们去获取信息和交流的体验，是一种创造性的新体验形式，这种交流不再只是单次的搜索，而是类似人类交流的有前后关联记忆的深入探索答案真相的过程。它用自然语言，结合深度学习，把公网上2021年9月30日之前的所有数据，全部进行了向量化训练。GPT-3的训练参数已经达到了1750亿，而GPT-4就更高，有大几千亿甚至跟高，相当于把人类在公网上所有的数据都进了训练之后，让我们拥有了一个浓缩的对世界认知的模型。而chatGPT只是这个模型的冰山一角，是一个应用的展示方式，但这个应用可以让每个人都能了解人工智能的威力，所以一下子就火起来了。

OpenAI与微软达成联盟引爆了全世界各大互联网巨头之间的人工智能竞争局面，很多第三方基于大模型的应用也涌现出来了。这有点像乔布斯2007年发布苹果iPhone之后，推动了整个Web2.0时代移动互联网应用的大爆发。英伟达CEO黄仁勋把这次chatGPT比做人工智能领域的“iPhone时刻”，因为ChatGPT的这种能力，用问答式的服务，让你不需要有任何学习曲线，且应用场景非常广泛，所以每个人都可以感知到人工智能的威力，大家就觉得这事一下子跟自己有关了。但其实，任何新技术起来

与出生缺陷分析［J］. 中国优生与遗传杂志, 2017, 25(11): 114–116. DOI: 10. 13404/j. cnki. cjbhh. 2017. 11.040.
［48］张新建, 姜碧, 何伟超等. 母体TSH、GLU水平与胎儿出生缺陷关系的队列研究［J］. 热带医学杂志, 2019, 19(05): 605-608+625.
［49］胥芹. 育龄女性孕前血糖和血红蛋白水平与不良妊娠结局发生风险的相关性研究［博士］:. 北京协和医学院, 2020.
［50］Liu S, Rouleau J, Leon JA, et al. Impact of pre-pregnancy diabetes mellitus on congenital anomalies, Canada, 2002-2012［J］. Health Promot Chronic Dis Prev Can. 2015, 35(5): 79–84. DOI: 10. 24095/hpcdp. 35. 5. 01.
［51］马丽. 妊娠期高血压与胎儿先天性心脏病发病风险的meta分析［J］. 临床儿科杂志, 2017, 35(05): 372–376.
［52］赵豆豆, 戴亚欣, 郭乐倩等. 围孕期患病及心理状态与婴儿出生缺陷的关系［J］. 中华流行病学杂志, 2017(11): 1460–1465.

的时候都是一样，大家一开始会对它寄予高度的期望，但后来发现会有一些类似量变到质变的“发展瓶颈”问题。

问题重重重重过，答案寥寥聊胜无

chatGPT实际上最开始并不是OpenAI推出的一个商业产品，而是团队做出来的一个无心插柳的应用。它真正的价值在于降低了使用成本，如果和普通人去讲大语言模型、参数等，人们肯定不懂，但是chatGPT把生成式AI的“预测下一个单词”的能力，以一种非常简单的用户界面的形式提炼了出来。它本质上是半成品，可以让更多没有计算机基础的人也能更多地用到算法模型，降低了使用者的成本。我相信未来会有越来越多这样的产品出来。医疗很需要GPT，这一点毫无质疑的。人工智能一直离医生很远，甚至作为一个医学专家，有时候看人工智能就像看陌生的天才小孩一样，觉得离我们人类实在是太远了。就算是很厉害的沃森AI医生，可能也只是平均医生的水平，到一些实际应用中还会有很多问题，包括chatGPT通过美国执业医生的考试，也不代表它能看病，因为就算你是医学院里的学霸，考得比chatGPT还要好，但是刚出来的时候还不能做医生。你也不可能找chatGPT治病，就像大家到三甲医院去看病，可能更倾向于找副高职称的医生，而不会找刚毕业的医生，这个差距很大。

但为什么说高水平的专家医生接触MedicGPT(这是一种在医疗行业基于深度学习的大语言模型商业产品) 以后就停不下来了? 我们不能简单把它作为一个信息搜索工具，就像Google一样，无非就是它会把搜索的东西总结出来给你，传统的使用方式会让你对它很失望，因为它给的信息有时候是不专业的，医生不能靠它的信息去判断或者把信息直接给患者。只有专业的提问交互方式才能发现它的能力是深不可测的，由于MedicGPT远超人类记忆能力的信息搜寻能力和统计归纳计算，在专业医生的工作中能起到非常强大的记忆辅助作用。譬如。有一个病人以前确诊过淋巴瘤，做过化疗，这次出现皮肤上的红肿，所有医院诊断都是静脉炎，但是它与静脉炎不相符。把病人的病史给MedicGPT，告诉它病人脚上出现了红肿痛，有硬块，第一次MedicGPT的答案极有可能是不准确的，说可能是神经动脉血栓等乱七八糟的信息。这就需要临床医生的专业能力，能够准确判断人工智能提供的答案不符合，不能相信它。需要调整提问内容和格式，譬如问过去一个淋巴瘤化疗过的病人，有没有可能现在会出现体表的多发性结节肿块。它马上就告诉我，这是转移性的，因为它是恶性肿瘤，它有转移到皮肤的可能，而且转移的部位大概会在哪些地方。但这还不够，还需要再去查文献，查出来的文献超声图像跟实际情况完全吻合。这就是需要使用者有非常专业的判断能力，同时又不得不佩服人工智能的强大，通过专业的互动可以帮助自己关注到很多可能忽略的细节。

所以 AI的出现，相信没有一个行业可以逃得过去，就像互联网出来时那样，所有行业都会面临冲击，面临重组、重构，包括医院的业态和医生的日常工作模式，将来会不会消亡或者彻底重构都不知道。医院现在的这个业态必定是已经过时了。未来MedicGPT对医疗一定会产生重大冲击，未来很多工作必然会被MedicGPT取代。MedicGPT对年轻医生来说是工具，也是挑战。年轻医生不会被人工智能淘汰，年轻医生要适应时代的发展熟练利用AI，快速地去成长。年轻医生如果学会驾驭人工智能，短时间内可能会弯道超车。未来也是这样，在很多行业，刚入门的年轻人在一年之内的知识，可能要超过从前5年、10年不断努力所获得的经验和知识。所以这对年轻人是一个利好的消息，他有大量的培训机会和知识积累。但如果你不会驾驭人工智能，而又是做知识性的工作，就很容易被取代。

对待人工智能既不能固步自封也不能完全依赖，保持开发学习的态度最重要。医生要开始学习驾驭人工智能的能力，这个技能不是搜索、不是简单搞个数字人讲短视频，将来的应用是在关系上，以及在医疗专业决策上面。内科医生极有可能会被MedicGPT取代，外科医生从某种意义来讲也是可能会被取代的，如果外科医生只是动手，动手能力的要求将来会比知识的能力要求更低，越来越多的先进器械和手术机器人、越来越多的手术变得越来越微创化的时候，动手能力已经不是一个高学历的人所独有的优势，这恰恰又是人工智能的优势，所以怎样提升驾驭它的能力，这是我们未来要探索的。未来只有两类医生：懂得驾驭AI的医生，与不懂得驾驭AI的医生。当然我们也看到了很好的一个现象，如果我们用好AI，其实年轻医生也能站在巨人的肩膀上，然后去做更大的提升。

山重水复疑无路 柳暗花明又一村

MedicGPT是否能够成功应用在医疗行业，关键是对医疗行业现有的海量数据的合理利用和处理，也是“医疗数字孪生新业态”中智慧形成的关键一环。不论是面向医疗的服务领域，还是与实体医院相结合而形成的产业互联网领域，原始的、碎片化的数据只有通过提炼成为“医疗数字孪生新业态”的系统化的大数据语料库，才能具备从信息到知识、知识到判断、判断到智慧的价值。

具体来看，“医疗数字孪生新业态”的产生必须经历五个步骤：第一个步骤是数字化，要实现“万物可识”；第二个步骤是网络化，要实现“万物互联”；第三个步骤是智能化，要实现“人机交互”；第四个步骤是智慧化，要实现“智慧互联”。当上述四个步骤都已经完成，就有条件进入到第五个步骤——数字孪生，通过物理实体和数字模型之间动态、持续、实时、双向的联动和交互，进一步将整个系统产生的海量数据转化成“医疗数字孪生新业态”。

支撑人类社会完成数字化、网络化、智能化、智慧化，再到实现数字孪生的底层技术、软硬件基础设施，是由大数据、云计算、移动互联网、人工智能和区块链这些数字化技术的多个环节有机结合形成的数字化平台。

随着海内外一系列AIGC（内容生成式人工智能）成果的推出，更是代表着人工智能进入了高速发展阶段。当前，以MedicGPT代表的人工智能技术通过智能算法和大数据分析，可以从全球范围内收集、分析和处理海量的数据，大型AI模型的应用场景已经远远超出了聊天和对话的范畴，甚至发展出了推理、理解和抽象思考的能力。

春色满园关不住 姹紫嫣红总是春

全世界的IT巨头都在下注AI的未来，微软、谷歌与英伟达等大厂都在生成式AI+医疗上各显神通。由于中美之间在人工智能领域全方位的竞争合作，非常明显的形成了两大头部集群，在这两大强劲引擎的驱动下，势必为未来的快速应用场景实现找到对原有互联网革命的突破口。

作为全球顶尖的医疗信息化巨头，Epic与微软的牵手合作在美国的电子病历（EMR）市场上牢牢占据着领导者的位置，也是大型医疗机构的首选，且与其他竞争者的差距呈现出越来越大的趋势。Epic在In Basket通信方案中引入生成式AI，它将为医生自动起草对一些最常见和耗时的患者信息的回复草稿内容。当然，它并不会取代医生的判断，医生可以接受建议，也可以拒绝建议自行编写。这一功能还将进一步扩大内测范围，一旦内测顺利或将在几个月内正式发布。同时，生成式AI与Epic旗下的Slicer Dicker数据可视化工具相结合了。

微软旗下的Nuance还宣布将在其产品Dragon Ambient eXperience Express中引入GPT-4赋能。Nuance曾是语音AI领域的领导者，不仅是苹果Siri语音引擎的开发者，更曾经在全球智能语音市场中占据六成以上的市场份额。Nuance将业务重心转向医疗领域，并通过数年深耕建立了很高的竞争壁垒。Nuance的产品主要为医生提供语音识别和转录服务。语音AI能够智能识别医生与患者的对话内容，并进行语境分析，随后将数据输入到电子病历中自动创建临床记录，以提升医生诊断的有效率。GPT模型的加入将大幅度提升临床记录的生成时间。一般而言，未引入GPT-4模型的DAX生成临床记录需要约四个小时左右。依靠GPT-4强大的生成式大语言模型和推理能力，DAX Express将这个过程缩短到仅仅几秒钟。这极大地改善了医生的使用体验，减少其处理文书工作的负担，使得无延时的临床记录成为可能，并提升了效率。

曾经引领了深度学习的谷歌在生成式AI+医疗上仍然没有推出2023年可用的服务，比微软要慢了半步。不过，谷歌也在4月中旬宣布将在有限的用户群体中测试其专门针对医疗的大模型——Med-PaLM 2。它是第一个在美国医疗许可类问题上获得“及格分数”(>60%) 的AI，不仅准确地回答了多项选择题和开放式问题，还提供回答理由并对自己的回答进行评估。Med-PaLM 2的表现则更进一步，在医学考试中，Med-PaLM 2的表现已经基本接近“专家”医生的水平，得分达到了85%。它也是第一个在包含印度AIIMS和NEET体检问题的MedMCQA数据集上达到及格分数的人工智能系统，得分达到了72.3%。

作为AI核心算力提供者的英伟达在生成式AI与医疗的结合上，英伟达也早有布局。2022年，英伟达就与伦敦国王学院使用Cambridge-1超级计算机创建一套包含10万份大脑合成图像的数据集，借此训练AI应用以加快对于痴呆症、帕金森病及其他脑部疾病的理解。其生成逻辑与文本有相似之处，便是将真实数据拆分为素材，再通过特定逻辑的AI进行组合，进而解决数据量稀缺的问题。

此外，英伟达还与Alchemab Therapeutics、InstaDeep、Peptone和Relation Therapeutics等企业合作，为其研发新药提供生成式AI上的帮助。

Syntegra也是最早开始使用生成式AI来合成数据的企业之一。生成式AI可生成大量合成数据进行数据扩充以用于模型训练。这将有利于研发人员开拓某些数据缺失的场景，如罕见病或数据分布不均的疾病领域。Syntegra正与强生旗下的杨森制药合作进行测试。由于Syntegra的合成数据不受与真实患者数据相同的GDPR的约束，从而让这家总部位于比利时的公司在利用合成数据时有更高的自由度。

现阶段美国在算力算法等技术方面领先中国，而中国的优势是市场规模和行业应用的有利条件。生成式AI将对中国各行业产生巨大变革，可以通过减少临床医生花在记录上的时间并允许他们花更多时间与患者在一起，从而提高员工的效率、质量和绩效来创造价值。未来，我们也将持续关注生成式AI在医疗领域的进展。它又将如何改变医疗，对于可以伴随新时代一起成长的你我而言，值得期待。

百度这十几年作为国内人工智能领域的领军企业，在人财物投入和技术积累等方面都是被业内充分认可的。以百度文心大模型为代表，在中文知识增强应用领域优势突出，基于百度文心大模型全栈赋能，孵化医疗AI中台、医疗知识中台和医疗数据中台，先后推出CDSS、IMR等行业领先型智慧化产品及解决方案，覆盖智慧临床、智慧管理、智慧服务三大场景。依托百度智能云等独特合作伙伴的强大底层能力，开发针对生物计算需求的超级计算集群、高性能蛋白质计算芯片、高性能图数据库、高等级的数据安全与隐私计算引擎，支撑EB级别的海量数据存储计算需求，让超大规模的蛋白质预训练模型、图神经网络靶点分析、蛋白质结构预测和模拟成为可能。结合文心大模型重塑高维度多组学、高通量湿试验、高精准抗体设计形成生物能力构建，利用超大规模图神经网络，从海量生物数据中提取高维度的靶点与疾病关联规律，整合了全面的公开组学数据/真实世界数据和来自内部实验与队列研究的海量专有数据，成为人工智能药物发现的新途径。面向医疗领域具体应用共性需求降低人工智能应用的技术门槛，百度创新性提出将构建符合临床知识体系的病灶—疾病循证推理框架，破解“黑盒”

瓶颈，对患者的影像数据进行分析，将分析结果提供给医生，辅助医生对患者病情进行诊断，病灶检出率高达98%，利用人工智能技术将中医的“望闻问切”四诊技术智能化、标准化。2024年3月13日，李强总理来到百度公司亦庄办公区了解大模型产品研发应用和国产化人工智能创新联合体建设情况，并强调要发挥应用场景丰富的优势，开放更多应用场景，加大制度供给，为人工智能产业发展营造更加宽松的环境。

国内各地方政府也在推动AI的全方位创新，北京市首批人工智能行业大模型应用案例发布会上就发布了多个和医疗有关的大模型应用。相对于美国的大公司和创新型企业之间的全面合作，我们还是存在巨大的观念差距，显然科技和应用之间没有充分互动起来。

数字中医大模型示范应用由北京智谱华章科技有限公司、北京中医药大学东方医院共同开发。当前中医领域存在名医数量少、传承断代、医疗资源不足等问题，名医经验的挖掘和整理是当前中医领域系统性、内涵复杂的一项工程。通过“复刻”名老中医诊疗经验和学术思想，探索形成与名老中医高度匹配的高危肺结节人工智能临床诊疗解决方案，完成一定规模的临床评价研究，实现中医临床经验的智慧化复制新模式。截至目前已初步开发了医疗垂直领域的问答功能，支持对医疗、健康问题进行智能化知识问答；同时开发了根据症状生成中医诊方，并提供处方主治症候医学解释等辅助诊疗功能。2023年10月20日，智谱AI宣布2023年已累计获得超过25亿元人民币融资，参与方主要包括社保基金中关村自主创新基金（君联资本为基金管理人）、美团、蚂蚁、阿里、腾讯、小米、金山、顺为、BOSS直聘、好未来、红杉高瓴等多家机构。2024年初，智谱AI又完成了新一轮融资，北京市人工智能产业投资基金等资金继源加码投资。

国内基于山海大模型的门诊病历生成系统示范应用由云知声智能科技股份有限公司、北京友谊医院共同开发。该系统具有语言理解与生成、数理能力、代码能力、知识问答、逻辑推理、插件扩展等十大功能，可用于病历生成、临床决策支持、智能商保理赔等多个场景。项目面向医疗领域文书撰写需求，基于云知声自研的“山海”大模型以及前端声音信号处理、声纹识别、语音识别、语音合成等全栈式智能语音交互技术，联合研发门诊医患对话场景下的电子病历自动生成系统，实现诊室复杂环境下的降噪、医患角色区分、信息摘要及病历自动生成等功能。

随着2024年2月15日，Open AI发布了最新的视频生成模型sora，出色的视频制作能力瞬间“点燃”全球。在意识到生成式AI的突破性意义后，全球医疗产业以从未有过的速度和热情迅速开始将生成式AI引入到医疗领域，并已有了初步的成果。今年政府工作报告不仅3次提到“人工智能”，更首次提出了开展“人工智能+”行动，这一创新的表述背后蕴含着深远的战略意义。人工智能的发展是百年一遇的科技产业机会，中国一定要抓住这一历史性机遇，加大资源投入，加强战略协同，为未来三十年、五十年的竞争打下坚实基础，提升中国在全球科技体系中的竞争力和话语权，实现中国人工智能行业整体科技飞跃！

阿尔茨海默症健康与科学

谢庆平
（杭州求是医院主任医师，教授）

“阿尔茨海默氏症和其他神经退行性疾病，例如帕金森氏症和额颞叶痴呆，其特征是大脑中的异常蛋白质聚集。如果你打散了这些聚集物，但由于水槽（淋巴系统）堵塞而无法清除这些碎片，那么你就没有取得多大成就。你必须疏通蛋白引流的水槽才能真正解决问题。”——谢庆平

阿尔茨海默症的基本情况

阿尔茨海默病（Alzheimer's disease，AD）是一种起病隐匿的进行性发展的神经系统退行性疾病。临床上以记忆障碍、失语、失用、失认、视空间技能损害、执行功能障碍以及人格和行为改变等全面性痴呆表现为特征。阿尔茨海默病发病率呈逐年上升趋势，是目前严重影响我国老年人身体健康的一种疾病。在中国的老年痴呆症的流行病学研究发现，从2005到2015年，老年性痴呆患病率约为5%，其中最常见的是AD，占老年痴呆的65%。现阶段我国65岁以上人群中阿尔茨海默病患病率约为3.21%。迄今为止，阿尔茨海默病之病因尚不十分清楚。

普遍研究认为阿尔兹海默症是由淀粉样蛋白的生产和清除造成的不平衡导致的，其中脑膜淋巴系统对淀粉样蛋白的清除有关。但淋巴管的独特位置阻碍了它们的引流廓清，以往认为中枢神经系统中缺乏淋巴管系统，在寻找T细胞通道进出脑膜的过程中，发现了在脑硬膜内的淋巴管。这些结构表达了淋巴内皮细胞的所有分子特征，能够将液体和免疫细胞从脑脊液中携带，并与颈深淋巴结相连。手术切除颈深淋巴结中断正常脑膜T细胞的流动会导致认知障碍[1]。

传统观念认为，脑脊液由脑室的脉络丛产生，进而流入到蛛网膜下腔，沿着颅神经、脊神经、蛛网膜颗粒出脑。2012年，Iliff等人在啮齿类动物脑中证实类淋巴系统的存在，从而彻底转变了传统的脑脊液动力学概念[2]。2015年来自弗吉尼亚大学医学院的研究人员确定了：大脑像所有其他的组织一样，通过脑膜淋巴管与外周免疫系统连接。而这一研究发现的真正意义则在于：它将有可能对从自闭症、阿尔茨海默氏症到多发性硬化症等一些神经系统疾病的研究和治疗造成重要的影响[3]。2017年研究人员发现在人类和非人类灵长类动物（普通狨猴）中存在脑膜淋巴管。应用高分辨率设备，他们利用非侵入性临床MRI成像在大脑内观察定位脑淋巴管。这些脉管的形态，与硬脑膜静脉窦一起，和啮齿动物的脑膜淋巴系统相似。在灵长类动物中，通过免疫组织化学手段，研究人员发现脑膜淋巴管显示典型的淋巴管内皮标志物[4]。类淋巴系统是一种高度极化的脑脊液转运系统，可以加速脑脊液（cerebrospinal fluid, CSF）和组织间液（interstitial fluid, ISF）的物质交换，加速脑组织间液神经毒性分子和代谢废物的清除[5]。类淋巴系统由动脉旁脑脊液流入通路和静脉旁脑脊液流出通路组成，这两种通路都依赖于星形胶质细胞上的AQP4水通道。蛛网膜下腔的脑脊液通过动脉旁通路进入脑内，通过AQP4水通道进入脑实质和组织间液进行物质交换，然后进入静脉旁通路，最终引流入脑膜和颈部淋巴管[6]。

类淋巴系统最重要的功能之一是促进脑内代谢废物的清除，而类淋巴系统清除功能障碍和多种神经系统疾病相关，特别是以病理性物质沉积为主要特征的疾病如阿尔茨海默病[7]。在小鼠阿尔茨海默病模型中，Peng等人发现小鼠年龄越大，类淋巴液体流动越慢，β-淀粉样蛋白清除率越低[8]。另有研究表明，自然睡眠和麻醉状态下脑组织间隙空间显著增加，有利于加速CSF-ISF对流交换，促进包括β-淀粉样蛋白在内的代谢废物的清除[9]。高龄和许多神经退行性疾病的发生密切相关，同时和脑内废物清除率降低有关。一项研究证实，与2~3月龄年轻老鼠相比，12~13月龄中年老鼠和18~20月龄老年老鼠，脑脊液中放射示踪剂的清除速率逐渐降低[10]。在过表达突变型α-突触核蛋白小鼠中，阻断脑膜类淋巴引流系统可加重小鼠的帕金森样症状，提示类淋巴系统功能障碍能推动帕金森疾病的病理进程[11]。尽管类淋巴系统功能障碍在神经系统疾病特别是阿尔茨海默病中发挥了重要的作用，但如何改善类淋巴系统功能仍是个难题。目前国内外文献鲜见颈部淋巴引流术治疗脑功能疾病方面的临床治疗报道。

参考文献

[1] Martin Kaag Rasmussen;Humberto Mestre;Maiken Nedergaard. The glymphatic pathway in neurological disorders.［J］.The Lancet. Neurology.2018, Vol.17(No.11)：1016−1024.

[2] Iliff JJ, Wang M, Liao Y, Plogg BA, Peng W, Gundersen GA, et al. A paravascular pathway facilitates CSF flow through the brain parenchyma and the clearance of interstitial solutes, including amyloid β. Sci Transl Med. 2012, 4: 147ra111.

[3] Louveau, Antoine;Smirnov, Igor;Keyes, Timothy J.;Eccles, Jacob D.;Rouhani, Sherin J.;Peske, J. David;Derecki, Noel C.;Castle, David;Mandell, James W.;Lee, Kevin S.;Harris, Tajie H.;Kipnis, Jonathan.Structural and functional features of central nervous system lymphatic vessels［J］.Nature.2015, Vol.523(TN.7560)。

[4] M. Absinta;S. Ha;G. Nair;P. Sati;N. Luciano;M. Palisoc;A. Louveau;K. Zaghloul;S. Pittaluga;J. Kipnis.Human and nonhuman primate meninges harbor lymphatic vessels that can be visualized noninvasively by MRI.［J］.eLife.2017。

[5] Louveau A, Smirnov I, Keyes TJ, Eccles JD, Rouhani SJ, Peske JD, et al. Structural and functional features of central nervous system lymphatic vessels. Nature. 2015, 523: 337−341.

[6] Rasmussen MK, Mestre H, Nedergaard M. The glymphatic pathway in neurological disorders. Lancet Neurol. 2018, 17: 1016-1024.

[7] Plog BA, Nedergaard M. The Glymphatic System in Central Nervous System Health and Disease: Past, Present, and Future. Annu Rev Pathol. 2018, 13: 379−394.

[8] Peng W, Achariyar TM, Li B, Liao Y, Mestre H, Hitomi E, et al. Suppression of glymphatic fluid transport in a mouse model of Alzheimer's disease. Neurobiol. Dis. 2016, 93: 215−225.

[9] Xie L, Kang H, Xu Q, Chen MJ, Liao Y, Thiyagarajan M, et al. Sleep drives metabolite clearance from the adult brain. Science. 2013, 342: 373-377.

[10] Kress BT, Iliff JJ, Xia M, Wang M, Wei HS, Zeppenfeld D, et al. Impairment of paravascular clearance pathways in the aging brain. Ann. Neurol. 2014, 76: 845-861.

[11] Zou W, Pu T, Feng W, Lu M, Zheng Y, Du R, et al. Blocking meningeal lymphatic drainage aggravates Parkinson's disease-like pathology in mice overexpressing mutated α-synuclein. Transl Neurodegener. 2019, 8: 7.

我国的阿兹海默症的简介和其对社会的影响

近年来，为满足国内老年人多样化养老的需要，在政府大力支持下，养老机构迅速增加，多元化、多层次的机构养老体系基本建立，较好地满足了老年人生活照顾护理的需要。但针对老年医疗需求的医疗卫生服务体系尚未完全建立，养老机构与医疗机构相互独立，养老院不提供全面医疗服务，而医院只负责疾病治疗，老年人一旦患病就不得不往返于家庭、医院和养老机构之间，既耽误治疗，也增加了家属负担。医疗和养老的分离，也致使许多患病老人把医院当成养老院，加剧了医疗资源的紧张。目前，全世界阿尔兹海默症患者已达4600多万，平均每3秒增加一位患者。中国阿尔兹海默症患者约占全世界病例总数的四分之一，平均每年增加30万的新发阿尔兹海默症病例。众所周知，老龄化问题是世界上很难解决的问题之一，世界上很多的发达国家正在经历着这样的问题，中国虽然处在发展阶段，但是现在也面临了这样的问题。人口老龄化是指总人口中因年轻人口数量减少、年长人口数量增加而导致的老年人口比例相应增长的动态。老龄化进程：法国115年；瑞士85年；英国80年；美国60年；中国18年。健康中国行动推进委员会办公室2019年7月29日新闻发布会文字实录中我们了解到，根据我们国家老年人口数以及痴呆症患病率，据研究大概是5.56%，按照这个来计算，目前我国的老年痴呆症的患者估计达到900多万，因为我们国家老龄化在迅速发展，到2050年的数字将会超过4000万。所以痴呆症的发生不仅严重的影响患者自己的生命质量和寿命，它更会给家庭和社会带来沉重的医疗花费以及照料的负担，已经成为越来越严重的公共卫生问题和社会问题。

杭州求是医院，杭州华宫医院响应国家号召，作为浙江首批坚持医养结合的综合性医院和养老院，从2014年起便着重于老年病的治疗和研究。谢庆平教授作为杭州求是医院、、华宫医院的医学领导人，美国克利夫兰医学中心客座教授，原浙江省显微外科学会主任委员，美国克利夫兰医学中心研究院和整形外科共同学术合作项目（通过淋巴超微手术重建探究治疗阿尔茨海默病collaboration for investigating the treatment of Alzheimer's disease with lymphatic supermircosurgical reconstruction）的主要负责人之一，在治疗阿尔兹海默症等老年化神经性退行性疾病 的研究中，提供了最新最前沿的超级显微手术的治疗途径，让阿兹海默症病人的外科治疗看见了曙光，也为阿兹海默病的研究和治疗提供了中国外科的重要方法。谢庆平首创的深颈部超显微淋巴静脉吻合术，从2019年年底开展以来，已经接治近300名神经退行性疾病的患者，包括阿兹海默症，帕金森病，渐冻症和脑中风后遗症的患者，其中接受手术治疗的阿兹海默病的病人超过90位，有效率达到90%。病人在接受LVA 手术后的1周，1个月，3个月，1 年都有不同程度在行为和性格以及运动能力方面的提升。接受MMSE 和MOCA 测量表随访的病人，几个月后的分数也有不同程度的增加，家属满意度非常高。

什么是深颈部淋巴静脉吻合术（lva）及其原理：

据脑膜淋巴液回流途径的最新理论，脑内有两套淋巴回流系统（类淋巴系统和脑膜淋巴管系统），他们在运输脑内多余或者说有害的蛋白沉积方面是唯一可以代谢这些蛋白的物理途径。淋巴系统不仅有免疫功能，它也承担着运输颅内异常蛋白的交互作用。我们这一外科技术的原理是采用颈部相对应的淋巴管和静脉进行吻合引流，以降低深部脑组织内的淋巴压力，加快脑组织的淋巴回流，清除与阿尔茨海默症相关性代谢产物（各种蛋白）的淤积，从而减轻深部脑组织的淋巴水肿，改善脑功能，促进阿尔茨海默症患者症状的恢复。说得再通俗一点，就是避开堵塞的颈淋巴结，将颈部淋巴管直接连接至静脉，进行颈部淋巴管快速引流，充分排出脑内β淀粉样粘蛋白，加快脑脊液（csf）的冲刷从而达到逆转病情，甚至较全面恢复病人大脑神经功能的目标。可以类比于在拥挤的交通道路上建造一条高速通路，让堆积的蛋白通过新建立的淋巴管静脉通道，快速排除有害蛋白，从而达到改善阿兹海默症病人的病情。

科学原理和解释

美国学者对脑内淋巴系统的研究和思考：

根据华盛顿大学st louis医学院于2019年4 月 28日发表在《自然》杂志上的研究结果表明，大脑的引流系统（即脑膜淋巴管）在神经退行性疾病中发挥着关键但未被充分认识的作用，而修复有缺陷的引流系统可能是释放某些阿尔茨海默病治疗潜力的关键疗法。

“淋巴管是一个水槽”共同资深作者、Alan A.

和 Edith L. Wolff 病理学与免疫学杰出教授兼 BJC 研究员 Jonathan Kipnis 博士说。在出现健忘和混乱等症状之前二十年或更长时间，阿尔茨海默病患者的大脑中就开始形成淀粉样蛋白的粘性斑块。多年来，科学家们一直试图通过开发清除此类斑块的疗法来治疗阿尔茨海默病，但收效甚微。最有前途的候选药物之一阿杜卡单抗（aducanumab）最近在一项临床试验中被证明可以有效减缓认知能力下降，但在另一项临床试验中却失败了，这让科学家们感到困惑。Kipnis 也是一名神经外科、神经病学和神经科学教授，他在 2015 年发现脑膜淋巴管是大脑的引流系统。几年后，即 2018 年，他证明该系统的损伤会增加小鼠体内淀粉样蛋白的积累。他怀疑抗淀粉样蛋白药物的好坏参半且常常令人失望的表现可以用阿尔茨海默病患者淋巴功能的差异来解释。但证明这种预感具有挑战性，因为没有工具可以直接测量一个人的脑膜淋巴管的健康状况。研究人员认为，“排污管”堵塞的影响可能会波及小胶质细胞，这些细胞充当大脑的清理人员，因此以小胶质细胞基因表达模式改变的形式来寻找淋巴损伤的证据。小胶质细胞在阿尔茨海默病中发挥着复杂的作用：它们似乎在疾病早期减缓了淀粉样斑块的生长，但随后又加剧了神经损伤。研究人员用了一组在遗传上容易形成淀粉样斑块的小鼠的脑膜淋巴管，让另一组小鼠的淋巴管保持功能进行比较，并分析了小胶质细胞表达的基因模式。淋巴功能障碍使小胶质细胞转向更有可能促进神经退行性变的状态。此外，当共同资深作者、精神病学和遗传学助理教授奥斯卡·哈拉里（Oscar Harari）博士比较了小鼠和人类（包括 53 名死于阿尔茨海默病的人和 9 名死亡时大脑健康的人）的小胶质细胞中的基因表达模式时，发现人类的小胶质细胞与淋巴管受损的小鼠的小胶质细胞最为相似。“我们在脑膜淋巴管被消融的小鼠的小胶质细胞中发现了一个特征”赫拉里说、“当我们协调人类和小鼠的小胶质细胞数据时，我们在人类数据中发现了相同的特征。”另一种细胞类型，即排列在淋巴管内部的内皮细胞，为大脑引流系统的重要性提供了额外的证据。共同通讯作者、精神病学、遗传学和神经学教授卡洛斯·克鲁查加博士（Carlos Cruchaga）确定了小鼠淋巴内皮细胞中表达最高的基因。他发现许多相同基因的遗传变异与人类阿尔茨海默病有关，这表明淋巴管问题可能会导致这种疾病。“在小鼠研究和现在的人类研究中，有几种抗体似乎对减少淀粉样蛋白沉积非常有效”合著者、安德鲁·B·琼斯和格雷琴·P·琼斯教授兼神经病学系主任大卫·霍尔茨曼医学博士说。现在，有些药物似乎还能减缓患有非常轻度痴呆症或阿尔茨海默氏症引起的轻度认知障碍的人的认知能力下降。然而，认知影响并不大，人们想知道脑膜淋巴系统功能障碍是否可能部分与目前观察到的对认知的有限影响有关。脑膜淋巴系统似乎不仅影响阿尔茨海默病病理学中淀粉样蛋白成分的进展，而且还影响对免疫治疗的反应。

谢庆平教授对此研究结果的外科答卷

当Aβ蛋白的产生与清除失衡时，会导致大脑中Aβ沉积，而在我们人体中主要有3种方式能够清除过量的Aβ。

第一，Aβ被各种蛋白酶系统清除降解。小胶质细胞和星形胶质细胞的胞外如脑啡肽酶、胰岛素降解酶、血管紧张素转换酶和胞内如溶酶体、核内体、泛素-蛋白酶体等均可降解可溶性Aβ。

第二，在血脑屏障处，Aβ可经脑内内皮细胞的特殊转运系统进入血液而被清除。

第三点也是我们关注的重点，在细胞间质中，Aβ可由胶质淋巴系统和血管周围引流通路进入血液而被清除。自从2015年发现了脑膜淋巴系统，研究学者就注意到，类淋巴通路对Aβ的清除作用。

而我们手术的关键就是重开这一清除系统，使得清除系统能够正常运行，那么自然就能对患者起到治疗效果。这就是为什么我们手术治疗阿尔茨海默症效果明显的原因。

美国第二大医学中心，克利夫兰医学中心对谢教授的学术发现表示震撼，于2023年4月聘请谢庆平教授为克利夫兰医学中心客座教授，到美国俄亥俄州总部进行学术访问，并签署长期院方学术合作协议。目前杭州求是医院作为克利夫兰医学中心的合作单位，就对于阿兹海默症等病症在淋巴重建的学科方面将会与国际接轨，接受和学习国际最前沿和最科学的治疗方式。目前第一篇学术短文也在美国整形外科顶刊PRS(整形和重建手术专栏)发表，题目为：rewiring the brain-the next frontier in supermicrosurgery。被美国同行称为显微外科的下一个技术前沿。

外科手术的优势

LVA(淋巴静脉吻合术)简介和其安全性：

淋巴静脉吻合术（Lymphovenous Anastomosis，LVA）是一种用于治疗淋巴水肿的微创手术技术。它通过连接受影响的淋巴管到邻近的静脉，帮助淋巴液排除，从而减轻或改善患者因淋巴水肿而引起的肿胀和不适。这种手术方法通常用于治疗乳腺癌手术后引起的乳腺癌相关淋巴水肿以及其他引起的淋巴水肿症状。

淋巴静脉吻合术的发现和快速发展归功于日本外科医生Mikinori Kono。他于1960年代首次提出并开展了淋巴静脉吻合术，作为一种治疗淋巴水肿的新方法。通过将受阻塞的淋巴管连接到邻近的静脉，该手术能够提高淋巴液的排出效率，从而减轻患者的症状。

Kono的贡献为淋巴水肿的治疗开辟了新的途径，使得患者能够更好地消除淋巴水肿。随着医学技术的不断进步，淋巴静脉吻合术已经得到了改进，成为一种相对安全和有效的微创手术方法，帮助患者重获健康。

作为一个成熟的外科手术方法，LVA本身相对安全，但是对操作医生的解剖技术、基础知识和实践的要求非常高，需要专业的显微外科知识和不断地适应在显微镜下的手术实践。根据专业机构的统计，目前在全世界可以操作超级显微手术的外科医生少于600人，其中的专家级人数更是寥寥无几。但作为脑部、颈部LVA最新理论的先行者，谢庆平教授也在中国医学院举办的淋巴水肿继续学习教育中担任教学任务，为中国在淋巴水肿治疗的继续教育过程中持续进行并提供最新的操作方式和国际标准。在不久的将来，希望可以创立专门针对脑内淋巴水肿的超级显微外科的亚专科，服务更多的阿兹海默症患者。

外科手术的有效性和持续性

根据解剖学和自然科学的必然结果，颈部静脉吻合术作为唯一链接大脑内部淋巴系统和体外循环的通路，将堵塞的淋巴结处理后，流入淋巴管接入静脉的过程，对于脑内淋巴系统高压的释放是瞬间的。这就是为什么手术结束后的1天甚至几个小时后，病人的感受就会有好转。根据谢庆平教授在《中华显微外科杂志》发表的文章可以大致了解手术后的病情恢复情况如下。

患者背景

一位84岁的阿尔茨海默症患者，五年前被专科医院确诊。尽管长期接受药物治疗，但其病情逐渐恶化，表现为逻辑混乱、攻击性行为、无法进食、大小便失禁、无法行走、空间视觉障碍、严重遗忘等。经过术前MRI检查，显示出老年性脑改变。

手术决策与批准

鉴于患者的病情和日常生活受损程度，医生决定尝试颈深淋巴管和静脉吻合术。在征得患者及其家属的知情同意后，手术方案得到了医院伦理委员会的批准（批准号：330103009-202100003）。

手术过程

手术采用超级显微外科技术，在放大40~60倍双目手术显微镜视野下进行。手术分为两步：

淋巴管-静脉端侧吻合：在血管夹阻断血流的情况下，医生修剪淋巴管并进行端侧吻合，确保吻合处无渗漏，血流畅通。

淋巴管-静脉端端吻合：医生结扎了静脉管的远心端，预备近心端开口，使用11-0或12-0缝线与匹配的淋巴管进行等距吻合。吻合完成后，医生松开血管夹，检查确保无渗血。

手术中，医生注意到荧光染色的淋巴液顺利

流入静脉，呈持续流动状态，这是手术成功的标志。

具体操作如下

1.颈部术区淋巴管定位：术前采用多普勒超声检测颈部Va淋巴结分区中的副神经淋巴结链走行，和淋巴结Va区（胸锁乳突肌后缘与斜方肌前缘的夹角区域，下线在甲状舌骨肌下腹为界，上方为Va区）的副神经淋巴结链状况，手术以Va区中点胸锁乳突肌后缘与颈外静脉交叉点为中心为体表投影，沿胸锁乳突肌后缘斜行切开，切口线长约6cm。

2.荧光示踪与淋巴管和脂肪内静脉的解剖：术中采用吲哚菁绿针25mg/0.2ml（丹东医创药业）和0.8ml0.9%的生理盐水混合稀释5倍，用1ml注射器沿颈动脉鞘间隙达至颈静脉孔处，推注0.2ml稀释的吲哚菁绿液。应用激光淋巴成像检查仪（哈尔滨海鸿基业科技，型号HH-C-01）进行淋巴管染色示踪。发现在双侧副神经淋巴结链周围的淋巴管均被荧光标记，找到荧光标记的增粗淋巴管，其淋巴管直径约为0.2mm左右，多根多束解剖备用。左侧进行一处淋巴管-静脉端侧吻合，一处淋巴管-静脉端端吻合；右侧进行一处淋巴管-静脉端侧吻合。操作全过程在3D显微镜下进行，注意采用双极电凝及时止血。

3. 淋巴管-静脉吻合术：淋巴管-静脉吻合术均在放大40-60倍的状态下采用双目镜进行操作。

淋巴管-静脉端侧吻合：端侧吻合口径为静脉管0.6mm，淋巴管0.2mm。以静脉回心端为方向，呈30°夹角切开一侧静脉管壁。再次修剪淋巴管长度，修剪后发现有淋巴液溢出。淋巴管切断的近心端不做处理，远心端采用11-0或12-0缝线以等距6针的方式进行端侧吻合。

淋巴管-静脉端端吻合：端端吻合口径淋巴管和静脉均为0.2mm。静脉管的处理为结扎远心端、预备近心端开口，用11-0或12-0缝线与匹配口径的淋巴管进行等距4针的端端吻合，吻合后松开静脉血管夹，检查有无渗血情况。

吻合完毕后，检查切口及吻合口处无渗血和渗液，再次使用吲哚菁绿稀释液推注0.2ml于颈静脉孔处，在激光淋巴成像检查仪上可以观察到淋巴液流入静脉，荧光成像呈不断的流动状态。充分止血后放置引流管，采用4-0薇乔线分两层关闭切口。

MMSE和MoCA指标的变化

在手术前，患者的MMSE评分为3分，CDR评分为3分，MoCA量表评分为2分，符合重度痴呆诊断标准。而在术后6个月，患者的MMSE评分上升至20分，CDR评分下降至1分，MoCA量表评分上升至18分。这意味着，在手术后的6个月里，患者的认知功能得到了显著改善，生活质量也得到了明显提升。

结论

颈深淋巴管静脉吻合术的成功案例证明了其在改善阿尔茨海默症症状方面的显著效果。这不仅为重度阿尔茨海默症患者带来了希望，也为医学界开辟了新的研究领域。这一创新性疗法的成功应用，不仅为患者提供了新的治疗选择，也在医学界引发了广泛的关注。

这项手术技术的突破不仅仅是个案的成功，更是医学领域的一次重大进步。通过颈深淋巴管和静脉吻合术，我们正在迈向一个新时代，在这个时代里，阿尔茨海默症可能不再是无法逾越的难关。这不仅是对医学的贡献，更是对人类健康的宝贵贡献。相信随着科技的不断发展，类似的创新性治疗方法将会更多地涌现，为广大患者带来健康和幸福的未来。

发挥公立医院优势，探索具有中国特色的安宁疗护发展之路

肖亚洲
（湖南省肿瘤医院，博士研究生）

【摘要】安宁疗护是为疾病终末期患者在临终前通过控制痛苦和不适症状，提供身体、心理、精神等方面的照护和人文关怀等服务，以提高生命质量，帮助患者舒适、安详、有尊严离世。近年来，我国陆续在上海、北京、浙江、湖南四个省市及185个地市(区)开展国家安宁疗护试点工作，取得了一定成效。目前，安宁疗护的服务主体主要依靠公立的三级、二级医院推动，社区医疗机构及居家安宁疗护工作刚刚起步。如何发挥公立医院优势，完善安宁疗护的顶层设计、拓宽安宁疗护服务主体、完善安宁疗护教育培训体系、规范患者收治准入标准、促进符合我国国情的安宁疗护可持续发展，是亟待解决的问题。本文通过探索公立医院的优势，并结合笔者医院的实践，提出在安宁疗护实践中身体-心理-社会-精神四位一体全人照护模式，通过建立医院-社区-居家三级联动服务体系，同时发挥公立医院在培训、教学、科研和学科建设方面的优势，探索出一条适合中国国情的安宁疗护发展之路。

【关键词】安宁疗护；公立医院；全人照护

安宁疗护是指以临终患者和家属为中心，以多学科协作模式进行的实践，主要内容包括疼痛及其他症状控制，舒适照护，心理、精神及社会支持等[1]。我国高度重视安宁疗护事业发展，相继出台了安宁疗护相关实践指南与政策，为我国安宁疗护专科领域发展提供了平台和支撑[2]。近年来，我国陆续在上海、北京、浙江、湖南四个省市及185个地市(区)开展国家安宁疗护试点工作，取得了一定成效[3]。目前，我国安宁疗护的服务主体主要依靠公立的三级、二级医院推动，公立医院基于技术优势、人力资源、管理经验、品牌效应等，不仅能为患者提供全面的、以患者为中心的护理服务，还能加强跨机构之间的联系和交流，充分调动和利用了各级医疗资源，促进基层医护人员积极参与安宁疗护实践，推动安宁疗护团队的不断成长，提高基层安宁疗护水平[4]。

1 公立医院在安宁疗护中的角色和优势

对照公立医院高质量发展目标，公立医院在安宁疗护中扮演着重要的角色，其角色和优势包括以下几个方面。

1.1 提供综合医疗服务 公立医院通常提供全面的医疗服务，具备完善的医疗服务体系和制度，使得公立医院能够在国家政策的推动下，为患者提供多学科的安宁疗护服务，以应对患者的多样性需求。

1.2 团队协作 公立医院拥有庞大的医疗团队，由多学科的专业人员组成，包括临床医生、护士、社会工作者、心理医生等。在安宁疗护中，这些专业人员可以形成协作的团队，并扮演演包括治疗者、教育家、研究员、联络者、倡导者等在内的角色[5]，

共同制定并执行个性化的安宁护理计划，为终末期患者提供全面的医疗和支持服务。

1.3 提供设备和技术支持 公立医院通常配备先进的医疗设备和技术，在处理疾病症状和提供安宁疗护时非常重要。这包括疼痛管理设备、呼吸支持设备、监护设备等，可以有效地提高患者的生活质量。

1.4 培训和研究 公立医院通常与医学院、研究机构有着密切的联系，同时拥有多学科人才，使得其能够为医护人员提供最新的安宁疗护培训，并参与、开展相关研究，有助于提升医护人员的专业水平，改善安宁疗护的实践。

1.5 覆盖范围广 公立医院通常分布在城市和乡村各地，能够覆盖更广泛的患者群体。这确保了更多人能够获得高质量的安宁疗护服务，不论其所在地的经济状况如何。

1.6 社会责任感 公立医院的使命通常包括为社会提供广泛的医疗服务，包括安宁疗护。这种社会责任感使得公立医院更倾向于提供无论患者经济状况如何都能接受的安宁疗护服务。

1.7 完善安宁疗护相关管理和制度 安宁疗护的一个重要方面是对疼痛和其他症状的评估和管理[6]。公立医院通常配备先进的疼痛管理设备和专业医护人员，能够有效地缓解患者的疼痛，提高其生活质量。终末期患者可能面临各种身体和心理上的症状，如呼吸困难、恶心、抑郁等。公立医院在安宁疗护中的角色包括对这些症状的缓解，通过药物治疗、康复服务、心理支持等手段来提高患者的舒适度。

1.8 家庭支持和教育 公立医院配备了专业的心理医生或心理健康专业人员，可以为患者的家庭提供支持和教育，帮助他们理解患者的病情，学习如何更好地照顾终末期患者，以及应对可能的情绪和心理压力，提供专业的心理支持和心理治疗。

1.9 伦理咨询 安宁疗护中的决策通常涉及伦理问题，包括医疗抉择、生命支持维持和家庭决策。公立医院的伦理委员会或专业伦理咨询师可以为患者及其家庭提供咨询和支持，帮助他们做出符合患者意愿的决策。

1.10 推动社会工作服务 公立医院通常拥有社会工作者，他们在安宁疗护中的角色包括协助患者解决社会问题、提供心理社会支持、协调家庭关系等，以促进患者的整体福祉。

2 发挥公立医院优势的具体措施

2.1 建立专门的安宁疗护团队：目前，安宁疗护人员短缺是一个在不同医疗机构都普遍存在的现象[7]，要改善这一现象还需加强安宁疗护专业团队建设。在公立医院内设立专门的安宁疗护团队，包括医生、护士、社会工作者、心理医生等专业人员，能够为患者提供全面的、多学科的安宁疗护服务。

2.2 提供持续的人才培训：构建多层次人才培训体系，打造高质量的安宁疗护人才队伍，为医护人员提供持续的安宁疗护相关培训，确保他们了解最新的安宁护理方法和疾病症状的管理，提升其安宁疗护服务能力[8]。培训还应包括沟通技巧、疼痛管理、伦理问题等方面，以提高医护人员在安宁疗护中的专业水平。

2.3 制定个性化的安宁疗护服务计划：根据每位患者的独特需求，制定个性化的安宁疗护服务计划。这可能涉及疼痛管理、症状缓解、心理支持、家庭协助等多个方面，确保提供全面的安宁疗护。

2.4 加强家庭支持和教育：向患者的家庭提供持续的支持和教育，使他们能够更好地理解患者的病情、提供适当的照护，并在决策中起到积极的作用。这包括提供有关安宁护理的信息和资源，帮助家庭做好终末期护理的准备。

2.5 整合社会工作服务：充分发挥社会工作者的作用，协助患者和家庭解决社会问题、获得财务支持，并在心理社会层面提供支持。社会工作者还可以协调患者的出院计划，确保患者能够在家庭中获得适当的关怀。

2.6 实施病患和家庭的心理支持服务：提供心理医生或心理健康专业人员，协助患者及其家庭处理情绪问题、精神压力，提供心理支持和心理治疗。

2.7 推动研究和不断改进：鼓励医疗团队参与安宁疗护领域的研究，分享经验和最佳实践，以不断改进安宁疗护服务的质量。在资源配置角度、技术筹备与管理规范上，应该以特色专科医院为示范与指导作用，引领建设具有中国特色的安宁疗护行业体系，同时，注重扩展安宁疗护服务范围，承担引领区域内安宁疗护发展的职责，组织专家会诊团队，与医联体其他机构定期联系，提供专业指导[9]。

3 探索公立医院的安宁疗护之路势在必行

3.1 我院安宁疗护建设

在2008年，湖南省肿瘤医院就开始了安宁疗护服务的初探，免费为晚期癌症患者提供疼痛评估、舒适照顾、心理支持、哀伤辅导等服务；2013年建立疼痛安宁病房，开设床位8张；2014年开设全国首家心理心灵护理室；2018年扩展至20张，并成立独立病房，为晚期肿瘤患者提供身、心、社、精神的全人照顾。针对关注患者全生命周期的健康维护、保障和管理的相关研究，我院在安宁疗护的推动方面开展了以下几个开创性的工作：(1) 最早成立安宁疗护专委会：目前有三个主委平台，包括湖南省安宁疗护专委会、中华护理学会安宁疗护专委会以及中国抗癌协会安宁疗护专委会，促进了安宁疗护学术交流。(2) 最早探索安宁疗护专科护士培训：2018年启动湖南省安宁疗护专科人才培养，2019年启动全国安宁疗护专科护士培养。(3) 成立省级安宁疗护临床指导与人才培养中心：在全国率先进行安宁疗护标准病房建设与示范病房建设，覆盖湖南省全域。(4) 开展安宁疗护学科建设工作：申报国家级继续教育项目，申报省级安宁疗护重点研发项目，编写安宁疗护系列丛书与教材。

3.1.1 安宁疗护全人照护模式

我院安宁疗护全人照护模式以国家政策与指南为指导，并以照护支持理论、马斯洛需求层次理论等为基础，切实践行公立医院的公益性，致力为人民群众提供高质量生命终期卫生健康服务[10]。具体说来，这一模式包括：①秉承“以患者及其家属为中心”的理念：我院安宁疗护体系体现为以患者及其家属为中心，从“人、物、环、法”4个质控关键点切入，参照《安宁疗护实践指南（试行）》，形成了系统、科学、可推广的身心社精安宁疗护照护模式，在生理照护方面开展多维症状管理，尽量减少患者痛苦；在心理支持方面成立心理心灵关怀室，进行筛查、评估、转介、随访、记录与改进的心理痛苦“五步骤”管理；在社会支持方面设立健康教育资源中心，定期举办志愿者爱心和俱乐部活动，开展居家探访，并借助网络信息媒体提高患者社会支持度；在精神抚慰方面举办移动照相馆、怀亲之旅等特色项目，引导患者进行生命回顾，认识自我生命价值，帮助生命末期病患实现身无痛苦、心无牵挂、社有所托、精有所依，促进患者满意及护士满意，构建和谐、温暖、正能量的人文关怀气息。

3.1.2 建立医院-社区-居家三级联动服务体系。落实双向转诊制度，建立了机构与机构、机构与居家间通畅合理的转介机制。在医院病房主要通过多学科协作，制定病人照护目标和计划，进行动态监测与评价；在社区医疗机构主要进行护理教育和心理辅导，安排好临终患者的遗愿、丧葬和遗体告别；居家服务重点以李嘉诚宁养服务项目为载体，为居家晚期癌症患者提供免费镇痛治疗、心理支持和护理指导、哀伤辅导，有效提升了安宁疗护服务的延续性、协调性、协作性。

3.1.3 构建多学科协作安宁疗护照护模式。我院在结合自身条件及特色情况下，形成了以医生、安宁疗护护士、其他专科护士、个案管理师、心理咨询师、营养治疗师、志愿者等为主的多学科团队，制定了多学科诊疗制度和流程，明确多学科团队成员的职责、协作机制、合作方向。

3.1.4 建立安宁疗护智能化延续服务平台。医院依托数据通信系统及数据管理平台，建立了包括患者端、医院端、社区端的生命末期患者安宁疗护延续服务平台，让终末期病患通过平台享受在线出院指导、照顾计划、健康知识宣教、在线问诊与咨询等服务，实现了全生命周期无缝隙管理。

3.2 取得成效

3.2.1 临床服务 我院安宁疗护全人照护模式，

截至目前安宁疗护门诊共服务45613人次、宁养服务4969人、临终照护服务3416人，开展电话随诊32352人次，居家探访16063次，改善了晚期患者的生活质量，达到住院患者零自杀率，减轻了照护者的负担。

3.2.2 人才培养 开展全国范围内安宁疗护专科护士培训与基地建设，培育56个国家级安宁疗护临床实践基地，培养了1600余名安宁疗护专科护士。连续多年举办了国家级安宁疗护高峰论坛，参会代表2万余人；组织全省安宁疗护巡讲，培训安宁疗护工作者基层医务人员2万余人次，有力地推动安宁疗护人才的培养，发挥了学科示范、引领和辐射作用。

3.2.3 推进试点 我院根据国家和湖南省级安宁疗护工作试点要求，协助省卫健委牵头开展安宁疗护服务规范课题研究，推动成立了省级安宁疗护专家库，制定“安宁疗护标准病房”创建评分细则，启动了基层医疗机构安宁疗护结对帮扶工作，对全省14个地州市开展了安宁疗护下基层的巡讲，助力推动全省安宁疗护服务体系的完善。牵头建立安宁疗护远程多学科协调联盟，真抓实干，上下联动，把安宁疗护的理念、经验、规范标准体系传到社区，从社区传递到居民，让安宁疗护服务惠及更多人，推动医院安宁疗护实现新一轮跨越发展，集聚合力为群众提供更加优质的医疗服务。

3.2.4 科研创新 每年我院投入安宁疗护相关的经费200余万元，获批科技部和省级专项课题6项，获得相关奖项5项，发表SCI等高质量论文30余篇，出版安宁疗护专著与教材，包括《安宁疗护专科护理》《安宁疗护病房工作制度与规范》《安宁疗护护理工作标准流程指引》《安宁疗护中国肿瘤整合诊治技术指南》《爱在安宁——来自安宁病房的叙事故事》及《安宁疗护》十四五国家护理本科规范教材。有力地促进安宁疗护成果的转化和创新发展，不断为安宁疗护持续发展赋能赋力。

3.2.5 社会影响力 为推广安宁疗护理念，普及生命教育，医院先后拍摄《最后的日记》《陪伴》《告别》等10余个视频；安宁疗护科普著作多本，系列安宁疗护专题在《人民日报》《学习强国》平台等主流媒体报道。《最后的日记》获得多个奖项，在2023年国际护士大会播出，引起强烈的反响。

4 总结和展望

公立医院基于公益精神和社会责任，一方面可以成为优质安宁疗护服务的重要提供者，促使延续性安宁疗护规范化和系统化；另一方面可以集中优势资源规范跨机构安宁疗护服务，即根据生命末期患者的具体情况制定合理的出院计划和远程指导，不仅加强了跨机构之间的联系和交流，充分调动和利用了各级医疗资源，还会促进基层医护人员积极参与安宁疗护实践，推动安宁疗护团队的不断成长，提高基层安宁疗护水平。在医院高质量发展下，公立医院将发挥自身的管理优势、临床优势、人才优势及学科优势，在推进我国安宁疗护事业高质量发展的过程中做出重要贡献。

参考文献

[1] 谌永毅, 肖亚洲, 朱丽辉, 等. 十年砥砺奋进，擘画安宁疗护护理事业蓝图 [J]. 中国护理管理, 2022, 22 (12): 1771-1775.

[2] 谌永毅, 吴欣娟, 李旭英, 成琴琴, 毛婷. 健康中国建设背景下安宁疗护事业的发展 [J]. 中国护理管理, 2019, 19 (06): 801-806.

[3] 黄子芯, 张崇楷, 原彰. 我国安宁疗护试点发展研究 [J]. 卫生软科学, 2022, 36 (06): 22-27.

[4] 杨一龙, 崔琳琳, 李孟飞等. 三级甲等医院主导晚期癌症延续性安宁疗护模式的PEST-SWOT分析 [J]. 中国医院管理, 2023, 43(11): 33-37.

[5] 陶秋荣, 吴玉苗, 李颖, 等. 跨学科合作模型在安宁疗护团队中的应用成效研究 [J]. 医学与哲学, 2021, 42(04): 15-18.

[6] Clinical Practice Guidelines for Quality Palliative Care [J]. Pediatrics, 2019, 143(1).

[7] 任杰慧. 人类学视野下我国安宁疗护发展及困境研究 [J]. 思想战线, 2023, 49(06): 87-97.

[8] 王丽丽, 占婷婷, 袁娟, 王燕, 孙彩杰. 我国安宁疗护的发展现状 [J]. 护理实践与研究, 2021, 18 (18): 2727-2731.

[9] 郭卓然, 孙中良. 安宁疗护运行机制概念与建设 [J]. 全科护理, 2023, 21(33): 4685-4690.

[10] 李旭英, 谌永毅, 沈波涌等. 安宁疗护全人照护模式 [J]. 中国护理管理, 2018, 18(S1): 69-72.

深化整合型医疗卫生服务体系 推进区域卫生服务高质量发展

刘云军

（首都医科大学附属复兴医院，主任医师）

1　背景

世界卫生组织（WHO）2015年提出“以人为中心的整合型医疗卫生服务”全球战略，为成员国家探索建立整合型医疗卫生服务体系提供了指导性建议。与此同时，在区域内广大居民和患者日益增长的卫生健康服务需求，与如何利用相对有限的卫生资源提供更多优质的卫生服务之间的矛盾也日渐凸显。同时，以医院为重心，以疾病诊治为中心的医疗服务体系还存在服务供应链长、效率低的系统性缺陷。2017年国家进一步推进实施了医药卫生体制改革，依托医疗联合体开展分级诊疗制度建设，加快推进“构建以人为本、以健康为中心”优质高效的全生命周期整合型医疗卫生服务体系。

深化整合型医疗卫生服务体系建设，依托紧密型医疗体、区域医疗中心、远程医疗、家庭医生签约服务为抓手，促进区域优质医疗资源共享。通过整合型医疗卫生服务体系建设，在区域内合理配置医疗资源，避免医疗资源的重复投入和浪费。从供给侧构建有效的医疗服务链条式供给，真正形成基本医疗卫生服务在社区，疑难急危重症救治在医院，养老机构医养结合的全生命周期健康服务体系。同时，以紧密型医联体和区域医疗中心为核心，打造区域城市医疗集团，在区域内形成优质医疗资源的整合，推进区域医疗服务的高质量发展，提升辖区居民和患者的健康水平和获得感。

西城区具有辖区居民人口多，高龄老人多，文化水平高等特点。同时，区域内各类工作机构较多，人员需求呈现多元化。在区域内，复兴医院依托紧密型医联体，经过多年的建设，已经建立了“复兴—月坛”紧密型医联体品牌优势。区域内初步形成了“一体多翼”同质化医疗服务供给的全面覆盖，针对不同人群的医疗健康需求，打造“患者需求个性化，医疗服务同质化”的医疗服务模式。

同时，复兴医院在资源整合和利用方面，取得了阶段性工作成效，逐步形成了贯穿三级医院、社区卫生服务、机构医养结合养老的全生命周期整合型医疗服务体系，居民和患者能够真正感受到卫生服务的可及性和便利性。作为深化整合型医疗卫生服务体系的试点案例，具有可复制性意义。在此基础上，医院将片区内的金融街社区卫生服务中心进一步进行资源整合，以“复兴—月坛”紧密型医联体为核心，以“复兴—广外”医院协作为基础，推进城市医疗集团建设发展战略。

2　发挥区域医联体和医疗中心优势，构建区域整合型医疗服务体系

2.1　组织管理和建设主体

以区域为单位，在区卫生健康委的统筹下，依托区域医联体和区域医疗中心，构建整合型医疗卫生服务体系。以复兴医院为例，医院作为区域医疗中心，在“复兴—月坛”紧密型医联体建设的基础上，优化资源布局，整合区域优质医疗资源，从医

疗、管理、公共卫生、医保、信息、品牌等方面，形成六个“一体化”服务和管理模式，建立区域整合型医疗卫生服务体系。

复兴医院在前期“三个一体化”即医疗服务一体化、管理一体化和公共卫生一体化已取得的阶段性管理成效的基础上，进一步深化整合型医疗卫生服务体系内涵，通过智慧化管理建设，构建医联体内的信息一体化。逐步形成区域内医疗机构之间的信息互联互通，实现医疗服务的信息共享，方便患者在区域内不同级别医疗机构接受连续性医疗服务。同时，将门诊信息系统延伸到养老机构，在养老机构可以开具门诊处方，方便机构内老人就医。此外，医院通过实现医保报销定点A类医院，患者和居民能够更加便捷的到医院进行就诊和转诊，并逐步形成服务品牌的一体化。

2.2　整合型医疗卫生服务体系建设

在区域范围内，将医院、社区卫生服务中心和养老机构进行紧密衔接，形成体系完整、分工明确、功能互补、连续协同、运行高效、富有韧性的区域整合型医疗卫生服务体系。以医院门诊部、住院部、社区卫生服务中心、健康管理中心以及养老机构为核心，以三级医院为轴，社区卫生服务中心和养老机构为翼，在区域内形成“五位一体、一体两翼”的全生命周期整合型医疗卫生服务体系。通过整合型卫生服务体系建设，形成发展、服务、责任、利益、管理共同体。

通过整合区域内医疗资源以及对口支援地区医疗资源，逐渐形成紧密型、结合型、融合型和覆盖型四种整合型医疗服务工作模式。通过紧密型医联体、专科医联体、对口支援、远程医疗等服务形式，将卫生服务延伸到医联体协作单位和相关区域单位，逐步形成纵向和横向覆盖的整合型医疗服务模式，达到卫生资源利用的最大化和最优化。医院向患者和居民提供医防融合、医养结合的全维度卫生健康服务，真正让患者和居民能够病有所医、老有所养。

紧密型工作模式以紧密型医联体为依托，以三级医院、社区卫生服务中心及其所属的卫生服务站为核心，推进分级诊疗和双向转诊工作，形成纵向医疗资源的整合和覆盖。辖区居民和患者在社区接受基本医疗服务，对于急危重症以及需要住院的患者通过双向转诊绿色通道及时转到三级医院进行救治，形成社区和医院间卫生服务的无间隙衔接。同时，开展医防融合工作，在基层医疗机构和三级医院之间形成有效的公共卫生服务和医疗救治的衔接。复兴医院在这种工作模式下，每年双向转诊患者人次达到近2000人次。

结合型工作模式，将区域医疗服务和养老服务相结合，实现社会资源利用的最大化共享模式。将机构养老、居家养老和医疗服务相融合，形成一体化服务模式，建立养老机构老年患者快速入院治疗的转诊机制，形成有效的医养结合服务模式。同时，深化家庭医生签约服务，将家医签约服务与居家养老服务相结合，扩大家医签约服务内涵。实现90%的老年人居家养老，6%的老人社区养老，4%的老人机构养老，提高社会资源的有效利用。

融合型工作模式，将三级医院、社区卫生服务中心和健康管理中心整合在一起。在社区居民享有基本卫生和公共卫生服务，在健康管理中心居民可进行健康体检以及进行早期癌症筛查，在三级医院进行疾病诊治、新生儿筛查和心理健康咨询，形成心理疏导、未病先治、防治结合的医疗健康服务模式，贯穿全生命周期健康服务的理念和导向。

覆盖型工作模式，以对口支援、专科医联体和远程医疗为载体，为相关单位提供三级医院优势专业医疗服务，将卫生服务覆盖范围扩展至区域外，形成横向医疗资源的整合和覆盖，提高相关单位和区域的医疗水平，减少患者的经济负担，提高全民的获得感。目前，复兴医院对青海省玉树州囊谦县人民医院开展了定向帮扶，定期下派专家到内蒙古喀喇沁旗医院、河北张北县医院和北京门头沟区斋堂医院进行帮扶和医疗专业建设，相关单位医疗水平得到了较大的提高，辖区患者得到更为有效的治疗。

3 引导区域优质医疗资源协同发展，提升医疗机构同质化发展水平

3.1 构建区域城市医疗集团

西城区辖区三级综合医疗机构较多，政府多点位投资建设、医院间单打独斗的发展模式已经不能满足公立医院高质量发展的需求。需要转变思维方式，根据居民和患者对卫生健康的需求，整合区域医疗卫生资源，按照国家紧密型城市医疗集团建设模式，构建区域城市医疗集团。西城区将依托五大片区医疗资源优势，在西南片区率先试点，整合复兴医院和广外医院两家医疗机构的优质医疗资源，在原有医联体协作模式的基础上，形成西南片区城市医疗集团。聚焦月坛街道、广外街道30余万名常住人口的多层次医疗服务需求，打破区域围墙，创新协同服务发展思维，实现共建共享的区域诊疗新格局。

3.2 打造区域医学影像中心和医学检验中心

在西城区以复兴医院为核心单位，建立区域医学影像中心和医学检验中心。根据辖区居民以及患者对医学影像检查的诊疗需求，对核心医院进行核磁、CT设备的合理配置，避免在区域内重复建设和投入。医院派专家定期对医联体协作单位进行业务指导，开展医学影像学诊断培训和讲座，提高医联体协作单位检查报告同质化水平。

区域医学检验中心依托北京市重点培育学科项目，在专业能力、科研等方面开展全面建设，不断提高整体检验专业团队业务水平以及科研能力。同时，区域内整体采取集约化建设方式，不在协作医院进行设备投入等重复建设。协作医院仅开展样本采集等基础工作，通过统一的专业物流配送，将样本及时转运至核心医院进行检验并出具报告，提高区域内整体检验结果的准确率和结果的互认。

3.3 下沉专科专家开展业务和专业指导

在医联体范围内，根据社区卫生服务的人群需求，建立《医联体人员交流计划》，核心医院派驻专家到社区卫生服务中心，进入全科医生服务团队开展业务指导，以多种形式参加社区医疗服务工作，增加社区卫生服务供给，提升整体社区卫生服务能力。目前，复兴医院已经在社区卫生服务中心建立了11个专科和全科医师联合服务团队，社区卫生服务团队的服务能力得到不断提升，居民在社区就可享受到与三级医院同等水平的卫生服务。复兴医院年均向月坛社区派出专家600余人次。

3.4 推动区域内医疗资源集约化发展

在区域内以及对口帮扶单位范围内形成人才培养衔接机制。建立管理干部轮换交流体系，人才库分层次订单制培养，加大公派外出学习交流的机会，提升管理干部和后备人才对不同地域医疗卫生管理体制机制的认识和了解。

在区卫健委的统筹下，工程施工类项目、基础运营外包服务项目实施统一采购、统一配置、统一维保，将有限的医疗资源最大程度地用于解决患者多方位、多角度的需求，大幅度降低区属医院的人力、物力、财力。

4 依托高校优质教育资源，形成医联体教学科研资源整合

依托首都医科大学优质高校资源，在紧密型医联体教学和带教方面形成“首医—复兴医院—月坛社区卫生服务中心”三位一体的整合型教学科研管理体系，对社区医务人员培训和带教工作提供有力的支持。

2017年复兴医院在北京市率先成立了全科医学科，统筹专科与全科的对接工作。每周开展一次讲课和一次主任医疗查房，每两周开展一次教学查房，医联体内社区医务人员参与病房的医疗、教学、科研工作。通过全科—专科联合查房和培训机制的建立，提高社区全科医师的综合诊疗能力。月坛社区卫生服务中心年均到复兴医院参加查房和培训近300人次。

在此基础上，依托北京市全科医师规范化培训基地，完善社区人员进修培训工作，接收社区低年资全科医师到医院进行为期半年至一年的轮转培训。同时，开展专科帮扶工作，每年制定专科—全科联

合教学查房计划，每两周开展一次联合教学查房，涉及内外妇儿等专业。

依托首都医科大学等高校，由三级医院统筹社区卫生服务中心，积极联合开展课题申报和项目研究，与医院立项课题进行一体化管理。近些年，月坛社区卫生服务中心先后获得各级科研立项累计科研经费达200余万元。积极培养社区卫生人才，先后有2人获得“215”高层次卫生技术人才培养计划一学科骨干立项、6人获得西城区优秀人才培养专项立项。

5 建议

5.1 建立分工合作的工作机制是整合型医疗服务体系有效运行的重要保障

在整合型医疗卫生服务体系内，功能整合和分工合作是促进卫生体系整合的关键，对于各级各类医疗机构，要在细分和落实功能定位的基础上，加强分工协作。在纵向上，推进医联体建设，构建责任、管理、服务、利益共同体，形成“上下结合”的网格化医疗健康服务模式。在横向上，促进医疗机构和公共卫生机构以及养老机构的深度协作，促进医防融合和医养结合。

5.2 人才梯队建设是整合型医疗服务体系可持续发展的基础

医院内部需要建立医院专业人才引入和“引智工程”机制，推进高层次和急需紧缺专业人才的引进，提高人才队伍的数量和质量，优化专业人员的结构和布局。通过引、育、培三管齐下，加快提高医院综合实力。

构建医联体内专业人才库和管理人才库，形成梯队培养管理体系。以人才梯队建设和学科带头人引入为契机，推动三级医院和医联体协作单位在专业和学科方面的可持续发展，提升在临床教学和科研方面的潜能，确保整合型医疗服务体系建设的连续性。

5.3 信息一体化是整合型医疗服务体系连续性服务的前提

医联体内各级医疗机构之间以及与养老机构之间信息化最终的互联互通是整合型医疗服务体系为患者和居民提供连续性医疗服务的重要前提。检查、检验结果通过信息一体化建设能够在医联体内各级医疗机构实现随时调阅，提高了诊疗连续性的效率。同时，医院信息系统与养老机构的对接，能够进一步促进医养结合实施的成效。

5.4 改善服务和流程再造是整合型医疗服务体系建设的必要措施

采取多种方式健全预约诊疗服务，推进远程医疗服务，加强临床路径管理，进一步推进检查检验结果互认，为患者提供一站式、一体化服务。通过优化医联体内的就诊流程，建立智慧化医院和医联体等措施，改善患者的就医体验，提升整合型医疗服务体系建设成效。在此基础上，强化医务人员的服务意识，加强与患者的沟通交流，将人文关怀贯穿于医疗卫生服务的各个环节，真正实现以人为本，以人为中心的整合型医疗卫生服务理念。

5.5 绩效管理是整合型医疗服务体系建设的有力支撑

将整合型医疗卫生服务体系建设纳入医院战略发展规划，结合国家三级公立医院绩效考核对双向转诊的考核要求，以及对业务和财务的管理要求，开展整合型医疗服务体系医院内部建设和管理。同时，完善医疗联合体的绩效考核，调动各级各类医疗机构参与医联体建设的积极性。明确责任主体及其职责，对医联体的组织管理、服务供给、人力资源、信息共享进行考核，推进整合型医疗服务体系建设。

室内环境与老年人健康

苏丽琴
（中国疾病预防控制中心环境与健康相关产品安全所，博士，研究员）

室内环境质量与健康息息相关。由于免疫力减退，机体调节耐受能力下降，且常合并基础疾病，老年人对室内环境质量的反应通常比年轻人更加敏感，是环境有害因素影响的脆弱人群。据报道，我国成年人每日有80%~90%的时间是在室内环境中度过，老年人在室内活动的时间甚至高达95%。在人口老龄化程度日益加深的背景下，住宅和公共场所室内环境对老年人健康的影响受到政府和公众的高度关注。本文从室内环境因素分类、室内环境污染来源、室内环境对老年人健康影响和老年人防护策略四个方面进行了简要梳理，以助于提升老年人环境健康意识、促进健康行为的养成。

一、室内环境污染因素

室内环境中与人体健康直接相关的因素主要分为三大类：第一类是物理性因素，包括光照、噪声、小气候（气温、气湿、气流和热辐射）、放射性氡、电磁辐射等，通常对人体体温调节、情绪、睡眠、心理等有直接影响；第二类是化学性因素，包括室内空气中的甲醛、苯系物、一氧化碳（CO）、二氧化氮（NO_2）、可吸入颗粒物（$PM_{2.5}$、PM_{10}）、多环芳烃（PAHs）、三氯乙烯和四氯乙烯等，还有室内积尘和饮用水中的重金属及邻苯二甲酸酯、多溴联苯醚、全氟化物等新兴化学污染物，经皮肤吸收或经口摄入后可造成人体全身多系统的急慢性健康损害，有的甚至可以导致癌症；第三类是生物性因素，包括空气和积尘中的细菌、病毒、真菌及毒素，可造成传染性疾病传播、过敏、基础疾病加重等健康危害。

二、室内环境污染来源

室内环境污染的来源分为室内来源和室外来源两大类。室外来源主要包括经室外空气扩散进入和人员进出带入。室内来源主要有消费品和化学品的使用、建筑和装饰材料以及个人室内活动。研究人员观测到：当发生雾霾天气时，室内空气颗粒物含量也相应增加；新建房屋或新装修后，室内甲醛、苯系物等挥发性有机物含量升高；吸烟或烹饪之后，室内CO、NO_2、PAHs、可吸入颗粒物等含量升高；家用电器或某些办公设备使用会导致噪声、电磁辐射和臭氧（O_3）污染；人自身可通过呼出气、汗液、排泄物排出CO_2、流感病毒、冠状病毒、结核杆菌、链球菌等污染物；室内打扫清洁不及时、家具家电维护保养不当可造成尘螨、霉菌等微生物滋生；室内通风换气不足、空调不及时清洗消毒还可能造成军团菌性肺炎、新型冠状病毒感染等呼吸系统传染病的暴发……总的来说，室内环境污染与个人卫生行为习惯和公共场所卫生管理水平密切相关。

三、室内环境对老年人健康影响

室内环境温度、相对湿度、噪声、采光及通风状况与老年人生活舒适度、睡眠、情绪、心理、认知功能等密切相关。老年人热敏感度较年轻人更低，体温调节能力也较差，其热偏好温度比年轻人更高。随着身体衰老，老年人视觉功能减弱，对室内采光的要求也更高，采光不足与老年人心理抑郁和认知功能下降有关，保证充足的光源对于预防跌倒误伤也非常重要。噪声过高会引起老年人头痛、烦躁、失眠、情绪失控甚至出现幻觉。室内通风不足有利于室内微生物的滋生和传播，不利于室内污染物扩散，增加老年人罹患传染性疾病和非传染性疾病的风险。

室内空气中化学性污染物暴露与老年人呼吸系统、心血管系统等健康状况密切相关。葡萄牙一项对21家长期护理院老人的研究表明，PM_{10}暴露浓度高的老年人患过敏性鼻炎的风险显著高于低暴露老年人。而一项对7个欧洲国家50家养老院人群的调查表明，PM_{10}和NO_2高暴露可显著增加老人呼吸困难和咳嗽的超额危险度，$PM_{0.1}$高暴露组罹患哮喘的风险更高，甲醛高暴露组罹患慢性阻塞性肺病的风险更高，提示应采取积极措施将污染物浓度控制到最低水平。干预试验结果显示，通过持续48小时室内颗粒物净化可显著提高老年人的微血管功能，改善老年人的循环和心肺健康，提示通过适当的空气净化调节有助于保护老年人健康。

室内微生物污染对老年人健康的危害可能更加严重。新冠病毒感染流行期间，医院和养老机构等老年人密集的公共场所发生疫情暴发的几率最高，出现阳性病例的社区邻里间发生传播的可能性也更大，凸显出加强公共场所和居家室内通风消毒及感染源管理的重要性。除新冠病毒、流感病毒、肠道病毒等病毒引发的呼吸道和胃肠道感染之外，室内环境中细菌和真菌污染导致的危害也不容忽视。室内环境中常见的嗜肺军团菌、大肠埃希菌、金黄色葡萄球菌等致病菌污染可能引起老年人的呼吸道感染、尿路感染以及皮肤感染等问题，严重威胁老年人健康。近年来，室内真菌污染的危害日益凸显，2023年初媒体报道的美国住院老年人耳念珠菌感染是侵袭性真菌感染的一个缩影。据报道，我国台湾地区65~74岁和75岁以上老年人侵袭性念珠菌的感染率分别为47.4%和64.1%，医院内住院期间65岁以上老年人的侵袭性念珠菌感染死亡率达 50.3%，美国65岁及以上住院老年患者中侵袭性念珠菌感染的死亡率也高达32%。

四、老年人防护策略

1.建设健康的住宅室内环境

公众是自身健康的第一责任人，居家环境建设更是个人主导的安全工程。

首先，要注重消除室内污染源。房屋、装潢、家具、电器以及各种生活物品的选择和使用应符合环保要求，尽量选择采光和朝向更好的房屋、更适宜老年人的装饰装修颜色和质地、对老年人更安全便利的家具和家电。针对老年人自身健康特点，消除容易触发基础疾病波动的因素，如动植物过敏原等。居室人员保持良好的卫生习惯，不吸烟，做好手卫生，保持居室的有效通风，勤于打扫、勤晒被褥、衣物，合理使用洗涤剂、消毒剂等家用化学品。当自身或家人患感染性疾病时，应及时采取戴口罩、隔离等个人防护措施，及时对患者使用的物品及废弃物进行消毒处理。为防范微生物病原通过通风管道、下水道气溶胶传播，还应注意地漏和水封的处理及马桶的科学使用，加强对空调主机和管道的清洗消毒和合理使用。

其次，要重视提高居住的舒适度。客厅和卧室种植摆放适宜的花草、养观赏鱼不仅能美化居室室内环境、提高生活情趣，还可助于抵御室内有害物质的污染、调节空气相对湿度。厨房和卫生间既是室内污染物的重要来源，也是老年人最容易发生安全意外的空间，应确保通风换气设备的正常使用，必要时还可进行适老化改造。近年来，空调、加湿器、空气净化器的使用越来越普遍，有的家庭还安装了新风系统，这对于调节室内小气候、保持室内空气清新清洁具有很好的促进作用。然而，这些空气调节设备使用中也可能带来噪声污染、臭氧污染、

（下转122页）

青蒿琥酯新型眼内缓释制剂兔血浆和眼组织分布以及代谢研究

张欣欣[1] 谢立科[2*] 郝晓凤

（1. 中国中医科学院眼科医院，博士生
2. 中国中医科学院眼科医院，主任医师，博士导师
3. 中国中医科学院眼科医院，主任医师，科主任）

【摘要】目的 考察玻璃体腔注射青蒿琥酯（artesunate, ART）眼内缓释制剂后，ART在眼组织的药代动力学特征，为药效实验提供基础数据支持。方法 1.将青紫蓝兔随机分为15组，相应组别分别右眼玻璃体腔注射低、中、高三种浓度的ART眼内缓释制剂10μL，于注药后3h、5h、17h、1d、3d取血后空气栓塞处死，采集兔血浆和右眼虹膜-睫状体、房水、玻璃体、视网膜/脉络膜。2.将生物样品进行处理，采用经过验证的超高效液相色谱-串联质谱法（ultra-high performance liquid chromatography coupled with tandem mass spectrometry, UPLC-MS/MS）测定兔血浆及眼组织中ART和双氢青蒿素（dihydroartemisinin, DHA）的浓度。结果 1.建立测定兔血浆和眼组织中ART和DHA浓度的UPLC-MS/MS法，定量范围分别为20.0~4000 ng/g 或 2.00~400 ng/mL、40.0~8000 ng/g 或 4.00~800 ng/mL。并对方法的系统适用性、专属性、干扰系数、残留、线性范围、稳定性、精密度、准确度、灵敏度、基质效应和回收率进行验证，均符合化学药物临床前药代动力学研究的参数。2.低、中、高浓度的ART眼内缓释制剂玻璃体腔注射后ART在眼组织中分布情况为：玻璃体＞房水＞视网膜/脉络膜＞虹膜-睫状体，在血浆中未见其分布。ART的活性代谢产物DHA在眼组织中分布情况为：虹膜-睫状体＞视网膜/脉络膜＞玻璃体＞房水，在血浆中未见其分布。3.ART和DHA在玻璃体、房水、视网膜/脉络膜、虹膜-睫状体中曲线下面积（area under the curve, AUC）0-3d分布均呈剂量相关性增加。二者在眼组织中的达峰时间基本一致，DHA在虹膜-睫状体和房水中的消除时间晚于ART。结论 1.玻璃体腔注射ART缓释制剂后，ART在玻璃体腔中被逐渐吸收，达峰迅速，消除缓慢；部分可代谢成其活性产物DHA，逐渐消除；ART和DHA约3天可完全消除。2.ART和DHA在玻璃体、房水、虹膜-睫状体、视网膜/脉络膜中AUC0-3d分布均呈剂量相关性增加，几乎不入体循环。3.DHA在虹膜-睫状体和房水中的消除时间晚于ART。

【关键词】青蒿琥酯；双氢青蒿素；青紫蓝兔；眼组织药物代谢动力学

作者简介：张欣欣（1992-），女（汉族），河南人，博士研究生，研究方向：中西医结合临床（眼底病方向）。

通讯作者：谢立科（1964-），男（汉族），湖南人，主任医师，医学硕士，博士研究生导师，研究方向：中西医临床（眼底病方向），E-mail: bjxielike@sina.com。

基金项目：国家自然科学基金资助项目（82174445）

药物代谢动力学，简称药代动力学，是定量研究药物在给药后如何在生物体内通过吸收、分布、代谢和排泄过程发生变化，并运用数学原理和方法阐述药物浓度随时间变化规律的一门学科[1]。了解药物浓度在排泄过程中如何变化的关键参数包括曲线下面积AUC、最大浓度（maximum concentration，C_{max}）、观察到C_{max}的时间（T_{max}）、表观消除半衰期(T1/2)等。眼睛是人体最复杂的器官之一，人体眼部解剖结构具有静态和动态的眼屏障。眼部解剖结构和屏障系统不仅阻碍蛋白质和其他大分子物质渗透进眼组织中，而且也阻碍体循环的药物进入眼内，从而降低了各种药物的眼部生物利用度以及影响局部制剂的生物利用度。所以，眼科药物的药代动力学研究包括药物在眼组织尤其是靶组织中的代谢情况和药物在全身的暴露情况。

体内药代动力学研究很复杂，需要大量分析并开发出高度敏感和特定的分析方法。拥有可靠且经过验证的方法非常重要，这些方法能够在进行药物制剂开发之前评估候选药物分子的药代动力学。高效液相色谱串联质谱法（high-performance liquid chromatography coupled with-tandem mass spectrometry，HPLC-MS/MS）是一种将液相色谱的高分离与质谱的高选择性和灵敏度相结合的分析方法。近年来，HPLC-MS/MS已广泛应用于临床实践，包括大多数小分子药物的测定、内源性化合物的测定、生物标志物的分析和遗传性疾病的筛查[2]。超高效液相色谱串联质谱法（UPLC-MS/MS）相对于HPLC-MS/MS通常具有更快的速度，更高的灵敏度、重现性和特异性。因此，可用于同时分离和测定多组生物样品[3]。近年来，Zheng[4]等人开发出LC-MS/MS法测定动物产品中ART及其代谢产物DHA含量；Chutvirasakul[5]等人开发并应用HPLC-MS/MS法同时分析药物制剂中青蒿素类药物和哌喹，数据显示出良好的线性、精密度和准确度，该方法成功应用于评估制剂中的药物含量；Li[6]等人开发并验证了一种快速灵敏的HPLC-MS/MS法，以同时测定绵羊血浆ART及其代谢产物。HPLC-MS/MS法成功地应用于ART纳米乳剂绵羊肌内注射后的药代动力学研究。目前，尚没有关于ART制剂玻璃体腔注射后在眼组织和体循环中分布特征的研究。本文成功建立一种简单、快速、灵敏、精确的UPLC-MS/MS方法，线性范围分别为2.00~400ng/mL、4.00~800ng/mL，出峰时间分别为1.47 min、1.41 min，通过一步沉淀蛋白法进行生物样品处理，将其成功应用于30%、40%、50%三种浓度的ART眼内缓释制剂兔眼玻璃体腔单次注射后的眼组织和血浆分布动力学研究。

开展ART眼内缓释制剂的药代动力学研究，对于阐明ART在体内尤其在眼组织中的药理学作用机制尤为重要，因为ART缓释制剂进入玻璃体腔后可能经过快速的生物转化产生活性更高或无活性的代谢产物。本研究采用UPLC-MS/MS方法对ART眼内缓释制剂兔眼组织代谢产物快速鉴定，确定其代谢途径。根据不同浓度ART缓释制剂在眼组织的吸收、分布、代谢和排泄规律，选择合适浓度的ART缓释制剂进行药物研发及确立给药方案，以达到最佳治疗效果；同时也为药效实验提供基础数据支持。

1 实验材料

1.1 实验动物

90只健康的青紫蓝兔，体重2.0~2.5 kg，雌雄各半，购自青岛康大生物科技有限公司，质量合格证明号：No.370823221100171552。实验动物及实验条件符合国家科学技术委员会颁布的《实验动物管理条例》，实验前适应性饲养3~7天，温度18~22℃，相对湿度40%~60%，给予标准光照周期（12h照明/12h黑暗明暗交替）。

1.2 实验药物

注射用青蒿琥酯：桂林南药股份有限公司，国药准字H10930195，60mg。

1.3 实验仪器与耗材

仪器及设备名称	生产公司	产地
塑料 EP 管	沈阳色谱仪器科学有限公司	中国
微量移液枪	Eppendorf	德国
一次性使用无菌注射器	江西锦胜医疗器械集团有限公司	中国
AB Sciex Qtrap 5500 型质谱仪	Applied Biosystems 公司	美国
超高效液相色谱仪	Waters 公司	美国
5424r小型高速冷冻离心机	艾本德公司	德国
Precellys Evolvtion 匀浆机	Bertin technologies 公司	法国
XS105 电子分析天平	Mettler Toledo 公司	瑞士
Vortex Genius 旋涡混合器	IKA 公司	德国
KQ-250DB 型数控超声波清洗器	中国昆山市超声仪器有限公司	中国
DW-86L388(J)超低温保存箱	中国青岛海尔特种电器有限公司	中国
BCD-226 冷藏冷冻箱	SIEMENS 公司	德国
Turbo Vap LV 氮气吹干仪	Biotage 公司	瑞典

1.4　实验试剂

试剂名称	生产公司	产地
色谱纯乙腈	Sigma-Aldrich 公司	美国
色谱纯甲醇	Sigma-Aldrich 公司	美国
青蒿琥酯对照品	国家标准物质中心	中国
双氢青蒿素对照品	国家标准物质中心	中国
乙氧苯柳胺对照品	国家标准物质中心	中国
色谱级甲酸	中国迪马科技有限公司	中国
超纯水	密理博	美国

2　实验方法

2.1　青蒿琥酯和双氢青蒿素同时测定的色谱和质谱条件

2.1.1　色谱条件

色谱柱：ACQUITY UPLC® BEH C18（50 mm×2.1 mm, 1.7 μm）;

保护柱：ACQUITY UPLC® BEH C18（5 mm×2.1 mm, 1.7 μm）;

流动相：A为5mM乙酸铵溶液，B为 0.1%甲酸乙腈;

洗脱方式：梯度洗脱见表1.1。

表 1.1　UPLC 流动相梯度洗脱条件

时间	Flow Rate (mL/min)	A%	B%
0	0.3	60	40
0.5	0.3	60	40
0.8	0.3	10	90
2.00	0.3	10	90
3.00	0.3	60	40

流速：0.3 mL/min;

进样量：10.0 μL;

柱温：40℃。

2.1.2　质谱条件

离子源：正离子 ESI 源;

检测方式：多重选择反应监测 MRM方式;

离子源电压：5500 V;

离子源温度：450℃ ;

Curtain Gas（N2）：35 psi;

CAD Gas（N2）：7 psi;

Gas1：50 psi;

Gas2：50 psi;

待测物ART、DHA和内标（internal standard, IS）乙氧苯柳胺的二级质谱图如图1.1所示，质谱参数如表1.2所示。

2.2　溶液的制备

2.2.1　青蒿琥酯、双氢青蒿素储备液与标准系列溶液

使用可读精度为十万分之一的电子天平称取ART对照品 10.09 mg 至 10 mL 容量瓶中，甲醇溶解并定容至刻度，得浓度为 1 mg/mL 的ART储备液，平行制备两份，编号分别为 ART_S1_1 和ART_S1_2。称取DHA对照品 10.09 mg 至 10 mL 容量瓶中，甲醇溶解并定容至刻度，得浓度为 1 mg/mL 的DHA储备液，平行制备两份，编号分别为

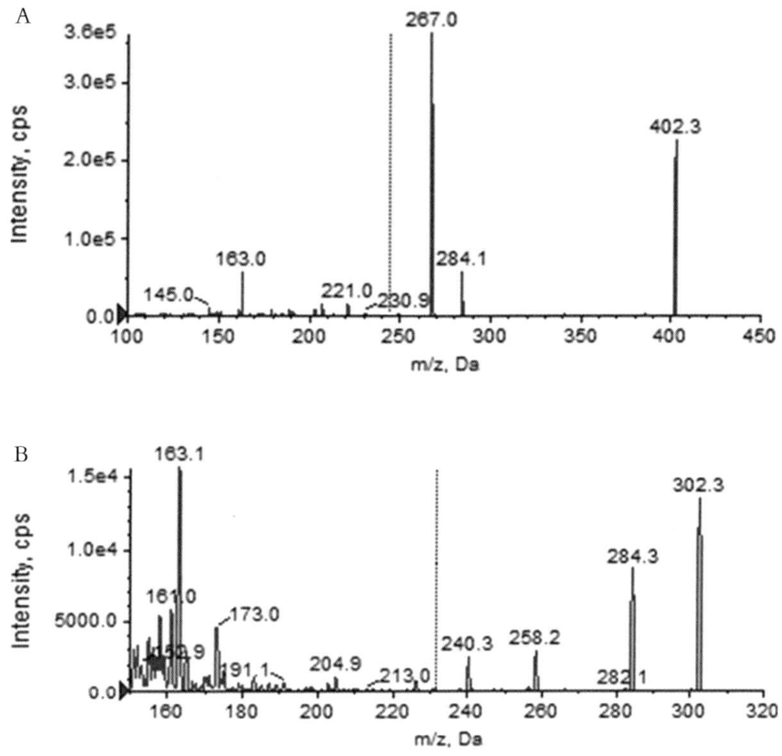

图 1.1　二级质谱图
A：青蒿琥酯；B：双氢青蒿素。

表 1.2　青蒿琥酯、双氢青蒿素和乙氧苯柳胺的质谱参数

化合物	分子离子 (m/z)	碎片离子 (m/z)	碰撞能量 (V)	去簇电压 (V)	碰撞出口电压(V)
青蒿琥酯	402.300	267.000	12	46	10
双氢青蒿素	302.100	163.100	19	19	10
乙氧苯柳胺	258.100	121.100	37	90	10

DHA_S1_1 和 DHA_S1_2。分别精密吸取ART储备液Ⅰ（ART_S1_1）2 mL 和DHA（DHA_S1_1）置于 1 mL 容量瓶中，用甲醇定容，混匀得ART浓度为100μg/mL，DHA浓度为200μg/mL的混合储备液Ⅱ（S2_1）；精密吸取混合储备液Ⅱ（S2_1）1mL于10mL量瓶中，甲醇定容至刻度，得ART和DHA浓度分别为10μg/mL和20μg/mL的混合储备液Ⅲ（S3_1）。制备待测物的系列标准溶液，过程如表1.3所示。

配制待测物储备液和标准系列溶液均存放于4℃冰箱。

2.2.2　青蒿琥酯、双氢青蒿素质控样品储备液与标准溶液

分别精密吸取ART储备液Ⅰ（ART_S1_2）2 mL和DHA（DHA_S1_2）置于1 mL 容量瓶中，用甲醇定容，混匀得ART浓度为100μg/mL，DHA浓度为200μg/mL的混合储备液Ⅱ（S2_2）；精密吸取混合储备液Ⅱ（S2_2）1mL于10mL量瓶中，甲醇定容至刻度，得ART和DHA浓度分别为10μg/mL和20μg/mL的混合储备液Ⅲ（S3_2）。制备待测物的系列标准溶液，过程如表1.4所示。

配制待测物质控样品储备液和工作液均存放于4℃冰箱。

2.2.3　内标储备液与工作液

使用可读精度为十万分之一的电子天平称取乙氧苯柳胺 10.0 mg 至 10 mL 容量瓶中，甲醇溶解并

表 1.3 青蒿琥酯和双氢青蒿素对照品系列标准溶液

工作液名称	工作液浓度 (ART/DHA)	配制过程	
		所用溶液名称	体积/溶液总体积
C7	800/1600	混合储备液 Ⅲ（S3_1）	0.8mL→10.0mL
C6	400/800	C7	5.0mL→10.0mL
C5	200/400	C6	5.0mL→10.0mL
C4	80/160	C5	4.0mL→10.0mL
C3	20/80	C4	5.0mL→10.0mL
C2	8/16	C3	4.0mL→10.0mL
C1	4/8	C2	5.0mL→10.0mL

表 1.4 青蒿琥酯和双氢青蒿素对照品质控样品系列标准溶液

工作液名称	工作液浓度 (ART/DHA)	配制过程	
		所用溶液名称	体积/溶液总体积
HQC	600/1200	混合储备液 Ⅲ（S3_2）	0.6mL→10.0mL
MQC	400/800	混合储备液 Ⅲ（S3_2）	0.4mL→10.0mL
LQC	8/16	MQC	0.2mL→10.0mL

定容至刻度，得浓度为 1.0 mg/mL 的乙氧苯柳胺储备液 I；精密吸取 1.0 mL 乙氧苯柳胺储备液 I 置于 100 mL 容量瓶中，用甲醇定容至刻度，得 10.0 μg/mL 乙氧苯柳胺储备液 II，精密吸取 2.0 mL 乙氧苯柳胺储备液 II 置于 100 mL 容量瓶中，用甲醇定容至刻度，得 100 ng/mL 乙氧苯柳胺内标工作溶液。

配制内标储备液和工作液均存放于 4℃ 冰箱。

2.3 给药方案和样品采集

2.3.1 实验药物

受试制剂 1（T1）：30%ART缓释制剂；

受试制剂 2（T2）：40%ART缓释制剂；

受试制剂 3（T3）：50%ART缓释制剂。

2.3.2 分组与给药

根据受试制剂的临床应用方式，确定给药途径为玻璃体腔注射。采用微量注射器分别玻璃体腔注射给予 10 μL 三种规格的ART缓释制剂于兔右眼。再根据受试制剂的临床应用特点，确定采集的生物样本类型为虹膜-睫状体、房水、玻璃体、视网膜/脉络膜和血浆。

单次给药：90只健康青紫蓝兔，随机分为 15 组，每组 6 只（雌雄各半）。第 1、4、7、10、13组兔右眼给予受试制剂 1（即30%ART缓释制剂）10 μL；第 2、5、8、11、14组兔右眼给予受试制剂 2（即40%ART缓释制剂）10 μL；第 3、6、9、12、15组兔双眼给予受试制剂 3（即50%ART缓释制剂）10 μL；第 1 ~3 组兔于给药 1d 后取血后空气栓塞处死；第 4~6 组兔于给药 3d 后取血后空气栓塞处死；第 7~9 组兔于给药 3 h 后取血后空气栓塞处死；第 10~12 组兔于给药 5 h 后取血后空气栓塞处死；第 13~15 组兔于给药 17 h 后取血后空气栓塞处死。采集兔血浆和右眼虹膜-睫状体、房水、玻璃体、视网膜/脉络膜。

虹膜-睫状体经蒸馏水清洗三遍后，用滤纸吸干。虹膜-睫状体及视网膜/脉络膜称重。采用蒸馏水按 1: 10（g/mL）的比例进行匀浆，制成眼组织匀浆液。所有生物样本于−80℃冻存。

2.3.3 生物样品处理方法

将上述样品从−80℃ 冰箱取出，室温融化后，取 50 μL 兔眼组织匀浆液或玻璃体或房水或血浆，置于 1.5 mL 塑料 EP管中，分别加入 25 μL 内标（乙氧苯柳胺甲醇溶液，200 ng/mL），175 μL 甲醇，涡旋 1 min，4℃ 14500 rpm 离心 10 min。取上清液

200 μL 置于内插管中，4℃ 14500 rpm 离心 5 min，取 10.0 μL 进行 UPLC-MS/MS 定量分析。

2.3.4 标准曲线样品的制备

取空白兔眼组织匀浆液或房水或血浆 50 μL，置于 1.5 mL 塑料 EP管中，分别加入混合标准工作溶液（C1~C7 溶液）25 μL，内标 25 μL，甲醇 150μL，涡旋 1 min，4℃ 14500 rpm 离心 10 min 后，取上清液 200 μL 置于内插管中，4℃ 14500 rpm 离心 5 min，取 10.0 μL 进行 UPLC-MS/MS 定量分析。

2.4 分析方法验证

2.4.1 系统适用性

向 50 μL 水中分别加入 150 μL 甲醇、25 μL 内标和 25 μL 工作液 C1（ART/DHA，4/8 ng/mL），涡旋 1 min 后，取上清液 200 μL 置于内插管中，4℃ 14500 rpm 离心 5 min，取 10.0 μL 进行 UPLC-MS/MS 定量分析；同一溶液连续进样六针。

2.4.2 方法专属性

分别取六个不同来源的空白兔眼组织匀浆液 50 μL，除不加内标溶液（改加同体积甲醇溶液）外，其余按“2.3.3”项下操作，进行 UPLC-MS/MS 分析，并获取空白眼组织色谱图；按“2.3.4”项下操作，配制 LLOQ 浓度模拟眼组织样品色谱图；取兔给药后的眼组织样品，按“2.3.3”项下操作，进行 UPLC-MS/MS 分析，得到代表性色谱图，获取实际生物样品色谱图。

2.4.3 内标与待测物交义干扰

分别配制只含有内标的生物样品（Control-0）和只含有标准曲线最高浓度的ART生物样品（ULOQ），按“2.3.3”项下操作，进行 UPLC-MS/MS 分析，考察ART和内标之间，DHA和内标之间定量分析产生的影响。

2.4.4 进样残留情况

在定量上限进样后，设置 4 个空白样品来考察残留。

2.4.5 线性范围与灵敏度

取空白视网膜/脉络膜样品 50 μL，按照“2.3.4”项下制备校正曲线样品，每个浓度进行双样本分析。以待测物浓度（x）为横坐标，待测物与内标物的峰面积比值（y）为纵坐标，用加权最小二乘法（权重为 $1/x^2$）进行回归运算，求得的直线回归方程即为校正曲线。

2.4.6 准确度和精密度

按照“2.3.4 ”项下方法分别配制ART、DHA兔视网膜/脉络膜的低、中、高三个浓度的质控样品（quality control, QC），每个批次每个浓度 6 个样品，连续三批，QC 样品的浓度由该批次的标准曲线确定。

2.4.7 基质效应与回收率

使用六个不同来源兔视网膜/脉络膜空白基质，计算每一浓度未经提取生物样品峰面积（即由空白基质提取后加入待测物和内标）除以不含生物基质样品平均峰面积分别计算待测物和内标的基质因子。进一步通过分析物的基质因子除以内标的基质因子，计算经内标归一化的基质因子。另以每一浓度提取后样品峰面积除以未经提取样品峰面积分别计算待测物和内标的回收率。

2.4.8 稳定性

25 μL 低（8 ng/mL、16 ng/mL, LQC）、高（600ng/mL、1200 ng/mL, HQC）两个浓度水平的质控样品，40℃ 氮气吹干，加 50 μL 空白视网膜/脉络膜匀浆液，涡旋复溶。达到考察条件时（室温放置 5 h、4 次冻融循环、−80℃ 长期冻存、样品处理后进样器 4℃ 放置 48 h），按“2.3.3 项下”操作，进行 UPLC-MS/MS 分析。ART、DHA及内标标准贮备液及工作液 4℃ 冰箱放置 86天及室温放置 24 h 后，与现配制的贮备液及工作液进行比较分析。

2.5 数据处理

为了保证数据的精密性，本实验采用计算机软件默认的四舍五入规则，对于所有数据保留 4 位有效数字；若大于 1, 000 的数据留至整数位；均值与数据修约方式相同；相对误差（relative error, RE）、标准偏差（standard deviation, SD）和相对标准偏差（relative standard derivation, RSD）保留至小数点后 1 位。

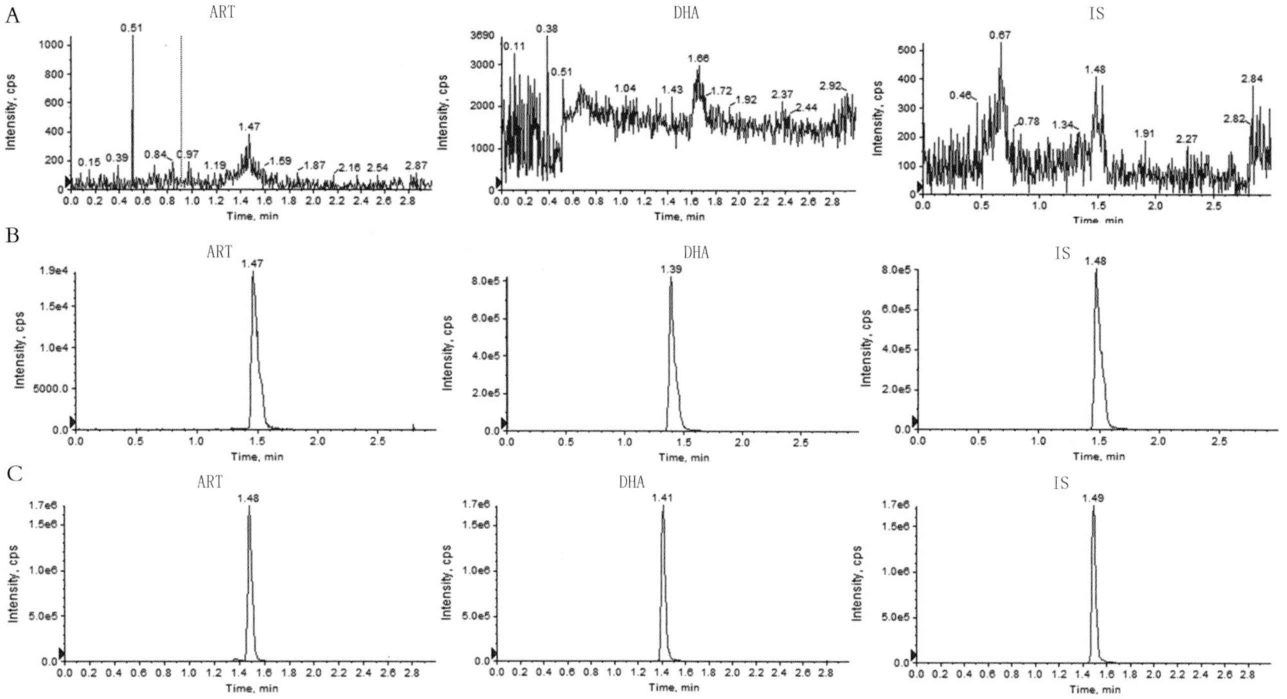

图 1.2　专属性考察色谱图
A：空白视网膜 / 脉络膜，B：加入 LLOQ 浓度青蒿琥酯的模拟视网膜 / 脉络膜组织样品，
C：高剂量组玻璃体腔给药后兔视网膜 / 脉络膜样品。

2.6　统计分析

本研究中所有数据采用 IBM SPSS Statistics 软件进行数据统计分析，使用 Graph Pad Prism 8.0.2 进行AUC计算及图表制作，实验数据以平均值±标准差表示。

3　结果

3.1　UPLC-MS/MS 定量分析方法验证结果

3.1.1　系统适用性

视网膜/脉络膜样品中ART、DHA与内标峰面积 RSD 分别不大于 2.8%、10.0%和3.6%；房水样品中ART、DHA与内标峰面积 RSD 分别不大于 2.1%、2.5%和 1.5%；虹膜-睫状体样品中ART、DHA与内标峰面积RSD 分别不大于 3.3%、6.3%和 4.5%；玻璃体样品中ART、DHA与内标峰面积 RSD 分别不大于 3.2%、4.6%和 1.7%；血浆样品中ART、DHA与内标峰面积 RSD 分别不大于 3.1%、2.9%和1.8%。均在允许范围（15%）以内，且色谱峰型均对称，说明本方法的系统适应性良好，适于进行相应批次的样品分析。

3.1.2　方法专属性

ART的保留时间为 1.47 min，DHA的保留时间为 1.41 min，内标的时间为 1.49 min。结果表明，在上述色谱条件下，内源性物质不干扰眼组织和血浆中ART、DHA和内标的测定。如图 1.2 所示。

3.1.3　内标与待测物交叉干扰

如表 1.5 所示，内标与ART的干扰系数分别为 0.2%和6.5%；表 1.6所示，内标与DHA的干扰系数分别为 0.2%和 6.5%，均在要求范围内。代表性图谱如图 1.3 所示。

3.1.4　进样残留情况

视网膜/脉络膜方法学验证的三批校正曲线最高浓度样品之后的空白样品中干扰组分的响应低于 LLOQ 响应的 1/5，低于内标响应的 1/20，无明显残留，结果如表 1.7、表1.8 所示。

3.1.5　线性范围

视网膜/脉络膜匀浆液基质中ART和DHA含量测定的三天标准曲线校正结果见表 1.9、表1.10，7

表 1.5　UPLC–MS/MS 法测定兔视网膜 / 脉络膜中青蒿琥酯和内标交叉干扰情况

Sample	Peak area		Interference%
	ART	IS	
ULOQ_01	13600000	10600	0.3
ULOQ_02	13400000	5950	0.2
ULOQ_03	13600000	3390	0.1
Average			0.2
Control_01	5320	3820000	6.1
Control_02	5300	3820000	6.1
Control_03	6500	3880000	7.5
Average			6.5

表 1.6　UPLC–MS/MS 法测定兔视网膜 / 脉络膜中双氢青蒿素和内标交叉干扰情况

Sample	Peak area		Interference%
	ART	IS	
ULOQ_01	2930000	10600.0	0.3
ULOQ_02	2880000	5950.0	0.2
ULOQ_03	2880000	3390	0.1
Average			0.2
Control_01	1070	3820000	7.7
Control_02	564	3820000	4.0
Control_03	1100	3880000	7.9
Average			6.5

个浓度点的校正标样的准确度均在 85%~115%之间，视网膜/脉络膜匀浆液基质中校正曲线斜率的精密度（RSD）为 0.7%，相关系数均大于 0.99。各生物基质中ART和DHA的校正曲线见表 1.11、表1.12，应用本研究建立的方法，测定生物样品中ART浓度的线性范围为 20.0~4000 ng/g 或 2.00~400 ng/mL。测定生物样品中DHA浓度的线性范围为 40.0~8000 ng/g 或 4.00~800 ng/mL。结果表明，本方法下线性关系良好。

3.1.6　定量下限、精密度和准确度

按照“2.3.4”项下配制LLOQ样品，代表性图谱见图 1.2 B，数据见表 1.13、表1.14。视网膜/脉络膜匀浆液基质中，在LLOQ的浓度下，ART色谱峰的信噪比（S/N）> 10，相对误差（RE）为-5.1%，日内精密度为9.6%，日间精密度为11.0%；DHA色谱峰的信噪比（S/N）> 10，相对误差（RE）为-5.2%，日内精密度为 11.0%，日间精密度为 9.2%；表明本方法测定视网膜/脉络膜匀浆液中ART浓度的定量下限（LLOQ）可以达到 2.00 ng/mL，DHA浓度的定量下限（LLOQ）可以达到 2.00 ng/mL。视网膜/脉络膜匀浆液基质中ART各浓度水平 QC 样品的相对误差（RE）在-13.9%~-1.3%之间，批内精密度（RSD）在 5.5%~7.7%之间，批间精密度（RSD）在 6.9%~9.2%之间；DHA各浓度水平 QC

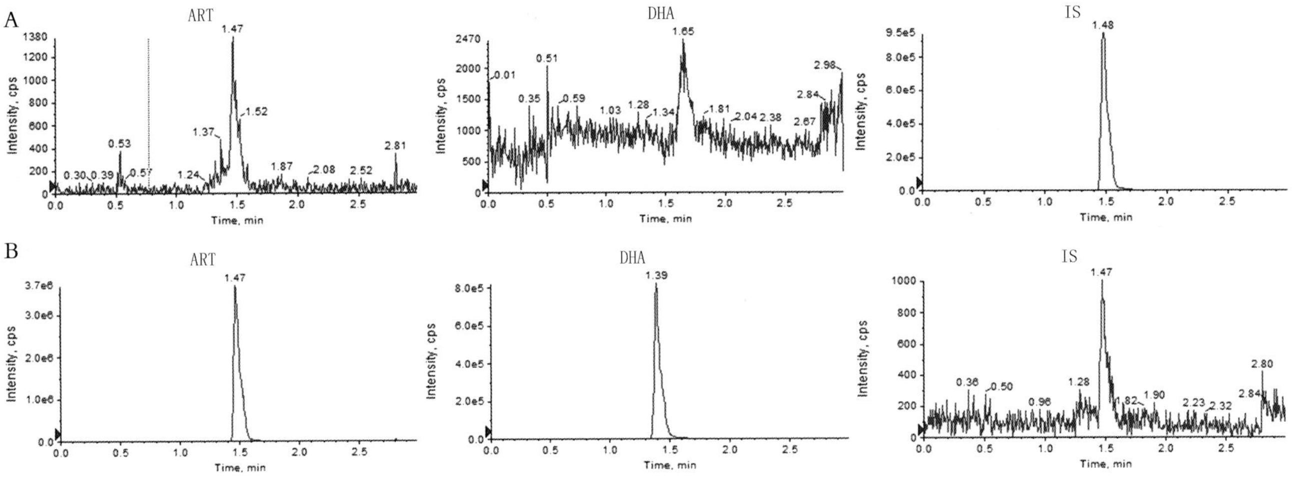

图 1.3　交叉干扰色谱图

A：只含有内标的兔视网膜 / 脉络膜样品（Control−0），B：只含有青蒿琥酯的兔视网膜 / 脉络膜样品（ULOQ）。

表 1.7　UPLC−MS/MS 法测定兔视网膜 / 脉络膜中青蒿琥酯残留情况（峰面积）

No.	Carryover blank		C1 (LLOQ)		ART carryover%	IS carryover%
	ART Peak Area	IS Peak Area	ART Peak Area	IS Peak Area		
1	4970	8090	76800	3100000	6.5	0.3
2	567	18100	78900	2830000	0.7	0.6
3	3400	3500	84400	2940000	4.0	0.1
4	4970	8090	76800	3100000	6.5	0.3

表 1.8　UPLC−MS/MS 法测定兔视网膜 / 脉络膜中双氢青蒿素残留情况（峰面积）

No.	Carryover blank		C1 (LLOQ)		DHA carryover%	IS carryover%
	DHA Peak Area	IS Peak Area	ART Peak Area	IS Peak Area		
1	570	8090	18100	3980000	3.1	0.2
2	550	8100	13700	2680000	4.0	0.3
3	361	6160	12400	2940000	2.9	0.2
4	570	8090	18100	3980000	3.1	0.2

样品的相对误差（RE）在-14.5%~-3.0%之间，批内精密度（RSD）在7.4%~10.8%之间，批间精密度（RSD）在7.3 %~9.8%之间；均符合有关生物样品分析方法确证的要求。

3.1.7　基质效应和回收率

视网膜/脉络膜匀浆液中，待测物ART在低、中、高三浓度水平的内标归一化基质效应为94.7%~107.8%，RSD为4.7%~10.5%，结果见表1.15。待测物DHA在低、中、高三浓度水平的内标归一化基质效应为94.7%~114.3%，RSD为2.7%~9.9%，结果见表1.16，符合相关规定。基质效应不会对视网膜/脉络膜匀浆液中ART和DHA的定量分析产生影响。在选择的样品处理条件下，在低、中、高三个QC浓度水平视网膜/脉络膜匀浆液中ART的提取回收率为84%~101%，RSD为6.4%~27.5%，DHA的提取回收率为91.0%~ 97.0%，RSD为2.3%~3.9%，内标乙氧苯柳胺的提取回收率为102%，平行测定的RSD为6.3%，结果见表1.17、

表 1.9　UPLC-MS/MS 法测定兔视网膜 / 脉络膜匀浆液中青蒿琥酯的校正曲线各浓度点测定值

分析批	青蒿琥酯兔视网膜/脉络膜组织浓度(ng/mL)						
	2.00	4.00	10.0	20.0	100	200	400
01	1.87	3.47	11.5	35.6	109	229	376
	2.25	4.03	10.1	43.9	110	182	356
02	1.95	4.12	9.57	39.1	107	200	395
	2.06	3.99	9.61	37.7	103	206	410
03	1.91	3.65	10.1	36.0	100	203	388
	2.14	4.03	10.9	40.5	99.4	204	419
平均值	2.03	3.88	10.1	38.8	105	204	390
标准差	0.1	0.3	0.5	3.1	4.6	15.3	23.0
RSD（%）	7.1	6.7	5.3	8.0	4.4	7.5	5.9
RE（%）	1.4	-2.9	0.6	-3.0	4.5	1.9	-2.4

表 1.10　UPLC-MS/MS 法测定兔视网膜 / 脉络膜匀浆液中双氢青蒿素的校正曲线各浓度点测定值

分析批	双氢青蒿素兔视网膜/脉络膜组织浓度(ng/mL)						
	4.00	8.00	20.0	80.0	200	400	800
01	4.32	7.07	21.4	68.6	210	454	773
	3.78	8.07	21.9	79.2	223	376	692
02	3.77	7.83	18.4	73.4	215	410	830
	4.29	8.48	18.7	72.6	209	419	834
03	3.71	7.91	20.4	68.7	197	422	767
	4.24	8.14	21.5	76.2	202	413	845
平均值	4.02	7.92	20.4	73.1	209	416	790
标准差	0.3	0.5	1.5	4.2	9.1	24.9	58.5
RSD（%）	7.3	6.0	7.4	5.7	4.3	6.0	7.4
RE（%）	0.5	-1.1	1.9	-8.6	4.7	3.9	-1.3

表 1.11　UPLC-MS/MS 法测定兔生物组织中青蒿琥酯的校正曲线线性参数

生物样本	线性方程	相关系数	线性范围
房水	y =0.00584x + 0.00401	0.9954	
血浆	y =0.00769x + 0.00293	0.9944	2.00~400ng/mL
玻璃体	y =0.00575x + 0.00165	0.9991	
虹膜-睫状体	y =0.00584x + 0.00401	0.9954	20.0~4000ng/g

表 1.12　UPLC-MS/MS 法测定兔生物组织中双氢青蒿素的校正曲线线性参数

生物样本	线性方程	相关系数	线性范围
房水	y =0.00255x + 0.00129	0.9986	
血浆	y =0.0029x + 0.000724	0.9963	4.00~800ng/mL
玻璃体	y =0.00241x + 0.000757	0.9965	
虹膜-睫状体	y =0.00248x + 0.00239	0.9928	40.0~8000ng/g

表 1.13 UPLC–MS/MS 法测定兔视网膜 / 脉络膜中青蒿琥酯最低定量限、精密度与准确度

分析批	标示浓度							
	2.00ng/mL		4.00ng/mL		200ng/mL		300ng/mL	
	测定值（ng/mL）	准确度（%）	测定值（ng/mL）	准确度（%）	测定值（ng/mL）	准确度（%）	测定值（ng/mL）	准确度（%）
01	1.568	-21.6	3.878	-3.1	173.6	-13.2	256.1	-14.6
	1.596	-20.2	3.487	-12.8	189.4	-5.3	253.6	-15.5
	1.932	-3.4	3.871	-3.2	179.8	-10.1	265.7	-11.4
	1.797	-10.2	4.044	1.1	164.1	-18.0	256.7	-14.4
	1.821	-9.0	3.174	-20.7	161.5	-19.3	248.5	-17.2
	1.725	-13.8	4.051	1.3	164.5	-17.8	261.7	-12.8
02	2.060	3.0	5.639	41.0	188.5	-5.8	231.1	-23.0
	1.995	-0.2	4.450	11.3	206.7	3.3	232.1	-22.6
	2.185	9.3	3.867	-3.3	198.1	-1.0	258.4	-13.9
	2.296	14.8	4.278	6.9	230.2	15.1	234.4	-21.9
	1.595	-20.3	4.062	1.6	198.1	-1.0	258.0	-14.0
	1.611	-19.5	4.045	1.1	200.3	0.2	259.1	-13.6
03	2.051	2.6	3.481	-13.0	186.8	-6.6	283.0	-5.7
	1.785	-10.8	3.758	-6.1	207.0	3.5	277.4	-7.5
	1.740	-13.0	3.846	-3.9	193.8	-3.1	302.8	0.9
	1.624	-18.8	3.498	-12.6	223.6	11.8	309.1	3.0
	1.655	-17.3	3.058	-23.6	201.5	0.8	306.8	2.3
	1.474	-26.3	3.372	-15.7	216.8	8.4	320.4	6.8
平均值	1.897		3.901		197.4		258.2	
标准差	0.2		0.3		13.6		23.7	
RE	-5.1		-2.5		-1.3		-13.9	
批内RSD	9.6		7.7		6.8		5.5	
批间RSD	11.0		7.4		6.9		9.2	
样本数	18		18		18		18	

表 1.14 UPLC-MS/MS 法测定兔视网膜 / 脉络膜中双氢青蒿素最低定量限、精密度与准确度

分析批	标示浓度							
	2.00ng/mL		4.00ng/mL		200ng/mL		300ng/mL	
	测定值（ng/mL）	准确度（%）	测定值（ng/mL）	准确度（%）	测定值（ng/mL）	准确度（%）	测定值（ng/mL）	准确度（%）
01	3.631	-9.2	7.979	-0.3	357.6	-10.6	510.4	-14.9
	3.675	-8.1	7.474	-6.6	430.0	7.5	526.2	-12.3
	4.192	4.8	7.832	-2.1	397.4	-0.7	530.2	-11.6
	4.374	9.3	9.199	15.0	342.5	-14.4	517.1	-13.8
	3.947	-1.3	6.868	-14.2	346.5	-13.4	494.9	-17.5
	3.205	-19.9	8.884	11.1	349.3	-12.7	538.9	-10.2
02	3.516	-12.1	8.286	3.6	381.8	-4.6	466.3	-22.3
	4.036	0.9	7.910	-1.1	396.1	-1.0	486.7	-18.9
	4.215	5.4	7.692	-3.9	417.0	4.3	526.8	-12.2
	3.976	-0.6	8.433	5.4	492.2	23.1	500.4	-16.6
	3.215	-19.6	7.901	-1.2	406.8	1.7	538.6	-10.2
	3.624	-9.4	8.169	2.1	407.1	1.8	546.8	-8.9
03	4.079	2.0	6.817	-14.8	359.6	-10.1	564.6	-5.9
	3.562	-11.0	7.536	-5.8	415.0	3.8	519.6	-13.4
	3.441	-14.0	7.656	-4.3	388.4	-2.9	583.2	-2.8
	3.735	-6.6	6.287	-21.4	475.6	18.9	572.8	-4.5
	4.054	1.4	5.139	-35.8	402.3	0.6	565.0	-5.8
	3.066	-23.4	6.832	-14.6	411.6	2.9	651.0	8.5
平均值	3.7928		7.7503		388.06		512.75	
标准差	0.3		0.8		28.3		37.7	
RE	-5.2		-3.1		-3.0		-14.5	
批内RSD	11.0		10.8		9.5		7.4	
批间RSD	9.2		9.8		7.3		7.3	
样本数	18		18		18		18	

表 1.15　UPLC-MS/MS 法测定兔视网膜 / 脉络膜中青蒿琥酯的基质效应

生物基质批号	LQC(10.0 ng/mL)			MQC(100 ng/ mL)			HQC(400 ng/ mL)		
	待测物面积比 a	内标面积比 a	内标归一化基质效应因子 b	待测物面积比 a	内标面积比 a	内标归一化基质效应因子 b	待测物面积比 a	内标面积比 a	内标归一化基质效应因子 b
	93.3	86.8	107.4	106.4	98.5	108.0	102.7	98.8	104.0
	110.6	103.5	106.9	110.1	115.5	95.3	98.3	98.4	100.0
	87.7	106.4	82.4	102.6	96.0	106.9	99.2	92.4	107.3
	101.2	96.2	105.2	105.3	102.8	102.4	104.5	94.2	110.9
	87.2	82.1	106.2	93.9	87.5	107.3	96.3	86.1	111.7
	99.4	95.5	104.1	103.0	91.8	112.2	111.0	98.5	112.7
均值	98.4	95.1	101.2	103.6	98.7	105.4	102.0	94.7	107.8
SD%	8.7	9.3	10.6	5.5	9.8	5.8	5.3	5.0	5.0
RSD%	8.8	9.8	10.5	5.3	9.9	5.5	5.2	5.2	4.7
总计 均值					105.0				
总计 SD%					7.3				
总计 RSD%					7.0				

表 1.16　UPLC-MS/MS 法测定兔视网膜 / 脉络膜中双氢青蒿素的基质效应

生物基质批号	LQC(10.0 ng/mL)			MQC(100 ng/ mL)			HQC(400 ng/ mL)		
	待测物面积比 a	内标面积比 a	内标归一化基质效应因子 b	待测物面积比 a	内标面积比 a	内标归一化基质效应因子 b	待测物面积比 a	内标面积比 a	内标归一化基质效应因子 b
	104.4	86.8	120.2	110.6	98.5	112.3	106.0	98.8	107.3
	132.2	103.5	127.7	113.7	115.5	98.4	102.8	98.4	104.5
	108.2	106.4	101.8	104.1	96.0	108.5	107.4	92.4	116.2
	122.8	96.2	127.7	106.0	102.8	103.1	110.8	94.2	117.6
	111.4	82.1	135.7	102.3	87.5	116.9	104.2	86.1	120.9
	107.1	95.5	112.1	106.0	91.8	115.4	108.4	98.5	110.0
均值	114.3	95.1	117.9	107.1	98.7	109.1	106.6	94.7	112.8
SD%	10.8	9.3	11.1	4.2	9.8	7.2	2.9	5.0	6.4
RSD%	9.5	9.8	9.1	4.0	9.9	6.6	2.7	5.2	5.7
总计 均值					114.2				
总计 SD%					8.6				
总计 RSD%					7.5				

a 面积比计算方法：生物基质相面积/溶剂相面积均值 100%；

b 归一化基质效应因子计算方法：待测物面积比/内标面积比 100%。

表 1.17 UPLC-MS/MS 法测定兔视网膜 / 脉络膜中青蒿琥酯的回收率

标示浓度（ng/mL）	视网膜/脉络膜匀浆液			
	青蒿琥酯			内标
	4	200	300	200
回收率（%）	102.0	93.5	103.4	111.3
	92.7	89.9	96.6	107.6
	89.2	90.5	97.5	95.7
	93.9	99.6	100.0	100.3
	38.0	112.1	112.6	104.3
	87.4	102.1	95.0	95.4
样本数	6	6	6	6
平均值	84	98	101	102
标准差	23.0	8.5	6.5	6.5
RSD (%)	27.5	8.7	6.4	6.3

表 1.18 UPLC-MS/MS 法测定兔视网膜 / 脉络膜中双氢青蒿素的回收率

标示浓度（ng/mL）	视网膜/脉络膜匀浆液			
	青蒿琥酯			内标
	4	200	300	200
回收率（%）	88.0	92.1	96.2	111.3
	89.8	97.7	95.7	107.6
	92.4	94.4	88.4	95.7
	91.5	99.4	93.2	100.3
	93.8	101.1	98.4	104.3
	90.3	97.2	97.7	95.4
样本数	6	6	6	6
平均值	91.0	97.0	94.9	102
标准差	2.1	3.3	3.7	6.5
RSD (%)	2.3	3.4	3.9	6.3

表 1.19 青蒿琥酯兔视网膜 / 脉络膜匀浆液样品不同条件下稳定性

理论浓度（ng/mL）	室温 5 h		处理后 48 h		4 次冻融循环		-80℃ 74 天	
	RE%	RSD%	RE%	RSD%	RE%	RSD%	RE%	RSD%
4	-5.7	7.8	-2.8	9.0	-1.7	11.7	-1.7	7.7
300	1.1	4.8	-5.2	4.4	-8.8	5.6	2.2	7.5

表 1.20 双氢青蒿素兔视网膜 / 脉络膜匀浆液样品不同条件下稳定性

理论浓度（ng/mL）	室温 5 h		处理后 48 h		4 次冻融循环		-80℃ 74 天	
	RE%	RSD%	RE%	RSD%	RE%	RSD%	RE%	RSD%
4	-2.4	6.2	-14.2	13.5	-10.0	3.4	-3.1	3.7
300	-2.0	6.3	-10.0	3.8	-8.0	1.0	0.7	13.6

表 1.21 青蒿琥酯储备液及工作液 4℃放置 86 天及室温放置 24 h 的稳定性

青蒿琥酯	理论浓度（ng/mL）	室温 24 h		4℃ 86 天	
		峰面积比%	RSD%	峰面积比%	RSD%
储备液	800	96.6	10.6	99.2	9.0
工作液	4	93.9	11.0	100.9	12.9
	800	96.5	7.1	91.3	2.3

表 1.22 双氢青蒿素储备液及工作液 4℃放置 86 天及室温放置 24 h 的稳定性

青蒿琥酯	理论浓度（ng/mL）	室温 24 h		4℃ 86 天	
		峰面积比%	RSD%	峰面积比%	RSD%
储备液	800	99.1	5.9	97.7	3.7
工作液	4	94.6	14.7	108.5	13.7
	800	95.5	6.4	88.6	3.7

表 1.23 内标储备液及工作液 4℃放置 86 天及室温放置 24 h 的稳定性

青蒿琥酯	理论浓度（ng/mL）	室温 24 h		4℃ 86 天	
		峰面积比%	RSD%	峰面积比%	RSD%
储备液	200	96.7	7.1	108.8	11.0
工作液	200	99.7	8.3	99.9	6.2

表1.18，表明可采用甲醇沉淀蛋白法对ART、DHA和内标进行样品前处理。

3.1.8 样品稳定性

ART和DHA视网膜/脉络膜样品室温放置 5 h、-80℃ 冻存 74 天、经 4 次冻融循环和经处理后于4℃进样器内放置 48 h 均稳定（RE 分别在 −8.8%~2.2% 之间、−14.2%~0.7%之间）。ART和DHA标准贮备液 4℃ 冰箱放置 86天和室温放置 24 h 稳定（ART峰面积比分别为 99.2%，96.6%。DHA峰面积比分别为 97.7%，99.1%）；ART和DHA低、高质控浓度水平工作液 4℃ 放置 86 天和室温放置 24 h 稳定（ART 峰面积比分别为 100.9%、93.9%和 91.3%、96.5%。DHA峰面积比分别为108.5%、94.6%和 88.6%、95.5%）；内标贮备液及工作液 4℃ 放置 86 天和室温放置 24 h 稳定（峰面积比分别为 108.8%、96.7%和 99.9%、99.7%）。结果分别见表 1.19~1.23。

3.2　兔单次玻璃体腔注射给药后组织分布情况及剂量-药代参数关系

兔单次右眼玻璃体腔注射30%、40%、50%三剂量ART缓释制剂后各时间点眼组织和血浆中ART浓度见表1.24，ART在各眼组织分布如图1.4所示；采用WinNonLin软件计算ART在各眼组织中主要的药动学参数，结果见表1.26；三个浓度ART缓释制剂单次玻璃体腔给药后各时间点ART眼组织分布AUC0-3d数据见表1.24，AUC0-3d分布见图1.6。

结果显示，三浓度ART缓释制剂单次玻璃体腔注射后ART在眼组织的分布如下：玻璃体＞房水＞视网膜/脉络膜＞虹膜-睫状体，在血浆中未见其分布。30%、40%和50%ART缓释制剂单次玻璃体腔给药后，玻璃体组织中ART达峰浓度及达峰时间分别为70398 ng/mL（Tmax: 3h）、70741 ng/mL（Tmax: 5 h）和199800 ng/mL（Tmax: 3h）；随后缓慢消除，3d玻璃体中已基本检测不到ART。三浓度缓释制剂单次给药后，房水中ART达峰浓度及达峰时间分别为612 ng/mL（Tmax: 3h）、791 ng/mL（Tmax: 5 h）和1050 ng/mL（Tmax: 3h）；随后缓慢消除，17h房水中已基本检测不到ART。三浓度缓释制剂单次给药后，视网膜/脉络膜中ART均是5h达峰，达峰浓度分别为33.2 ng/g、105 ng/g和1129 ng/g；随后缓慢消除，在17h视网膜/脉络膜中ART已基本消除。给药后，虹膜-睫状体中ART达峰浓度及达峰时间分别为26.7 ng/g（Tmax: 3h）、34.4 ng/g（Tmax: 5 h）和78.7 ng/g（Tmax: 3h）；随后缓慢消除，17h虹膜-睫状体中已检测不到ART。ART在玻璃体、房水、视网膜/脉络膜、虹膜-睫状体中AUC0-3d分布均呈剂量相关性增加。在血浆中未有ART分布，所有时间点均低于检测定量下限。

3.3　青蒿琥酯缓释制剂兔眼组织代谢分析

DHA是已知的ART的活性代谢产物，兔右眼玻璃体腔注射30%、40%、50%三剂量ART缓释制剂后各时间点眼组织和血浆中DHA浓度见表1.25，DHA在各眼组织分布如图1.5所示；采用WinNonLin软件计算DHA在各眼组织中主要的药动学参数，结果见表1.27；三个浓度ART缓释制剂单次玻璃体腔给药后各时间点DHA眼组织分布AUC0-3d数据见表1.25，AUC0-3d分布见图1.7。

结果显示，三浓度ART缓释制剂玻璃体腔注射后DHA在眼组织的分布如下：虹膜-睫状体＞视网膜/脉络膜＞玻璃体＞房水，在血浆中未见其分布。30%、40%和50%ART缓释制剂单次玻璃体腔给药后，虹膜-睫状体中DHA达峰浓度及达峰时间分别为25290 ng/g（Tmax: 3h）、34409 ng/g（Tmax: 5 h）和105162 ng/g（Tmax: 3h）；随后缓慢消除，3d虹膜-睫状体中仍可检测到微量DHA。三浓度缓释制剂单次给药后，视网膜/脉络膜中DHA达峰浓度及达峰时间分别为19591 ng/g（Tmax: 3h）、21019 ng/g（Tmax: 5 h）和76560 ng/g（Tmax: 3h）；随后缓慢消除，17h视网膜/脉络膜中DHA已完全消除。玻璃体组织中DHA达峰浓度及达峰时间分别为16586 ng/mL（Tmax: 3h）、14683 ng/mL（Tmax: 5 h）和38648 ng/mL（Tmax: 3h）；随后缓慢消除，3d玻璃体中已基本检测不到DHA。三浓度缓释制剂单次给药后，房水中DHA达峰浓度及达峰时间分别为1268 ng/mL（Tmax: 3h）、395 ng/mL（Tmax: 5 h）和4980 ng/mL（Tmax: 3h）；随后缓慢消除，3d房水中已基本检测不到DHA。DHA在玻璃体、房水、视网膜/脉络膜、虹膜-睫状体中AUC0-3d分布均呈剂量相关性增加。在血浆中未有DHA分布，所有时间点均低于检测定量下限。DHA和ART在眼组织中的达峰时间基本一致，DHA在虹膜-睫状体和房水中的消除时间晚于ART。

4　讨论

本实验成功开发出一种UPLC-MS/MS法，并对其进行了全面验证，可用于分析ART和DHA。首先分别考察了ESI源“正”和“负”两种扫描模式，研究发现正离子条件下ART离子化响应较好。待测化合物的保留时间、色谱峰型以及质谱响应强度是在优化色谱条件时主要考虑的因素，对比了乙酸铵溶液和0.1%甲酸乙腈系统的流动相，发现后者ART分离度较好，可以得到更好的峰型。ART和DHA视网

表 1.24　兔单次给予 10 μL 三剂量青蒿琥酯后眼组织和血浆中青蒿琥酯浓度

组织	时间	青蒿琥酯浓度（ng/g or ng/mL） AUC0-3d（ng·h/g or ng·h /mL）		
		30%	40%	50%
视网膜/脉络膜	3h	29.6±6.2	35.1±38.5	422±694.2
	5h	33.2±27.9	105±49.55	1129±1169.6
	17h	10.0±0	10.0±0	10.0±0
	1day	10.0±0	10.0±0	10.0±0
	3day	10.0±0	10.0±0	10.0±0
	AUC0-3d	916.4	1432.8	9568.0
玻璃体	3h	70398±15022.9	36192±34371.9	199800±136511.4
	5h	30473±14961.1	76741±49291	96462±47458.6
	17h	7.86±9.2	87.9±150.3	132±138.1
	1day	2.51±3.7	1.00±0	2.17±2.4
	3day	1.29±0.7	1.00±0	1.00±0
	AUC0-3d	389229	628554	1176072
虹膜-睫状体	3h	26.7±20.3	20.2±9.6	78.7±33.9
	5h	12.1±5.1	34.4±29.6	27.1±17.6
	17h	10.0±0	10.0±0	10.0±0
	1day	10.0±0	10.0±0	10.0±0
	3day	10.0±0	10.0±0	10.0±0
	AUC0-3d	761.45	901.3	966.45
房水	3h	612±512.4	371±589.4	4050±2236.7
	5h	233±220.8	791±480.5	1894±1571.8
	17h	1.00±0	1.67±0.9	1.00±0
	1day	1.00±0	1.00±0	1.00±0
	3day	1.00±0	1.00±0	1.00±0
	AUC0-3d	3222.0	6531.9	23444
血浆	3h	1.00±0	1.00±0	1.00±0
	5h	1.00±0	1.00±0	1.00±0
	17h	1.00±0	1.00±0	1.00±0
	1day	1.00±0	1.00±0	1.00±0
	3day	1.00±0	1.00±0	1.00±0
	AUC0-3d	/	/	/

表 1.25　兔单次给予 10 μL 三剂量青蒿琥酯后眼组织和血浆中双氢青蒿素浓度

组织	时间	青蒿琥酯浓度（ng/g or ng/mL） AUC0-3d（ng·h/g or ng·h /mL）		
		30%	40%	50%
视网膜/脉络膜	3h	19591±8219.4	18332±20436.2	76560±37941.6
	5h	7001±6514	21019±15132.8	40306±23981.4
	17h	20±0	20±0	20±0
	1day	20±0	20±0	20±0
	3day	20±0	20±0	20±0
	AUC0-3d	99205	194183	474762
玻璃体	3h	16586±3864.7	8287±4913.3	38648±14971.6
	5h	8031±635.3	14683±9572.9	20501±12321.2
	17h	108.618±31.4	399±109.6	802±967.7
	1day	22.2±28.7	26.6±4.5	25.5±17.4
	3day	2.44±1.1	2±0	2±0
	AUC0-3d	99383	128058	248495
虹膜-睫状体	3h	25290±10857	18267±15152.5	105162±35184.2
	5h	8546±4595.1	34409±29990.7	37443±18381
	17h	18.3±2.1	23.3±7.8	29.9±22.2
	1day	18.4±4.6	19.9±3.2	26.4±12.2
	3day	19.2±2.9	21.5±3.3	22.5±3.3
	AUC0-3d	124188	287815	526556
房水	3h	1268±805.8	330±261.9	4980±3377.7
	5h	157±94	395±363.1	837±566.8
	17h	6.97±1.5	30.6±15.8	23.6±15.8
	1day	4.39±4.7	6.03±0.8	7.22±7
	3day	2.00±0	2.00±0	2.00±0
	AUC0-3d	4503.9	4094.5	18780
血浆	3h	2.00±0	2.00±0	2.00±0
	5h	2.00±0	2.00±0	2.00±0
	17h	2.00±0	2.00±0	2.00±0
	1day	2.00±0	2.00±0	2.00±0
	3day	2.00±0	2.00±0	2.00±0
	AUC0-3d	/	/	/

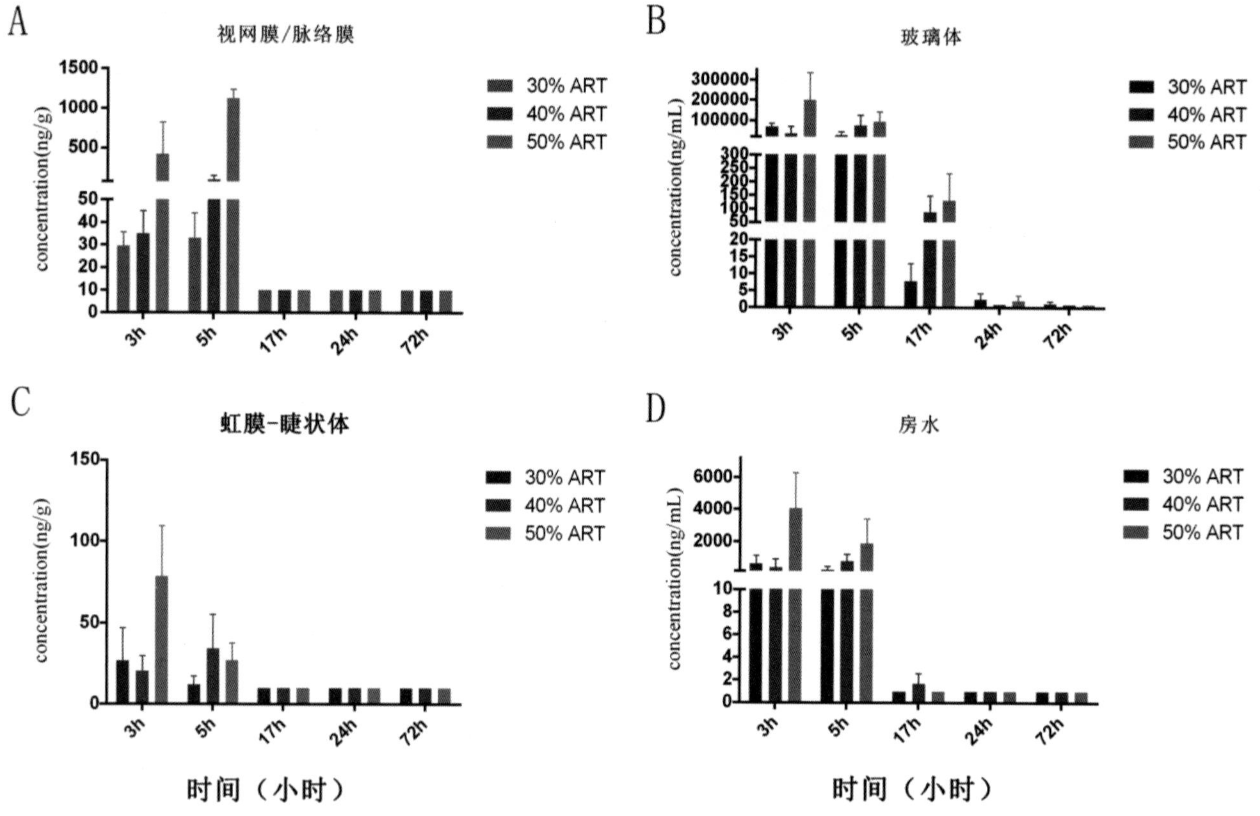

图 1.4　兔单次给予三浓度青蒿琥酯缓释制剂后各组织中青蒿琥酯的分布

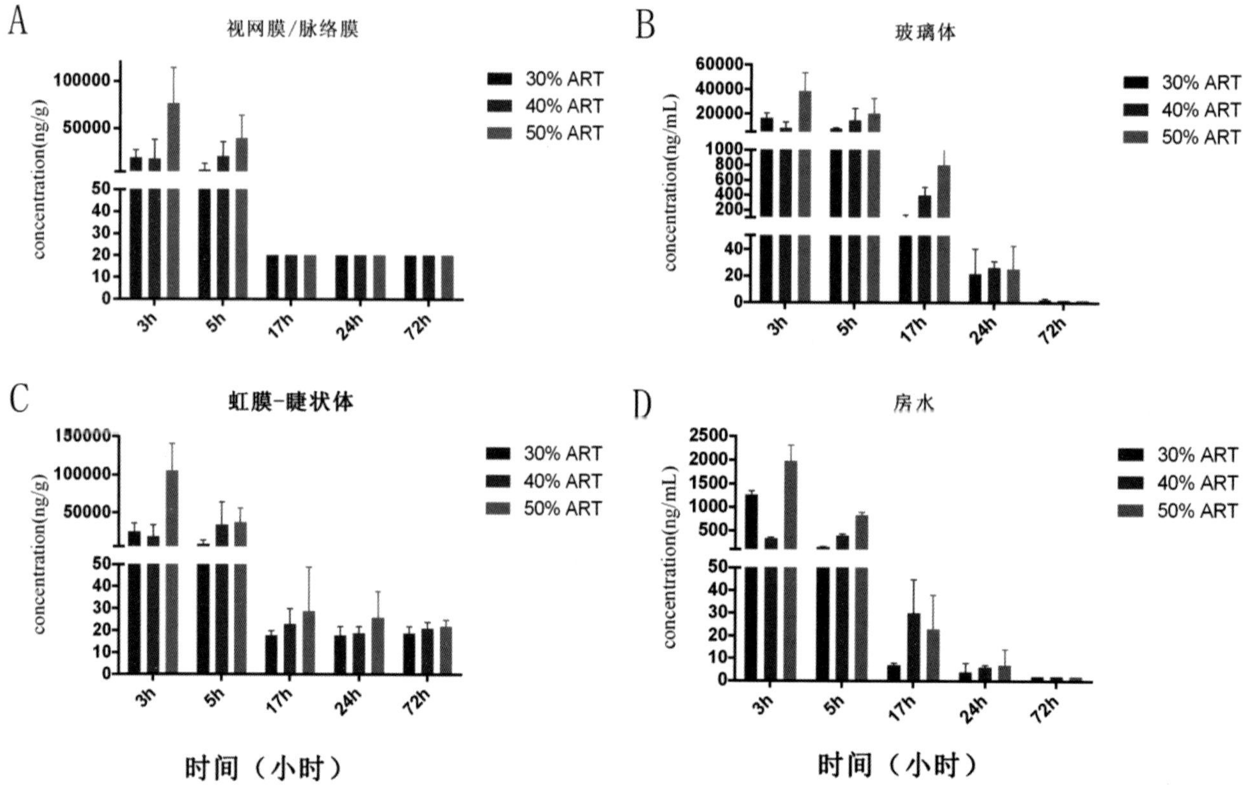

图 1.5　兔单次给予三浓度青蒿琥酯缓释制剂后各组织中双氢青蒿素的分布

表 1.26 兔单次给予三浓度青蒿琥酯缓释制剂眼组织中青蒿琥酯主要药动学参数

眼组织	青蒿琥酯缓释制剂					
	T1（30%）		T2（40%）		T3（50%）	
	Tmax*	Cmax#	Tmax*	Cmax#	Tmax*	Cmax#
视网膜/脉络膜	5	33.2	5	105	5	1129
玻璃体	3	70398	5	76741	3	199800
虹膜-睫状体	3	26.7	5	34.4	3	78.7
房水	3	612	5	791	3	4050

注：*表示h，#表示ng/mL或ng/g

表 1.27 兔单次给予三浓度青蒿琥酯缓释制剂眼组织中双氢青蒿素主要药动学参数

眼组织	青蒿琥酯缓释制剂					
	T1（30%）		T2（40%）		T3（50%）	
	Tmax*	Cmax#	Tmax*	Cmax#	Tmax*	Cmax#
视网膜/脉络膜	3	19591	5	21019	3	76560
玻璃体	3	16586	5	14683	3	38648
虹膜-睫状体	3	25290	5	34409	3	105162
房水	3	1268	5	395	3	4980

注：*表示h，#表示ng/mL或ng/g

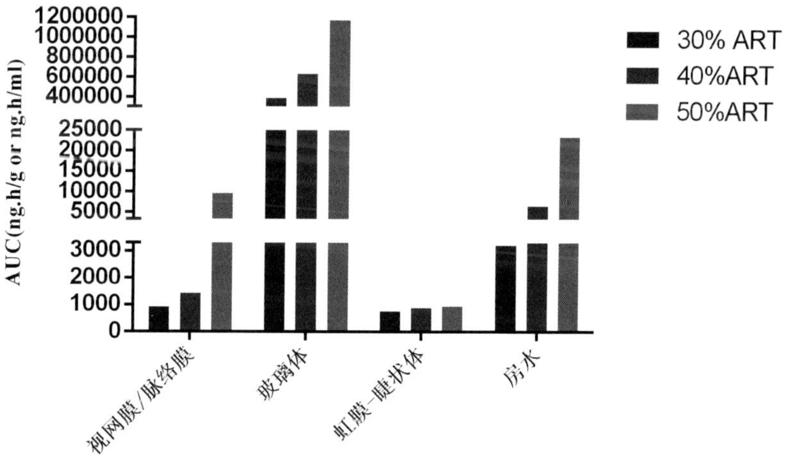

图 1.6 兔单次给予三浓度青蒿琥酯缓释制剂后眼组织中青蒿琥酯的 AUC 分布

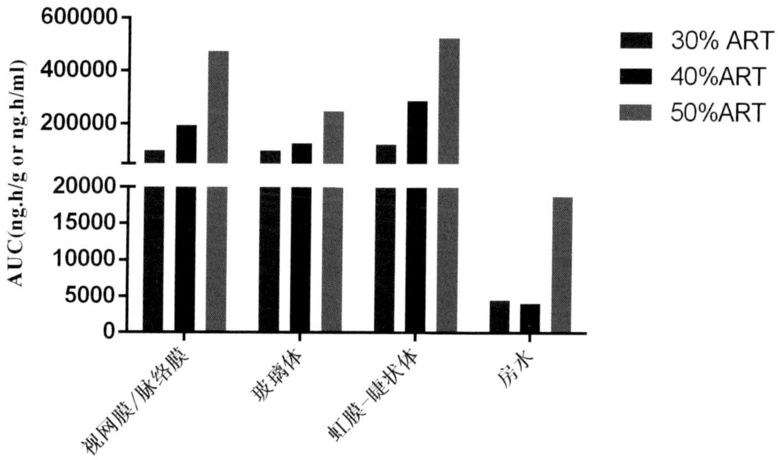

图 1.7 兔单次给予三浓度青蒿琥酯缓释制剂后眼组织中双氢青蒿素的 AUC 分布

膜/脉络膜样品在室温下可稳定长达5小时，在低温条件下可保持稳定相当长的时间；ART和DHA标准贮备液在室温下可稳定长达24小时，在4℃冰箱放置86天仍保持稳定。本研究所开发的方法具有高回收率、高灵敏度以及较好的重现性，被证明是药代动力学研究的理想方法，并且提供了更多关于ART和DHA临床特征的信息。

药物在眼组织中的药代动力学研究通常不能在人眼中进行，因为在人眼中只可采集到少量的房水和玻璃体，而且取样过程具有极大的风险和侵入性。由于兔眼与人眼在组织大小、体积以及流体力学和生物学特性方面具有很高的相似性，且兔眼容易获得、经济、易于处理和观察。更重要的是，有大量数据库可用于药代动力学比较[7, 8]。因此，本实验选择兔眼进行药代动力学研究。ART缓释制剂为玻璃体腔注射给药，用于抑制眼部炎症，特别是视网膜、脉络膜及玻璃体的炎症。故本研究选取兔眼视网膜/脉络膜、虹膜-睫状体、玻璃体、房水四组眼组织进行分布动力学分析。在生物样品前处理技术中，蛋白沉淀法与液-液萃取、固相萃取法相比更有优势，因为它简单、快速、适用性广、可重复性强，并且能够提取与组织蛋白广泛结合的药物，提高回收率[9]，因此采用甲醇沉淀蛋白法进行样品前处理。

玻璃体腔给药后，药物分布在玻璃体和周围眼组织中。玻璃体内的药物通过血-眼屏障和房水流出到全身血液循环中。血-眼屏障在药物从眼睛到血液循环的渗透中起着重要作用。血-眼屏障由前部的血-房水屏障（blood-aqueous barrier, BAB）和后部的血-视网膜屏障（blood-retinal barrier, BRB）组成。BRB由视网膜毛细血管内皮（内屏障）和视网膜色素上皮（外屏障）组成。内屏障可阻止直径为2nm或更大的分子渗透，但小分子能在一定程度上渗透穿过内屏障[10]。外屏障是一个紧密的细胞单层，有研究表明，微过氧化物酶（大小2nm）在猴子体内不能渗透RPE层，而小分子的渗透性也取决于其亲脂性[10]。而BAB与BRB一样，是蛋白质和其他大分子（2nm及更大）的紧密屏障，但允许小分子渗透。除此之外，血-眼屏障也存在方向性和主动运输。ART酸碱度为3.5~5.5，分子量为384，可溶于水，在水溶液中不稳定。ART可以通过化学水解和血浆酯酶介导的水解形成DHA[11]。DHA分子量为284.35，具有吸收快、分布广、代谢和排泄迅速、高效、低毒等特点[12]，具有免疫调节、抗炎、抗纤维化、抗疟疾等多种药理作用[13]。ART和DHA均属于小分子化合物，较易穿透生物膜。因此，玻璃体腔注射ART缓释制剂后，玻璃体、视网膜/脉络膜、房水、虹膜-睫状体中均有ART和DHA分布。

ART在各眼组织中的分布随浓度的增加而增加。低、高二浓度组在玻璃体、房水、虹膜-睫状体达峰时间一致（Tmax: 3h），但中浓度组在眼各组织中达峰时间为5h，这可能与青紫蓝兔个体差异有关，在后续研究中应适当增加动物的数量。三浓度组在视网膜/脉络膜达峰时间相对滞后，均为5h，这可能与血-视网膜内屏障的作用相关。

由于ART在水溶液中的不稳定性，其可迅速转化为DHA，而DHA的代谢过程慢于ART向DHA转化的过程[14]。因此，在本研究中发现，低、中、高三浓度组DHA在各眼组织中的达峰时间与ART一致，甚至在视网膜/脉络膜中达峰时间比ART更短；DHA在各眼组织中的消除时间晚于ART。研究中也发现玻璃体腔注药后DHA在视网膜/脉络膜和虹膜-睫状体组织中的Cmax和AUC均高于ART，说明玻璃体腔注药后ART在这些组织中更容易以代谢物形式存在。而在玻璃体和房水这些液体组织中，更容易以药物原型形式存在。

药效学研究结果表明高浓度的ART缓释制剂具有抑制葡萄膜炎炎症反应的作用，通过药代动力学实验可以对ART的药理作用进行深入研究。故本实验采用与药效学实验相同的药物浓度和给药方式，经研究发现，ART和其活性代谢产物DHA在眼各组织的分布呈现剂量相关性增加，为药效研究和给药方案提供基础数据支持。

5 结论

5.1 成功建立了快速、专属、灵敏的UPLC-MS/MS法测定眼组织和血浆中ART和DHA的浓度，并用于ART新型眼内缓释制剂单次玻璃体腔注射给药兔眼组织和血浆中ART和DHA分布动力学研究。

5.2 兔玻璃体腔单次给予30%、40%、50%三种浓度的ART缓释制剂后，ART在玻璃体腔中被逐渐吸收，达峰迅速，消除缓慢；ART快速代谢成活性代谢产物DHA，逐渐消除；ART和DHA在玻璃体、房水、虹膜-睫状体、视网膜/脉络膜中分布呈剂量相关性增加；单次给药后，眼组织中ART和DHA约3天完全消除，为药效学研究提供基础的数据支持并指导给药方案。

5.3 单次玻璃体腔注射给药后未在血浆中检测到ART和DHA，提示玻璃体腔注射ART缓释制剂后ART及其活性代谢产物DHA几乎不入血，体循环暴露量低。

5.4 研究表明ART缓释制剂玻璃体腔注射给药后在兔眼组织中可代谢成DHA，且DHA在虹膜-睫状体和房水中的消除时间晚于ART。

参考文献

[1] SHIKOV A N, FLISYUK E V, OBLUCHINSKAYA E D, et al. Pharmacokinetics of Marine-Derived Drugs[J]. Mar Drugs, 2020, 18(11).

[2] JIN J Y, QIU F R, ZHANG J. Application progress of liquid chromatography tandem mass spectrometry in precision medicine[J]. Zhonghua Yu Fang Yi Xue Za Zhi, 2022, 56(11): 1675–1684.

[3] GOSETTI F, MAZZUCCO E, GENNARO M C, et al. Ultra high performance liquid chromatography tandem mass spectrometry determination and profiling of prohibited steroids in human biological matrices. A review[J]. J Chromatogr B Analyt Technol Biomed Life Sci, 2013, 927: 22–36.

[4] ZHENG W, ABD EL-ATY A M, KIM S K, et al. Quantification of artesunate and its metabolite, dihydroartemisinin, in animal products using liquid chromatography-tandem mass spectrometry[J]. J Sep Sci, 2018, 41(18): 3538–3546.

[5] CHUTVIRASAKUL B, JOSEPH J F, PARR M K, et al. Development and applications of liquid chromatography-mass spectrometry for simultaneous analysis of anti-malarial drugs in pharmaceutical formulations[J]. J Pharm Biomed Anal, 2021, 195: 113855.

[6] LI B, ZHANG J, ZHOU X Z, et al. Determination and pharmacokinetic studies of artesunate and its metabolite in sheep plasma by liquid chromatography-tandem mass spectrometry[J]. J Chromatogr B Analyt Technol Biomed Life Sci, 2015, 997: 146–153.

[7] AHN S J, HONG H K, NA Y M, et al. Use of Rabbit Eyes in Pharmacokinetic Studies of Intraocular Drugs[J]. J Vis Exp, 2016, (113).

[8] DEL AMO E M, URTTI A. Rabbit as an animal model for intravitreal pharmacokinetics: Clinical predictability and quality of the published data[J]. Exp Eye Res, 2015, 137: 111–124.

[9] DA SILVA P H R, CUNHA JUNIOR A D S, PIANETTI G A, et al. Chromatographic bioanalysis of antiglaucoma drugs in ocular tissues[J]. J Chromatogr B Analyt Technol Biomed Life Sci, 2021, 1166: 122388.

[10] DEL AMO E M, RIMPELA A K, HEIKKINEN E, et al. Pharmacokinetic aspects of retinal drug delivery[J]. Prog Retin Eye Res, 2017, 57: 134–85.

[11] HANPITHAKPONG W, KAMANIKOM B, DONDORP A M, et al. A liquid chromatographic-tandem mass spectrometric method for determination of artesunate and its metabolite dihydroartemisinin in human plasma[J]. J Chromatogr B Analyt Technol Biomed Life Sci, 2008, 876(1): 61–68.

[12] 张然，杨冰，李红珠，等.双氢青蒿素抗炎作用机制的研究进展[J].中国药房，2021, 32(9): 1147–1152.

[13] 毕军霞，李文清，李芷莹，等.双氢青蒿素药理作用及其机制研究进展[J].吉林医药学院学报，2023, 44(1): 55–58.

[14] 岑彦艳，赵祎博，李攀，等.青蒿琥酯的药代动力学以及相关药理作用研究进展[J].中国中药杂志，2018, 43(19): 3970–3978.

阿尔兹海默病中医治未病防治体系构建

梅 俊[1] 徐凤芹[2*]
（1. 中国中医科学院西苑医院，主治医师
2. 中国中医科学院西苑医院，原副院长，主任医师）

【摘要】阿尔茨海默病(AD)是老年人失能和死亡的主要原因之一，然而现有治疗策略效果有限。“治未病”是中医学独特的预防医学理论，可能会是AD防治的新方向。将中医“治未病”理论应用于AD的防治，积极采取相应措施，早预防、早发现、早治疗，对预防和延缓AD的发展有着重要意义。

阿尔茨海默病(Alzheimer's disease，AD) 是一种以隐匿起病和进行性认知损害为特征的神经变性病，临床表现为认知和记忆功能不断恶化，日常生活能力进行性减退，并可伴有各种神经精神症状和行为障碍，占所有痴呆病因的60%~80%[1]。在65岁以上老年人群中，AD患病率为4%~7%，且随年龄而增长，在老年人致死原因中居于第5位[2]。AD可能的危险因素包括：增龄、女性、低教育水平、吸烟、中年高血压与肥胖、听力损害、脑外伤、缺乏锻炼、社交孤独、糖尿病及抑郁障碍等。1998年至2017年，研发治疗和预防阿尔茨海默症药物的尝试失败了约146次，只有4种新药被批准用来治疗该疾病的症状，而常规治疗只能获得9个月认知改善效益，不能延缓疾病。随着治疗AD药物的大型临床试验相继宣告失败，有学者提出应该转变思路，把AD的治疗方向转移到预防上来。

中医调理老年相关疾病的历史悠久，可能会是防治AD的新方向。“治未病”是指预先采取措施，防止疾病的发生与发展，是中医学独特的预防医学理论。“治未病”理论源自《素问·四气调神大论篇》：“是故圣人不治已病治未病，不治已乱治未乱。”《灵枢·逆顺》：“上工刺其未生者也；其次，刺其未盛者也；其次，刺其已衰者也。”在东晋时期葛洪著《肘后备急方》中将“治未病”的学术思想贯穿于全书的始终。至明代朱丹溪在《格致余论》中指出：“与其求疗于有病之后，不若摄生于无疾之先；盖疾成而后药者，徒劳而已，是故已病而不治，所以为医家之怯；未病而先治，所以明摄生之理。如是则思患而预防之者，何患之有哉？此圣人不治已病治未病之意也。”经历代医家不断丰富和发展，其理论体系逐渐完善，包括未病先防、欲病救萌、既病防变、已病防复四个方面。

根据发病特点和临床表现，AD当属中医学“善忘”“健忘”“呆病”“痴呆”等病的范畴。其起病隐匿，病理进展难以扭转，整个病程经历健康阶段、轻度认知功能障碍发生前期(pre-MCI)、轻度认知功能障碍期(MCI) 和痴呆四个阶段，早期平均持续时间大约6年，中期平均持续时间大约4年，晚期平均持续时间大约3年[3]。AD临床分期与中医“治未病”理论中“未病”的三个阶段一一对应，即健康阶段的未病先防、pre-MCI阶段的欲病救萌，MCI阶段的既病防变，运用中医“治未病”理论于

AD发病过程中，进行同步干预对防治AD具有重要的临床价值。

中医学认为AD的主要病机为髓减脑消，神机失用，病属本虚标实[2]。髓减脑消可由肾精不足或气血亏虚日久髓海失充、脑失所养所致，也可由痰瘀等实邪痹阻脑络，清窍失养所致。五脏亏损致髓海失养为本虚；气滞、痰浊、血瘀等为标实。《灵枢·天年》中记载了正常成人衰老过程中五脏状态的变化："六十岁，心气始衰，苦忧悲，血气懈惰，故好卧；七十岁，脾气虚，皮肤枯；八十岁，肺气衰，魄离，故言善误。"在中医"治未病"理论的指导下，在AD发病的各个阶段，选用合适的措施来降低发病和延缓病情发展对AD的防治有着重要意义。

1 健康阶段——未病先防

未病先防是指对正常人而言，在疾病发生之前，积极采取各种预防措施，增强人体对疾病的抵抗能力，降低疾病发生的可能。AD是一种与机体衰老高度相关的神经退行性疾病，其发病率与衰老呈正相关。随着年龄的增长，脏腑渐衰，繁多的基础疾病也是AD重要的发病因素。此阶段运用"治未病"理论是以降低AD可控的发病因素为主，是防治工作的基础，贯穿始终。

1.1 调畅情志

《千金翼方》载："人年五十以上，阳气日衰，损与日至，心力渐退，忘前失后，心居怠惰，计授皆不称心，视听不稳，多退少进，日月不等，万事寥落，心无聊赖，健忘嗔怒，性情变异。"真实地反映出了老年人的精神生活状态。《灵枢·天年》载："五十岁，肝气始衰，肝叶始薄。"老年人肝的疏泄功能减弱，如果生活孤寂无助，再遇一些社会心理因素的刺激，必然会气机逆乱，从而影响血液、水液的正常运行，痰浊、瘀血变生，脑脉受阻，发为痴呆。现代医学也认为焦虑忧郁是老年人患AD的危险因素。因此，调畅气血，保持乐观情绪，树立积极的生活态度对于老年人预防阿尔茨海默病显得尤为重要。《素问·上古天真论》载："恬淡虚无，真气从之，精神内守，病安从来。"正说明了调畅情志对人体健康的作用。因此选择合适的方法，如书法，调畅情志，陶冶情操，保持积极的生活态度对老年人预防AD尤为重要。

1.2 加强锻炼、改善体质

中医把人体的抗病能力称为"正气"。有研究表明，合理运动可以降低AD的发病风险。适当加强锻炼，可强身健体、增强体质，使得"正气充盛"，"正气内存，邪不可干"即是这个道理。已有研究证实八段锦、太极拳、手指操等可以改善患者认知功能，若能在健康阶段即进行合理锻炼，选择适合中老年人的锻炼方法，坚持锻炼，注意劳逸结合，对AD的防治有着重要意义。

1.3 合理膳食、基础疾病定期监管

肥胖、高血压、糖尿病、高血脂等基础疾病均为AD的重要危险因素，因此合理膳食、稳控基础疾病为防治AD的重要途径。早在《素问·藏气法时论篇》中就有合理膳食的相关记载："五谷为养，五果为助，五畜为益，五菜为充。"现代医学在膳食上，强调做到"三定、三高、三低和两戒"。"三定"：定时、定量、定质；"三高"：高蛋白、高不饱和脂肪酸、高维生素；"三低"：低脂肪、低热量、低盐；"两戒"：戒烟、戒酒。已有研究证实合理膳食可以改善患者认知功能，因此合理饮食、稳控基础疾病，对减少AD的发生均有着重要意义[3]。

2 Pre-MCI阶段——欲病救萌

在AD临床症状出现前，其病理特征如神经原纤维缠结形成、突触可塑性降低、神经元丢失等已形成多年，故在其临床症状出现之前会有较长时间的过渡期。《素问·八正神明论篇》指出"上工救其萌芽"，即疾病虽尚未发生，却已出现一些早期临床表现，由于AD目前尚无理想药物，且病程不可逆，早筛查、早诊断、早干预，防微杜渐，及时将疾病控制在欲发状态对AD的防治尤为重要。若能对此阶段予以重视，早筛查、早诊断、早干预，可选用通窍活血化痰类、补肾充髓类、健脾养心类中药复方，

及具有改善记忆力、开窍醒脑的腧穴，予以针灸治疗，如百会、神庭、印堂、四神聪等，配合认知功能康复训练以防止认知功能减退。

3 MCI阶段——既病防变

MCI阶段是AD早期表现，是介于痴呆和正常老化之间的过渡状态，有一半以上的MCI患者最终会发展成为AD。既病防变，即发病初期，针对疾病发展过程中会出现的趋势予以对症治疗，以阻止或扭转病情的发展。《素问·八正神明论篇》即言明了此阶段的重要性："上工救其萌芽，……不败而救之，故曰上工。下工救其已成，救其已败。"影响疾病传变的因素有很多，但最根本的是"正气"的盛衰，"邪气所凑，其气必虚"，"正气"与"邪气"的盛衰，直接影响着疾病的发展和转归。因此，"正气"的强弱是疾病发生发展的关键，故"既病防变"的重点是提升机体的"正气"。

早期认知功能障碍主要症状是记忆力减退，基本病机肝肾亏虚、精血不足，髓海不充，脑失所养，神明失用。MCI最主要的致病因素是虚、痰、瘀，对此阶段的患者进行辨证施治，可选取改善认知功能的中药复方，如补肾类、化痰开窍类、泻火解毒类、疏肝理气类等复方，以及改善认知功能的穴位针刺治疗，如百会、四神聪、水沟、肾俞、足三里、神门、内关、太溪等穴位[4]。

4 结语

AD发病率与衰老呈正相关，随着全球老龄化的日益加剧，AD已成为全球重要的医疗和社会问题之一。由于其发病隐匿，病程难以扭转，一旦确诊，目前尚无理想的可延缓和改善AD病情的药物和方法，故有效治疗AD的方法是早期预防。"治未病"理论是中医学里预防疾病发生的重要思想，通过构建"治未病"防治AD体系，将AD防治干预关口前移，对预防和延缓AD的发展有着重要的临床意义。

参考文献

［1］田金洲，解恒革，王鲁宁，等. 中国老年保健协会阿尔茨海默病分会(ADC)指南小组；中国阿尔茨海默病痴呆诊疗指南(2020年版)［J］. 2021, 40(3): 269-283.

［2］田金洲，时晶. 阿尔茨海默病的中医诊疗共识［J］. 中国中西医结合杂志，2018, 05 (38): 523-529.

［3］王雪松，孔立红，杜艳军，等. "治未病"理论在阿尔茨海默病防治中的运用［J］. 辽宁中医杂志，2019，09 (46): 1847-1850.

［4］张帅，韦云，李浩. 基于治未病理论探讨阿尔茨海默病防治思路［J］. 中国中医基础医学杂志，2018, 04 (24): 453-456.

（上接97页）

新风量不足、微生物滋生等问题，在选择和使用中一定要注意规避负面作用的影响。

2.建设健康的公共场所室内环境

各类公共场所的室内环境与老年人健康密切相关。商场超市、医院、养老机构、老年活动中心等是老年人高频接触的公共场所，由于场所空间相对密闭、人流量大、健康与非健康人员混杂，在传染病流行期间，老年人的感染风险较大，因此应加强个人防护，尽量降低到访的频率和停留的时间。尽管场所经营者是控制和消除场所室内环境危害因素的第一责任人，公众的有力配合和关注参与也非常重要。当处于公共场所室内空间时，应做到遵守公共场所文明礼仪和卫生要求，不高声说话、咳嗽或打喷嚏时掩住口鼻、不随地吐痰、不乱扔垃圾，在本人患呼吸系统传染病时佩带好口罩，保护自己和他人的健康，是公众参与公共场所健康室内环境建设的基本形式。同时，公众也有监督公共场所卫生管理措施落实的权利，当发现问题时应及时向相关部门反映，促进场所卫生管理水平的提高。

总的来说，无论是关注居家室内环境还是公共场所室内环境，公众都需要主动加强环境与健康相关知识的学习和行动实践，与各相关部门一起，共同为建设健康室内环境贡献力量。

智慧骨科的应用现状及发展前景

黄 伟
（重庆医科大学附属第一医院，骨科主任；二级教授 / 主任医师）

【摘要】在医疗行业市场快速发展和相关政策迅速更迭的环境下，骨科面临新领域的探索，其中，智慧骨科作为快速发展的领域之一，其指的是利用人工智能技术解决医学科学问题，这类应用项目也正在大量涌现。人工智能技术可以在术前规划、术中精准治疗和术后检测等不同时间线中改变医疗方式，同时又能为医疗工作者、相关技术人员及患者等不同群体提供一种共同的语言工具，使他们能够进行尽可能无障碍的交流。本文旨在介绍包括智慧骨科中的人工智能技术、机器人技术、虚拟现实及远程医疗等现有数字化相关技术，并讨论应用前景及未来发展。

导 言

自2013年起，习近平总书记在多次讲话中强调“科技创新是提高社会生产力和综合国力的关键性、战略性支撑，需要加快建设科技强国，实现高水平的科技自主创新。”[1,2] 2017年，国务院发布了《新一代人工智能发展规划》[3]，将智能医疗纳入国家重要发展战略。2022年，《加快建设现代化产业体系》报告明确指出，“数字中国和智能化发展催生了新的领域和赛道”。[4]在市场发展和政策实施的大环境下，医疗行业也面临着探索新领域的重大机遇。人工智能（artificial intelligence，AI）与传统骨科相结合产生的智慧骨科正成为热门研究领域之一，获得了前所未有的推动力。

在我国，“数字骨科”的概念由裴国献教授于2006年首先提出，数字骨科学也称之为“智慧骨科”，是计算机科学与骨科学相结合的一门新兴交叉学科，涉及人体解剖学、立体几何学、生物力学、材料学、信息学、电子学及机械工程学等领域。凡是以数字化手段用于骨科的研究、诊断、治疗、康复及教育的数字医疗技术，均属于数字骨科学的范围。主要包括：①骨科有限元分析；②骨科三维重建技术；③骨科虚拟（virtual reality, VR）、增强现实（augmented reality, AR）和混合现实技术（mixed reality, MR）；④骨科增材制造技术(3D打印技术)；⑤计算机辅助设计(computer aided design, CAD)与计算机辅助制造技术（computer aided manufacturing, CAM）；⑥计算机辅助骨科导航手术（computer assisted orthopedic surgery, CAOS）；⑦骨科机器人技术；⑧骨科远程手术；⑨骨科人工智能技术等[5]。这些技术已经在现代骨科领域得到广泛应用。在基础研究中，利用数字化骨科解剖和生物力学数据为数字骨科技术的应用提供了重要的科学依据。在教育培训中，数字化骨科技术为年轻医生提供了提高手术技能的虚拟训练工具和远程学习平台，有助于他们更有效地进行学习和实践操作，从而提高了医疗水平和治疗效果。在医患沟通中，数字化系统能推动医生与患者或相关技术人员之间的交流，支持病情诊断和决策制定，实现远程协作干预，进一步减轻医生的工作负担并为个性化精准医疗提供了新的可能性[6-8]。

AI与机器学习

1950年，阿兰·图灵提出机器能够模拟人类行为和思考的可能性[9]，随后约翰·麦卡锡在1956年提出人工智能理论，这是一种用计算机来构造拥有与人类智慧同样本质特性的机器的概念[10]。机器学习的提出也有近半个世纪，是利用算法帮助决策判断实现智能任务的一种方法[11]，其中深度学习的飞速发展是从近十年以来大数据的积累而发展出的依靠神经网络模型的一种实现机器学习的技术，主要包含计算机视觉和自然语言处理[12, 13]。当计算能力已经发展到即时计算和根据以前评估的数据实时评估新数据的能力阶段，AI也开始被纳入医学领域。AI可对大量数据进行学习、推理和适应性自我校正，以解决复杂的问题和执行各种任务，在医学领域的要素包括大数据集、大量云计算和算法开发，应用包括图像识别、风险预测及患者特定的临床决策等[14]。

AI和机器学习几乎将影响医疗健康的方方面面，骨科也不例外。改变现有的医疗模式，使传统的个人化、经验化的诊疗行为，转变为具有全球视角的多维度循证医学行为，分别在精准诊断、个性化治疗、预测模型及病历大数据管理等方向不断深入发展[15, 16]。骨科的诊治和预后通常依赖于影像学成像模式，包括射线照相，CT 扫描和核磁共振成像，因此，AI在骨科中的应用主要集中在利用深度学习技术对图像进行分析，例如骨折判断、韧带撕裂、半月板损伤、腰椎间盘退变及假体植入[17-21]等骨科相关疾病。通过包括卷积神经网络CNN、循环神经网络RNN、生成对抗网络GAN在内的深度学习可以提高骨科疾病诊断的准确性和速度并优先标记紧急患者，从而减少人为错误。此外，通过深度学习将经验丰富的医生的知识进行监督学习，建立模型训练和验证最后达到应用的效果，可以更好的帮助较小或较偏远地区医疗机构的医生。深度学习不仅可以减轻相关医务工作者的负担和压力，还能够在一定程度上改善骨科的整体诊疗水平[22-24]。

进一步而言，对比起自然图像识别领域，医学样本的获取以及质与量的维持则相对更加困难，因其包涵患者敏感信息，对数据的脱敏、收集、整理过程都有着严格要求。值得注意的是，样本并不仅仅是指图像本身，还包含人工标注，即对图像内容的分类诊断。这更加依赖于医生个人经验且易产生主观性偏倚，而数据的质与量直接决定着预测模型的准确性。AI尝试利用算法研究和技术更新弥补样本不足带来的问题，比如利用迁移学习提高训练效率，利用半监督学习应对标注人员数量不足的问题等。既往数据的再挖掘，前瞻性数据收集的标准化以及开放合作通道的建设，通过建立智能化模块化骨科大数据库及公共数据平台，推动多维数据协同，高质量和庞大的数据库与AI发展相辅相成[25]。同时，在临床环境中开发和实施AI需要遵守严格的标准和指南，TRIPOD-ML、SPIRIT-AI、CONSORT-AI 和临床人工智能研究CAIR清单作为确保AI研究和应用达到最高质量标准的重要工具[26]，这些准则有助于验证AI模型，提高结果的透明度、可复制性及可推广性并监督AI的有效使用范围，建立准确高效的AI智能诊断模型。

在智能诊断方面，我科团队针对假体周围感染这一世界难题，在国际上率先提出并证实血D-二聚体结合C-反应蛋白、血白介素-6结合滑液白介素-6、滑液CD64、滑液IL-1β等无创指标在PJI早期诊断的意义，将单个指标确诊PJI的准确率由低于50%提升到90%以上，成果写入费城感染国际共识。使用AI辅助下的VTE信息捕捉建立与风险评估模块、信息沟通与预警功能模块、护理健康宣教模块、综合质量监察模块4大模块，该防治体系实施前后，VTE的入院评估率从23%上升到100%，动态评估率从0%上升到85.3%，出血评估率从1.4%上升至100%。术后康复检测则建立国际首个足型步态动静态诊疗系统，通过自主研发四维步态可穿戴检测系统与三维足型步态扫描仪实现分钟级足型步态检测数据集。目前该项目已获得相关重点课题3项，9项1类医疗器械产品备案，授权专利74项，软著2项，版权1项。未来将依托于重庆医科大学医联体丰富的临床资源与数字化管理能力，建立西南最大，全国一流的临床大数据库。结合现有的全国首个由骨科医护、药学部、临床营养科、麻醉科、康复科组成的骨科ERAS-MDT团队，确保每位患者围手术期得到最高效的管理和安全医疗。该项目近5年完成了2千余位老年关节置换，包括111岁全球最高年龄患者；相关学术成果发表论文104篇，单篇最高被引超114次；授权专利35个；获批2022年中华医学科学技术奖二等奖、国家卫健委加速康复外科骨科首批试点病房、首批全国促进关节外科加速康复病房规范建设项目示范中心、国家卫健委“2019年度改善医疗服务创新科室”等荣誉称号。

手术机器人与导航系统

自20世纪80年代以来，随着计算机技术、图像处理技术、机械设计等领域的不断发展，骨科手术机器人与导航系统的性能得到了显著提升。最初的自主或全主动系统由于并发症、高感染率和手术时间较长等原因被放弃了[27]。然而，随着时代的发展，新的半主动外科医生控制机器人技术不断问世。我国政策不断推动骨科技术的数智化发展以突破外资垄断的瓶颈，有研究报告指出，未来五年，中国手术机器人行业市场规模将以29.8%的年复合增长率持续增长，预计到2030年市场规模将达到4.1亿元[28]。骨科手术机器人与导航系统具有巨大潜力，已经成为现代骨科手术的重要组成部分，以期为患者提供更安全、更精准、更快速的手术治疗。

机器人系统可实时术中的关键指标监测，如力量、压力和位置等，提供即时反馈和调整，实现手术的精准化个体化流程，提高医疗质量与效率，改善患者功能与预后。数字化导航系统致力于实现手术可视化可导向化操作，真正实现精准化定位与个体化诊疗，有效减少医源性损伤，提高手术效率。最近一项关于机器人辅助全膝关节置换术RATKA和传统全膝关节置换术CTKA的系统综述和Meta分析得出结论，尽管机器人辅助全膝关节置换术的影像学精确度更高，但RATKA和CTKA的临床结果并无临床相关性差异，而关于翻修率和并发症发生率，现有证据尚无定论[29]。在单膝关节置换术 UKA方面，有报道称机器人UKA与传统UKA相比无需镇痛，住院康复更快，出院时间更早[30]。对于翻修关节置换术，现有证据表明机器人辅助技术可帮助外科医生重复执行术前计划并准确实现手术目标。此外，随着3D打印技术的不断发展，基于3D打印技术的导航系统和假体也得到了广泛应用，与传统的非机器人技术相比，这些先进设备可以使假体在空间中的定位和对齐更加精确，包括个性化假体定位和减少异常值及术中并发症，例如在全关节置换术中考虑关节与脊柱的关系[31, 32]。

在目前的临床应用中，机器人手术仍存在争议，包括成本高、学习曲线长、手术时间增加及钉道相关并发症、应用场景仍单一等，目前无法实现骨科多场景应用，缺乏术前规划、术中决策及术后随访的整体有机融合，骨科AI技术发展迟滞是限制数智化骨科发展的关键因素。如何实现基于AI技术的数智化手术多场景全流程运用仍是当前的难题，要体现在：1.目前AI辅助缺乏智能化骨科大数据库的学习与验证；2.术中操作区与AI空间影像实时监控定位精准化；3.手术工具动态可识别化；4.软硬组织分割融合实现全手术范围可感知化[33, 34]。

我科团队于中西部地区率先使用AI辅助髋膝关节置换术前规划系统，以解决当前的难点，通过对患者的影像学资料进行分析，辅助医生制定手术计划，并提供可能的风险因素和并发症信息。团队参与国内多款机器人研发及验证工作，担任长江 INS-智能机器人系统研发项目“研发专家”的称号，是多家骨科手术机器人临床培训中心，且是西南地区唯一一家拥有关节、脊柱、创伤的骨科平台，构建骨科三大领域全覆盖的格局，以机器人技术软硬件作为依托，有效实现了AI辅助个性化手术方案制定。团队与博仕康科技有限公司、重庆邮电大学“大数据智能计算”示范型国家国际科技合作基地和“图像认知”重庆市重点实验室开展深度合作，研发AI辅助下光磁一体内镜系统，自主研发了全球首个光磁一体导航超微创关节镜系统和脊柱内镜系统。相关研发已获得重庆市科卫联合重大项目在内的5项相关课题资助，总经费逾800万，已申报专利13项。光磁一体导航内镜系统的开发转化可实现骨科内镜手术的全可视化，超微创化，超精准化，打破国外在该领域的垄断，有效推动推动骨科内镜从电子化2.0时代向智能化的4.0时代的革命。

团队负责人系中国医师协会骨科医师分会第五届委员会3D打印骨科学组组长、中国医疗器械行业3D打印医疗器械专业委员会专家、中国医疗器械行业协会3D打印医疗器械专业委员会“突出贡献专家”，共同主持编写了《3D打印医疗器械团体标准》3D打印技术在骨科应用的临床指南》，率先将3D打印技术应用于复杂髋关节翻修中进行个体化手术方案的制定，取得了优异的疗效，在个体化设计与临床应用方面积累了丰富经验，在全国处于领先水平，相关成果发表在Annals of Rheumatic Diseases (IF: 14.299，一区) 等国际一流杂志。与来自7个国家的知名专家联合设计国际性膝关节假体及手术工具，首次融入国人数据，已获得EU和FDA认证，将国人的假体设计理念推向世界，已在欧美国家使用。牵头开展全国首个3DACT骨与关节骨缺损修复及重建系统临床有效性及安全性前瞻性多中心临床研究，建立3D打印数据库。

虚拟现实与远程医疗

虚拟现实（VR）联合增强现实(AR)技术是近年来发展迅速的新兴计算机技术，通过模拟真实环境，使用户能够沉浸并与之进行交互。近年来，人工智能和机器学习技术的发展进一步推动了虚拟现实技术在骨科医疗领域的应用。虚拟现实技术的主要应用包括手术模拟和训练[35,36]，以及患者康复过程中的交互式训练，如患者教育、步态训练以及预防跌倒[37]。虚拟现实技术的优势在于其逼真的环境和高度的交互性，通过模拟真实的手术环境和过程并与大数据和深度学习技术的结合，虚拟现实技术可以实现对术前术中的实时预测和评估，允许他们可视化并整合额外的数据如解剖地标、临床影像、导航相关信息 (即硬件放置和螺钉轨迹) 以及直接在其视野中显示的其他相关信息[38]。这能够帮助医生提高手术的准确性和效率，减少实际手术中的风险和并发症。虚拟现实技术还可以针对患者的康复需求，设计个性化的康复训练方案，帮助患者更快地恢复到最佳状态[39,40]。

远程医疗技术是指利用现代通信技术，将医疗资源从城市延伸到农村，从发达地区延伸到落后地区，使患者可以在当地接受专家级的医疗治疗。在骨科医疗领域，远程医疗技术的应用主要包括远程诊断、制定治疗方案、手术指导等。随着AR/VR技术的不断发展，远程医疗技术的可靠性和稳定性得到了极大的提高。通过高速网络传输，可以实现对患者进行实时、准确的远程诊断和治疗。此外，远程医疗技术还可以实现跨地区的医疗资源共享，提高医疗服务的效率和质量。通过虚拟现实技术，医生可以在远程对患者进行手术模拟和训练，提高了手术的准确性和安全性；同时，通过远程医疗技术，患者可以在当地接受专家的治疗和指导，避免了不必要的奔波和费用，为残疾或行动不便的病人提供了帮助的机会[41]。远程外科手术甚至使得临床医生可以跨越国界，在世界各地自由交流技能和知识，这也为年轻新生代力量提供了另一种学习机会，他们可以参与甚至协助一些罕见的不能轻易抵达现场的手术[42]。

尽管AR/VR联合远程医疗技术具有巨大潜力，但也存在一些限制和挑战。例如，技术设备或互联网成功对接可能成为限制因素[43]。一些研究还报告了临床医生和病人对隐私和保密性风险的担忧。缺乏必要的身体检查在骨科临床实践中是评估临床患者病情和准确选择治疗方法的一大局限[44]。总之，VR/AR及远程医疗技术在外科培训和治疗方面具有巨大潜力，它们可以帮助外科医生获得新技能、优化技术和决策，并为患者提供更好的治疗效果。然而，在广泛应用这些技术之前，仍然需要解决一些技术和伦理方面的挑战。

结论与展望

智慧骨科是一个充满活力的领域，正在蓬勃发展。数字技术正在革新传统的骨科手术，为手术规划、术中监测和手术培训提供了新的可能性。随着该领域的不断发展，对于骨科医生和研究人员来说，了解这些进展并探索如何有效地将其整合到实践中至关重要。

临床医生需要成为数字化骨科的领导者，能够正确合理地使用该技术来为患者提供最有效的诊疗方法，并确保患者隐私和数据安全。过程中，数字领域的“无障碍”互动是保证密切合作和信息交流的关键，此外，交互系统都需要尽可能直观便捷，以便临床医生和患者均能有效运用，并考虑医疗保健服务的经济性。目前，在临床实践中去部署数字化骨科解决方案所面临的这一系列现实挑战值得我们开展相关研究。

总之，数字化可能会彻底改变传统骨科，并满足患者对最佳治疗方案的期望。遵守既定的最佳实践和框架、解决伦理方面的问题并确保数据安全的背景下，数字化智慧骨科将有助于改善患者的治疗效果、提高临床工作流程的效率，并推动骨科学研究的进一步发展。

（2023.11.09魏嘉莹）

参考文献

[1]中共科学技术部党组.创新引领发展，科技赢得未来——学习《习近平关于科技创新论述摘编》[R].习近平关于科技创新论述摘编，2016.

[2]李磊.习近平关于新时代科技创新的几个重要论断[R].习近平新时代中国特色社会主义思想研究，2022.

[3]中国国务院.新一代人工智能发展规划[R].北京，2017.

[4]王小广.建设现代化产业体系：基本思路和主攻方向[J].国家治理，2023(13): 43-47.

[5]裴国献.数字骨科：骨科领域的第三次技术浪潮[J].中华创伤骨科杂志，2019, 21 (1): 3-5. DOI: 10.3760/cma.j.issn.1671-7600.2019.01.103

[6] Hofmann UK, Hildebrand F, Mederake M, Migliorini F. Telemedicine in orthopaedics and trauma surgery during the first year of COVID pandemic: a systematic review. BMC Musculoskelet Disord. 2023 Feb 7;24(1): 101. doi: 10.1186/s12891-023-06194-3. PMID: 36750962; PMCID: PMC9903270.

[7] Contreras I, Vehi J. Artificial Intelligence for Diabetes Management and Decision Support: Literature Review. J Med Internet Res. 2018 May 30;20(5): e10775. doi: 10.2196/10775. PMID: 29848472; PMCID: PMC6000484.

[8] Kirchner GJ, Kim RY, Weddle JB, Bible JE. Can Artificial Intelligence Improve the Readability of Patient Education Materials? Clin Orthop Relat Res. 2023 Apr 28. doi: 10.1097/CORR.0000000000002668. Epub ahead of print. PMID: 37116006.

[9] A.M. Turing. Computing machinery and intelligence. Mind, New Series, Vol. 59, No. 236, pp. 433-460. Oct., 1950.

[10] Mintz Y, Brodie R. Introduction to artificial intelligence in medicine. Minim Invasive Ther Allied Technol. 2019 Apr;28(2): 73-81. doi: 10.1080/13645706.2019.1575882. Epub 2019 Feb 27. PMID: 30810430.

[11] Deo RC. Machine Learning in Medicine. Circulation. 2015 Nov 17;132(20): 1920-30. doi: 10.1161/CIRCULATIONAHA.115.001593. PMID: 26572668; PMCID: PMC5831252.

[12] Currie G, Hawk KE, Rohren E, Vial A, Klein R. Machine Learning and Deep Learning in Medical Imaging: Intelligent Imaging. J Med Imaging Radiat Sci. 2019 Dec;50(4): 477-487. doi: 10.1016/j.jmir.2019.09.005. Epub 2019 Oct 7. PMID: 31601480.

[13] Chan HP, Samala RK, Hadjiiski LM, Zhou C. Deep Learning in Medical Image Analysis. Adv Exp Med Biol. 2020;1213: 3-21. doi: 10.1007/978-3-030-33128-3_1. PMID: 32030660; PMCID: PMC7442218.

[14] Myers TG, Ramkumar PN, Ricciardi BF, Urish KL, Kipper J, Ketonis C. Artificial Intelligence and Orthopaedics: An Introduction for Clinicians. J Bone Joint Surg Am. 2020 May 6;102(9): 830-840. doi: 10.2106/JBJS.19.01128. PMID:

32379124; PMCID: PMC7508289.

[15] Londhe VY, Bhasin B. Artificial intelligence and its potential in oncology. Drug Discov Today. 2019 Jan;24(1): 228-232. doi: 10.1016/j.drudis.2018.10.005. Epub 2018 Oct 17. PMID: 30342246.

[16] Bini SA. Artificial Intelligence, Machine Learning, Deep Learning, and Cognitive Computing: What Do These Terms Mean and How Will They Impact Health Care? J Arthroplasty. 2018 Aug;33(8): 2358−2361. doi: 10.1016/j.arth.2018.02.067. Epub 2018 Feb 27. PMID: 29656964.

[17] Langerhuizen DWG, Janssen SJ, Mallee WH, van den Bekerom MPJ, Ring D, Kerkhoffs GMMJ, Jaarsma RL, Doornberg JN. What Are the Applications and Limitations of Artificial Intelligence for Fracture Detection and Classification in Orthopaedic Trauma Imaging? A Systematic Review. Clin Orthop Relat Res. 2019 Nov;477(11): 2482−2491. doi: 10.1097/CORR.0000000000000848. PMID: 31283727; PMCID: PMC6903838.

[18] Ramazanian T, Yan S, Rouzrokh P, Wyles CC, O Byrne TJ, Taunton MJ, Maradit Kremers H. Distribution and Correlates of Hip-Knee-Ankle Angle in Early Osteoarthritis and Preoperative Total Knee Arthroplasty Patients. J Arthroplasty. 2022 Jun;37(6S): S170−S175. doi: 10.1016/j.arth.2021.12.009. Epub 2022 Feb 21. PMID: 35210147; PMCID: PMC9117418.

[19] Karnuta JM, Murphy MP, Luu BC, Ryan MJ, Haeberle HS, Brown NM, Iorio R, Chen AF, Ramkumar PN. Artificial Intelligence for Automated Implant Identification in Total Hip Arthroplasty: A Multicenter External Validation Study Exceeding Two Million Plain Radiographs. J Arthroplasty. 2022 Mar 7: S0883−5403(22)00272-8. doi: 10.1016/j.arth.2022.03.002. Epub ahead of print. PMID: 35271974.

[20] Shen X, Luo J, Tang X, Chen B, Qin Y, Zhou Y, Xiao J. Deep Learning Approach for Diagnosing Early Osteonecrosis of the Femoral Head Based on Magnetic Resonance Imaging. J Arthroplasty. 2022 Oct 12: S0883-5403(22)00900-7. doi: 10.1016/j.arth.2022.10.003. Epub ahead of print. PMID: 36243276.

[21] Steele JR, Jang SJ, Brilliant ZR, Mayman DJ, Sculco PK, Jerabek SA, Vigdorchik JM. Deep Learning Phenotype Automation and Cohort Analyses of 1, 946 Knees Using the Coronal Plane Alignment of the Knee Classification. J Arthroplasty. 2023 Jun;38(6S): S215-S221.e1. doi: 10.1016/j.arth.2023.02.055. Epub 2023 Feb 28. PMID: 36858128.

[22] Aung YYM, Wong DCS, Ting DSW. The promise of artificial intelligence: a review of the opportunities and challenges of artificial intelligence in healthcare. Br Med Bull. 2021 Sep 10;139(1): 4−15. doi: 10.1093/bmb/ldab016. PMID: 34405854.

[23] Oosterhoff JHF, Doornberg JN; Machine Learning Consortium. Artificial intelligence in orthopaedics: false hope or not? A narrative review along the line of Gartner's hype cycle. EFORT Open Rev. 2020 Oct 26;5(10): 593-603. doi: 10.1302/2058−5241.5.190092. PMID: 33204501; PMCID: PMC7608572.

[24] Korneev A, Lipina M, Lychagin A, Timashev P, Kon E, Telyshev D, Goncharuk Y, Vyazankin I, Elizarov M, Murdalov E, Pogosyan D, Zhidkov S, Bindeeva A, Liang XJ, Lasovskiy V, Grinin V, Anosov A, Kalinsky E. Systematic review of artificial intelligence tack in preventive orthopaedics: is the land coming soon? Int Orthop. 2023 Feb;47(2): 393−403. doi: 10.1007/s00264-022-05628-2. Epub 2022 Nov 11. PMID: 36369394.

[25] 冯世庆.人工智能在骨科领域的应用现状及前景[J].中华医学信息导报, 2020, 35(16): 1. DOI: 10.3760/cma.j.issn.1000-8039.2020.16.116.

[26] Cruz Rivera S, Liu X, Chan AW, Denniston AK, Calvert MJ; SPIRIT-AI and CONSORT-AI Working Group. Guidelines for clinical trial protocols for interventions involving artificial intelligence: the SPIRIT-AI extension. Lancet Digit Health. 2020 Oct;2(10): e549-e560. doi: 10.1016/S2589-7500(20)30219-3. Epub 2020 Sep 9. PMID: 33328049; PMCID: PMC8212701.

[27] Jacofsky DJ, Allen M. Robotics in Arthroplasty: A Comprehensive Review. J Arthroplasty. 2016 Oct;31(10): 2353−63. doi: 10.1016/j.arth.2016.05.026. Epub 2016 May 18. PMID: 27325369.

[28] 2023-2028年中国医疗机器人行业市场前瞻与投资规划分析报告Report of Market Outlook and Invstment Strategy Planning On China Medical Robot Industry (2023-2028)

[29] Ruangsomboon P, Ruangsomboon O, Pornrattanamaneewong C, Narkbunnam R, Chareancholvanich K. Clinical and radiological outcomes of robotic-assisted versus conventional total knee arthroplasty: a systematic review and meta-analysis of randomized controlled trials. Acta Orthop. 2023 Feb 20;94: 60−79. doi: 10.2340/17453674.2023.9411. PMID: 36805771; PMCID: PMC9941983.

[30] Begum FA, Kayani B, Morgan SDJ, Ahmed SS, Singh S, Haddad FS. Robotic technology: current concepts, operative

techniques and emerging uses in unicompartmental knee arthroplasty. EFORT Open Rev. 2020 May 5;5(5): 312–318. doi: 10.1302/2058-5241.5.190089. PMID: 32509336; PMCID: PMC7265083.

[31] Kayani B, Konan S, Ayuob A, Onochie E, Al-Jabri T, Haddad FS. Robotic technology in total knee arthroplasty: a systematic review. EFORT Open Rev. 2019 Oct 1;4(10): 611–617. doi: 10.1302/2058-5241.4.190022. PMID: 31754467; PMCID: PMC6836078.

[32] Fontalis A, Epinette JA, Thaler M, Zagra L, Khanduja V, Haddad FS. Advances and innovations in total hip arthroplasty. SICOT J. 2021;7: 26. doi: 10.1051/sicotj/2021025. Epub 2021 Apr 12. PMID: 33843582; PMCID: PMC8040589.

[33] Thomas TL, Goh GS, Nguyen MK, Lonner JH. Pin-Related Complications in Computer Navigated and Robotic-Assisted Knee Arthroplasty: A Systematic Review. J Arthroplasty. 2022 Nov;37(11): 2291–2307.e2. doi: 10.1016/j.arth.2022.05.012. Epub 2022 May 7. PMID: 35537611.

[34] Sousa PL, Sculco PK, Mayman DJ, Jerabek SA, Ast MP, Chalmers BP. Robots in the Operating Room During Hip and Knee Arthroplasty. Curr Rev Musculoskelet Med. 2020 Jun;13(3): 309–317. doi: 10.1007/s12178-020-09625-z. PMID: 32367430; PMCID: PMC7251009.

[35] Logishetty K, Gofton WT, Rudran B, Beaulé PE, Cobb JP. Fully Immersive Virtual Reality for Total Hip Arthroplasty: Objective Measurement of Skills and Transfer of Visuospatial Performance After a Competency-Based Simulation Curriculum. J Bone Joint Surg Am. 2020 Mar 18;102(6): e27. doi: 10.2106/JBJS.19.00629. PMID: 31929324.

[36] Hooper J, Tsiridis E, Feng JE, Schwarzkopf R, Waren D, Long WJ, Poultsides L, Macaulay W; NYU Virtual Reality Consortium. Virtual Reality Simulation Facilitates Resident Training in Total Hip Arthroplasty: A Randomized Controlled Trial. J Arthroplasty. 2019 Oct;34(10): 2278–2283. doi: 10.1016/j.arth.2019.04.002. Epub 2019 Apr 8. PMID: 31056442.

[37] McKnight RR, Pean CA, Buck JS, Hwang JS, Hsu JR, Pierrie SN. Virtual Reality and Augmented Reality-Translating Surgical Training into Surgical Technique. Curr Rev Musculoskelet Med. 2020 Dec;13(6): 663–674. doi: 10.1007/s12178-020-09667-3. PMID: 32779019; PMCID: PMC7661680.、

[38] Jud L, Fotouhi J, Andronic O, Aichmair A, Osgood G, Navab N, Farshad M. Applicability of augmented reality in orthopedic surgery - A systematic review. BMC Musculoskelet Disord. 2020 Feb 15;21(1): 103. doi: 10.1186/s12891-020-3110-2. PMID: 32061248; PMCID: PMC7023780.

[39] Mabrey JD, Reinig KD, Cannon WD. Virtual reality in orthopaedics: is it a reality? Clin Orthop Relat Res. 2010 Oct;468(10): 2586–91. doi: 10.1007/s11999-010-1426-1. PMID: 20559765; PMCID: PMC3049630.

[40] Lohre R, Bois AJ, Athwal GS, Goel DP; Canadian Shoulder and Elbow Society (CSES). Improved Complex Skill Acquisition by Immersive Virtual Reality Training: A Randomized Controlled Trial. J Bone Joint Surg Am. 2020 Mar 18;102(6): e26. doi: 10.2106/JBJS.19.00982IF: 5.3 Q1 . PMID: 31972694.

[41] Holderried M, Schlipf M, Höper A, Meier R, Stöckle U & Kraus TM. Chancen and Risiken der Telemedizin in der Orthopädie und Unfallchirurgie. Zeitschrift für Orthopädie and Unfallchirurgie 2018156 68–77. (https: //doi.org/10.1055/s-0043-116941)

[42] McKinney B, Dbeis A, Lamb A, Frousiakis P & Sweet S. Virtual reality training in unicompartmental knee arthroplasty: a randomized, blinded trial. Journal of Surgical Education 2022 79 1526–1535. (https: //doi.org/10.1016/j.jsurg.2022.06.008)

[43] Yamaguchi FSM, Miyhara HS, Silva JDS, Rudelli BA, Ejnisman L & Gurgel HMC. Ethical and legal aspects of telemedicine applied in orthopedics. Acta Ortopédica Brasileira 2022 30 e253719. (https: //doi.org/10.1590/1413-785220223002e253719)

[44] Fahey E, Elsheikh MFH, Davey MS, Rowan F, Cassidy JT & Cleary MS. Telemedicine in orthopedic surgery: a systematic review of current evidence. Telemedicine Journal and e-Health 2022 28 613–635. (https: //doi.org/10.1089/tmj.2021.0221)

一碳单位代谢物、关键酶基因多态性与心血管疾病的关系

刘志浩[1] 范芳芳[2] 霍 勇[3]

（1. 北京大学第一医院心内科博士后
2. 北京大学第一医院心内科副研究员
3. 北京大学第一医院心内科首席专家，教授，主任医师，博士生导师）

1 概述

近年来，随着我国社会经济的快速发展，人们的生活方式和饮食习惯发生了巨大变化，与此同时，人口老龄化问题也日益严重，这导致我国心血管疾病的发病率逐渐上升，并成为了阻碍实施“健康中国”战略的严重问题。传统的心血管疾病危险因素包括高血压、糖尿病、肥胖和吸烟等[1]。尽管通过干预这些危险因素可以在一定程度上降低心血管疾病的发病率，并改善患者的预后，但仍存在残余风险。因此，如何全面识别心血管疾病的危险因素，实现精准的早期识别和干预，成为亟需解决的问题。近年来，一碳单位代谢物和关键酶基因多态性已被发现可能是心血管疾病的独立危险因素。因此，本文将重点关注与心血管疾病相关的一碳单位代谢物和关键酶基因多态性的研究，为心血管疾病的精准防治提供循证医学证据。

2 一碳单位代谢

一碳单位指含有一个碳原子的基团，一碳单位生成和转移的整个过程总称为一碳单位代谢，在维持机体生命活动正常运转过程中发挥重要作用（详细代谢过程见图1）。一碳单位代谢可细分为叶酸循环、甲硫氨酸循环和转硫途径三个重要环节，分别对应在核苷酸合成、甲基化反应和同型半胱氨酸(Homocysteine, Hcy)代谢等过程中发挥作用。

图缩略语：BHMT，甜菜碱-同型半胱氨酸甲基转移酶；CBS，胱硫醚β合酶；DHF，二氢叶酸；DHFR，二氢叶酸还原酶；dUMP，脱氧尿苷一磷酸；dTMP，脱氧胸苷一磷酸；Met，甲硫氨酸；MTHFR，亚甲基四氢叶酸还原酶；5, 10-CH2-THF，5, 10-亚甲基四氢叶酸；10-HCO-THF，10-甲酰基四氢叶酸；Hcy，同型半胱氨酸；MAT，甲硫氨酸腺苷转移酶；MTHFD1，亚甲基四氢叶酸脱氢酶1；MTR，甲硫氨酸合酶；THF，四氢叶酸；TS，胸苷酸合酶；SAH，S-腺苷同型半胱氨酸；SAM，S-腺苷甲硫氨酸；SHMT，丝氨酸羟甲基转移酶。

2.1 叶酸循环

叶酸循环是机体合成核苷酸和提供甲基化物质的重要代谢途径。在嘧啶合成过程中，叶酸被还原为四氢叶酸（THF)，然后与丝氨酸发生反应生成5, 10-亚甲基四氢叶酸（5, 10-CH2-THF）和甘氨酸。接着，胸苷酸合酶（TS）将5, 10-CH2-THF中的一个碳单位转移到脱氧尿苷一磷酸（dUMP)，形成脱氧胸苷一磷酸（dTMP)。同时，5, 10-CH2-THF也会失去一个碳单位生成二氢叶酸（DHF)，然后经过还原再次生成THF。通过这个循环，嘧啶核苷酸得以不断合成。

在嘌呤合成过程中，10-甲酰四氢叶酸(10-HCO-THF)是提供一个碳单位的主要物质，它通过磷酸核糖氨基咪唑甲酰胺甲酰转移酶（AICARFT）和磷酸核糖甘氨酰胺甲酰基转移

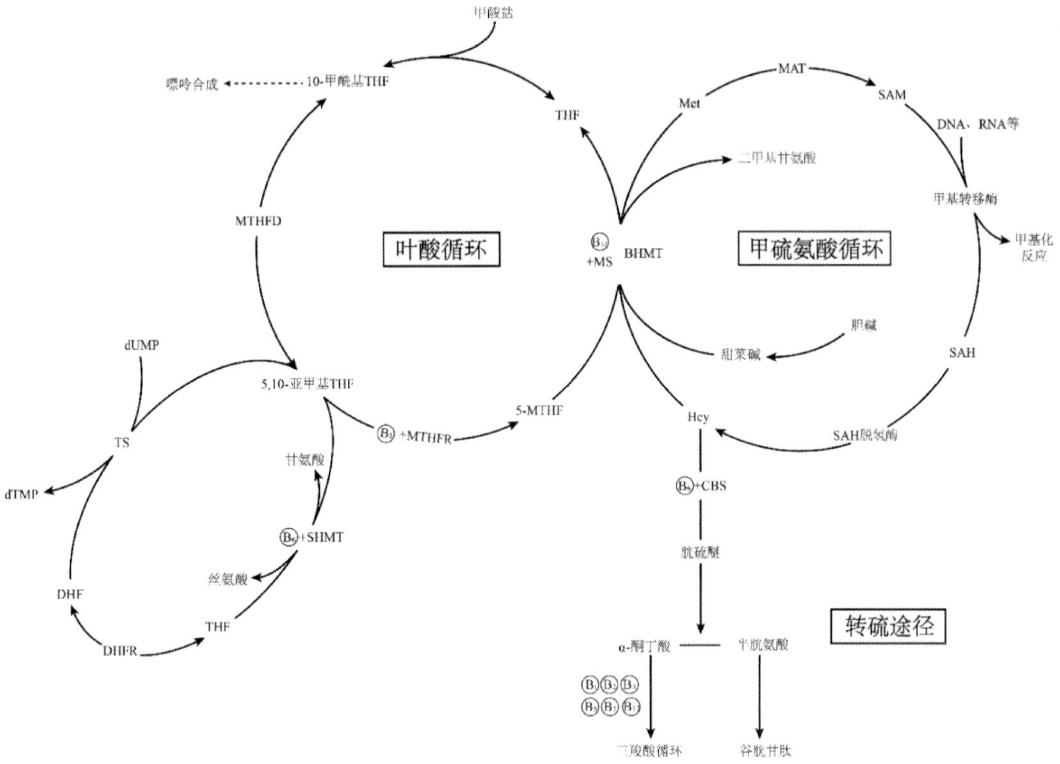

图 1　一碳单位代谢过程

酶（GARFT）参与鸟嘌呤和腺嘌呤的生物合成。10-HCO-THF的生成有两种途径，一种是由THF和甲酸盐直接生成，另一种是经过5, 10-CH2-THF的多次催化生成。最后，10-HCO-THF参与提供甲基给Hcy的再甲基化过程，在亚甲基四氢叶酸还原酶（MTHFR）的作用下生成5-甲基四氢叶酸（5-MTHF），5-MTHF是Hcy再甲基化所需的重要甲基供体。这个反应需要辅酶黄素腺嘌呤二核苷酸（FAD）、磷酸烟酰胺腺嘌呤二核苷酸和还原型烟酰胺腺嘌呤二核苷酸磷酸（NAPDH）。维生素B2（VB2）是合成FAD和其他黄素辅酶的前体物质，缺乏VB2可能会影响这个反应过程。这个反应过程也是连接叶酸循环和甲硫氨酸循环的重要桥梁。

2.2　甲硫氨酸循环

甲硫氨酸循环是机体用来进行甲基化反应的重要过程。它开始于5-甲基四氢叶酸（5-MTHF），通过甲硫氨酸合酶（MTR）催化，将甲基转移给钴胺素（VB12），生成甲基钴胺素。然后，甲基钴胺素将甲基转移给同型半胱氨酸（Hcy），使其再次甲基化生成甲硫氨酸。由于钴胺素容易氧化失活，甲硫氨酸还原酶（MTRR）可以维持钴胺素的还原状态，以重新激活甲硫氨酸合酶的活性，促进甲基转移反应。

随后，甲硫氨酸进一步代谢生成S-腺苷甲硫氨酸（SAM）。SAM是机体甲基化反应中的重要供体，它可以为DNA、RNA等分子的甲基化提供甲基，通过甲基转移酶的作用[2]。在丢失甲基后，SAM变为S-腺苷同型半胱氨酸（SAH），经过SAH水解酶的水解作用，再次生成Hcy[2]。

除了从叶酸循环获取的一碳单位外，在某些器官（例如肝脏、肾脏）中，Hcy还可以接受来自胆碱、甜菜碱等物质的一碳单位。在甜菜碱-同型半胱氨酸甲基转移酶（BHMT）的催化下，这些物质被转化为甲硫氨酸和二甲基甘氨酸。甲硫氨酸然后继续参与前述途径，最终生成SAM，为机体的甲基化过程提供甲基[3]。

2.3　转硫途径

转硫途径的主要功能是将Hcy代谢为其他物

质，以减少对机体的损害。在磷酸吡哆醛（PLP）依赖的胱硫醚β合酶（CBS）的催化下，Hcy与丝氨酸进行相互作用，生成胱硫醚。然后通过转硫反应，胱硫醚进一步转化为半胱氨酸，最终被转化为谷胱甘肽[4]。

3 一碳单位代谢物与心血管疾病的关系

3.1 一碳单位代谢相关B族维生素与心血管疾病的关系

叶酸（维生素B9）存在于体内的形式包括DHF、THF、5, 10-CH2-THF和5-MTHF等。它是一种重要的辅助因子，参与了嘌呤和嘧啶合成以及甲基化反应中一碳单位的传递。由于叶酸在许多重要的生理过程中发挥作用，人们对于叶酸缺乏的危害和叶酸补充的益处非常关注。研究已经证实，在基础高Hcy或低叶酸水平的人群中，补充叶酸是降低Hcy的有效方法[5]。一项荟萃分析研究表明，补充叶酸可以降低血清Hcy水平25%，如果同时补充VB12，可以额外降低7%，但补充VB6则没有类似效果[6]。叶酸补充对心血管疾病风险的影响不一致。一项meta分析研究发现，补充叶酸可以使脑卒中风险降低10%、整体心血管疾病风险降低4%，尤其在血浆叶酸水平较低、无心血管疾病病史和基线Hcy水平较高的人群中效果更显著。然而，同样的研究还发现补充叶酸并不能降低冠心病的发病风险[7]。另一项研究也发现，补充叶酸可以降低心脏病患者的脑卒中风险[8]。总之，补充叶酸对于脑卒中和冠心病的干预效果不一致，具体机制尚不清楚，可能与潜在的病理生理机制的异质性有关。

维生素B6（VB6）在体内自然形式存在三种，经机体代谢后转化为活性形式PLP发挥生理作用[9]。在一碳单位代谢过程中，PLP参与叶酸循环和转硫途径，作为辅酶协助SHMT和CBS的催化反应。VB6缺乏在正常人中不常见，但在老年人和长期饮酒者中较为普遍。病例对照研究和前瞻性观察研究表明，VB6缺乏会导致Hcy水平升高，促进氧化应激、凝血和炎症反应，是心血管疾病的独立危险因素，而较高的VB6摄入与冠心病风险降低相关[10-13]。然而，在干预性研究中，补充VB6并未降低心血管疾病二级预防事件风险，如冠心病、脑卒中和深静脉血栓形成[14-16]。对于心血管疾病一级预防的作用尚不清楚，需要进一步深入研究。

维生素B12（钴胺素，VB12）作为MTR的辅酶参与Hcy的再甲基化过程。观察性研究显示，VB12水平与Hcy水平呈负相关[17]。VB12缺乏（如素食主义者、营养不良的老人）会导致Hcy堆积，增加心血管疾病风险[18]。一项meta分析研究纳入了七项前瞻性队列研究，发现较低的VB12水平与脑卒中风险增加相关，即使在调整Hcy的作用后仍然显著。尽管补充叶酸和VB12可以显著降低Hcy水平，但并未降低心血管疾病风险，且由于常常同时补充叶酸和VB12，很难确定单独VB12的作用[19]。

3.2 一碳单位代谢相关氨基酸与心血管疾病的关系

Hcy是一种被广泛研究的氨基酸，它在一碳代谢途径中起着重要作用，并被确认为心血管疾病的独立危险因素。Hcy通过接受5-MTHF或甜菜碱提供的一碳单位，进行再甲基化反应生成甲硫氨酸。甲硫氨酸的衍生物SAM是身体进行甲基化反应所需的供体。然后，SAM在代谢过程中生成SAH，并最终再次转化为Hcy，形成一个循环。观察性研究表明，高Hcy和低甲硫氨酸水平与心血管疾病有关。低甲硫氨酸会增加心肌梗死和静脉血栓的风险，机制可能与甘氨酸N-甲基转移酶（GNMT）功能受损、引发高脂血症和抑制甲基化反应有关[20-23]。然而，高甲硫氨酸饮食可能会增加Hcy水平，导致氧化应激和炎症反应加剧，损害心脏功能[24, 25]。此外，SAM甲基化反应生成的SAH被认为是心血管疾病的危险因素。SAH可以抑制SAM的甲基化反应，对DNA和组胺产生表观遗传学影响[26]。研究发现，SAH积聚可以导致内皮功能障碍和动脉粥样硬化，并且相对于Hcy而言，SAH可能是更敏感的心血管疾病生物标志物[27, 28]。

由于Hcy水平的慢性升高导致细胞内或血浆中SAH水平的上升，是否SAH是同型半胱氨酸相关疾病的关键病理因素仍需要进一步研究。

胆碱是人体必需的营养素，参与合成脂蛋白、细胞膜脂质，并作为神经递质乙酰胆碱的前体[29]。胆碱可以氧化成甜菜碱，而甜菜碱在BHMT的催化下将一碳单位转移到Hcy上生成二甲基甘氨酸，这个反应将胆碱、甜菜碱与一碳单位代谢过程联系在一起。在妊娠妇女中，低叶酸状态会降低甜菜碱水平并增加二甲基甘氨酸水平[30]。因此，在叶酸缺乏时，胆碱和甜菜碱成为一碳单位的重要来源[31]。补充胆碱或甜菜碱可以降低Hcy水平，具有心血管保护作用，但同时，胆碱可能会增加血浆低密度脂蛋白胆固醇水平，从而抵消降低Hcy带来的保护作用[32, 33]。一项meta分析研究发现，饮食中的胆碱或甜菜碱摄入量与心血管事件和相关死亡无关[34]。然而，在一项最近的病例对照研究中发现，在调整了混杂因素后，基线胆碱和甜菜碱水平较高的研究对象与最低水平者相比，患房颤和心衰的风险较高[35]。目前关于这两种营养素与心血管疾病的关系存在一些分歧，可能与研究人群和疾病的异质性有关。与此相比，甜菜碱代谢产物二甲基甘氨酸与心血管疾病的关系更为确切。已有研究证实，血浆二甲基甘氨酸水平与急性心肌梗死风险、冠心病患者全因和心血管死亡风险呈正相关，还可以提高稳定性心绞痛患者心肌梗死风险的预测能力[36, 37]。此外，血浆二甲基甘氨酸水平升高还可能增加先天性心脏病的风险[38]。

甘氨酸在人体代谢和营养过程中起着至关重要的作用，参与合成胶原蛋白、DNA、RNA、肌酸和血红素等物质。丝氨酸、苏氨酸、胆碱和乙醛酸酯都可以作为底物在体内合成甘氨酸[39]。前瞻性观察研究发现，较高水平的甘氨酸与2型糖尿病风险下降相关，而较低的基线甘氨酸水平能够在临床确诊前7年预测糖耐量受损及2型糖尿病的发生。因此，甘氨酸浓度降低被视为罹患2型糖尿病的独立危险因素，机制可能与甘氨酸缺乏导致胰岛素敏感性下降和胰岛素抵抗等因素有关[40–42]。动物实验还发现，补充甘氨酸可以减轻组织的缺血再灌注损伤、降低代谢综合征大鼠的血压，并改善孕期大鼠低蛋白饮食导致的心血管发育异常和高血压[43, 44]。尽管已经有不少研究发现甘氨酸具有潜在的心血管保护作用，但相关的人群研究仍然较少。一项北欧队列研究发现，在因心绞痛接受冠脉造影检查的患者中，血浆甘氨酸水平较高者合并存在的心血管疾病危险因素较少，并且在随访期间急性心肌梗死的风险更低[45]。关于补充甘氨酸是否能够降低心血管疾病的风险，目前尚缺乏足够的循证医学证据。

4 一碳单位代谢关键酶基因多态性与心血管疾病的关系

4.1 MTHFR与心血管疾病的关系

MTHFR基因多态性与心血管疾病之间的关系已经得到广泛研究。MTHFR基因的单核苷酸多态性位点包括677C→T和1298A→C。677C→T突变对生物学功能有较大影响，会导致5-MTHF水平下降，抑制Hcy再甲基化，从而增加Hcy水平。而1298A→C突变对Hcy的影响还不十分明确，并且可能被677C→T突变的影响所掩盖。值得注意的是，亚洲人群中677TT基因型的比例明显高于欧美人群[46, 47]。

流行病学研究表明，677C→T突变不仅使得高血压的风险增加了24%至87%，还使心血管疾病的风险增加了40%，尤其是脑卒中的风险升高[48, 49]。此外，677C→T突变还与高血压、静脉血栓形成以及先天性心脏缺陷相关[50–52]。因此，可以看出MTHFR 677C→T突变对于心血管疾病具有重要的作用。

相比而言，对于MTHFR 1298A→C的研究相对较少。有一些综合研究显示，MTHFR 1298A→C突变是某些先天性疾病如先天性心脏缺陷的风险因素[53]。然而，关于它与心血管疾病的关系尚存在争议。一些研究并未发现MTHFR 1298A→C与心血管疾病风险之间的相关性[54–58]。但在天津地区进行的一项病例对照研究中，MTHFR 1298A→C不仅会影响冠心病的发生，还与其严重程度相关[59]。这些差异可能与不同人群的基础叶酸状态以及不同基因型的分布频率有关。

4.2 MTR与心血管疾病

MTR基因的一个常见SNP位点为2756A→G，对Hcy水平的影响存在争议。一些研究发现，在行冠脉造影检查的患者中，2756GG基因型患者血浆Hcy水平更高[60, 61]。但也有其他研究发现MTR基因型与血浆Hcy水平并不相关[62, 63]。近年来，越来越多的证据表明MTR 2756A→G可能会影响心血管疾病的发生风险[64]。例如，在韩国和印度开展的相关研究中，发现MTR 2756GG基因型与脑卒中、冠心病等心血管疾病风险增加相关，并且同时存在其他因素(如饮酒)时风险升高更为显著[65, 66]。此外，一项meta分析研究也发现MTR 2756A→G的G等位基因与心血管疾病风险存在正相关[67]。同时，还有研究发现MTR 2756A→G与MTRR基因存在协同作用，共同增加静脉血栓栓塞的风险[68]。

4.3 MTRR与心血管疾病

关于MTRR基因的SNP位点66A→G的影响，对Hcy水平以及心血管疾病的影响存在争议，不同的研究结果并不一致[60, 63]。一项meta分析探讨了中国人群中MTRR基因多态性与Hcy水平之间的关系。该研究发现与MTRR 66GG基因型的受试者相比，66AA基因型或66AG基因型受试者的Hcy浓度相似[69]。另一项纳入23项病例对照研究的meta分析（其中22项为欧洲人群）显示，与MTRR 66GG基因型受试者相比，66AA基因型受试者冠心病风险增加7%[67]。然而，另一项针对中国人群的meta分析却发现，携带A等位基因的个体冠心病风险显著降低[70119]。因此，可以看出MTRR基因的作用在不同研究人群中存在较大差异。此外，还有研究发现MTRR 66A→G与脑卒中无相关性，但在与MTR基因的协同作用下，可增加静脉血栓栓塞的风险[68, 71]。

5 小结

综上所述，一碳单位代谢在人体生命活动中扮演着重要的角色。一碳单位代谢水平的变化以及关键酶SNP位点的突变可能导致人体生理代谢过程异常，增加肿瘤、心血管疾病等的风险。目前，关于一碳单位代谢与心血管疾病的关系研究结果并不一致，并且大部分研究仅关注单个代谢物或关键酶SNP与心血管疾病的联系，忽视了它们之间的相互作用。此外，在中国人群中的相关研究数据还相对匮乏。因此，未来需要在中国人群中进行更大样本量、高质量的临床研究，以进一步阐明一碳单位代谢与心血管疾病之间的关系，为心血管疾病的精准预防和治疗提供更充分的理论基础。

参考文献

[1] 刘芳超，顾东风. 中国心血管病防治的过去、现在和未来. 心脑血管病防治, 2020, 20(01): 2-4+17.
[2] Menezo Y, Clement P, Clement A, et al. Methylation: An Ineluctable Biochemical and Physiological Process Essential to the Transmission of Life. International journal of molecular sciences, 2020, 21(23):
[3] Sunden S, Renduchintala M, Park E, et al. Betaine-homocysteine methyltransferase expression in porcine and human tissues and chromosomal localization of the human gene. Archives of biochemistry and biophysics, 1997, 345(1): 171-174.
[4] Bao L, Vlcek C, Paces V, et al. Identification and tissue distribution of human cystathionine beta-synthase mRNA isoforms. Archives of biochemistry and biophysics, 1998, 350(1): 95-103.
[5] Kaye AD, Jeha GM, Pham AD, et al. Folic Acid Supplementation in Patients with Elevated Homocysteine Levels. Adv Ther, 2020, 37(10): 4149-4164.
[6] Collaboration HLT. Lowering blood homocysteine with folic acid based supplements: meta-analysis of randomised trials. Homocysteine Lowering Trialists' Collaboration. Bmj, 1998, 316(7135): 894-898.
[7] Li Y, Huang T, Zheng Y, et al. Folic Acid Supplementation and the Risk of Cardiovascular Diseases: A Meta-Analysis of Randomized Controlled Trials. J Am Heart Assoc, 2016, 5(8): e003768.
[8] Tian T, Yang KQ, Cui JG, et al. Folic Acid Supplementation for Stroke Prevention in Patients With Cardiovascular Disease. The American journal of the medical sciences, 2017, 354(4): 379-

387.
[9] Snell EE. Chemical structure in relation to biological activities of vitamin B6. Vitamins and hormones, 1958, 16(77−125.
[10] Friso S, Girelli D, Martinelli N, et al. Low plasma vitamin B-6 concentrations and modulation of coronary artery disease risk. The American journal of clinical nutrition, 2004, 79(6): 992−998.
[11] Jeon J, Park K. Dietary Vitamin B Intake Associated with a Decreased Risk of Cardiovascular Disease: A Prospective Cohort Study. Nutrients, 2019, 11(7):
[12] Friso S, Lotto V, Corrocher R, et al. Vitamin B6 and cardiovascular disease. Sub-cellular biochemistry, 2012, 56(265−290.
[13] Jeon J, Park K. Dietary Vitamin B(6) Intake Associated with a Decreased Risk of Cardiovascular Disease: A Prospective Cohort Study. Nutrients, 2019, 11(7):
[14] Lonn E, Yusuf S, Arnold MJ, et al. Homocysteine lowering with folic acid and B vitamins in vascular disease. N Engl J Med, 2006, 354(15): 1567−1577.
[15] Bønaa KH, Njølstad I, Ueland PM, et al. Homocysteine lowering and cardiovascular events after acute myocardial infarction. N Engl J Med, 2006, 354(15): 1578−1588.
[16] den Heijer M, Willems H, Blom H, et al. Homocysteine lowering by B vitamins and the secondary prevention of deep vein thrombosis and pulmonary embolism: A randomized, placebo-controlled, double-blind trial. Blood, 2007, 109(1): 139−144.
[17] Christen WG, Cook NR, Van Denburgh M, et al. Effect of Combined Treatment With Folic Acid, Vitamin B(6), and Vitamin B(12) on Plasma Biomarkers of Inflammation and Endothelial Dysfunction in Women. J Am Heart Assoc, 2018, 7(11): e008517.
[18] Boachie J, Adaikalakoteswari A, Samavat J, et al. Low Vitamin B12 and Lipid Metabolism: Evidence from Pre-Clinical and Clinical Studies. Nutrients, 2020, 12(7):
[19] O'Leary F, Samman S. Vitamin B12 in health and disease. Nutrients, 2010, 2(3): 299−316.
[20] Calderón-Larrañaga A, Saadeh M, Hooshmand B, et al. Association of Homocysteine, Methionine, and MTHFR 677C>T Polymorphism With Rate of Cardiovascular Multimorbidity Development in Older Adults in Sweden. JAMA network open, 2020, 3(5): e205316.
[21] Verhoef P, Stampfer MJ, Buring JE, et al. Homocysteine metabolism and risk of myocardial infarction: relation with vitamins B6, B12, and folate. Am J Epidemiol, 1996, 143(9): 845-859.
[22] Dhar I, Lysne V, Seifert R, et al. Plasma methionine and risk of acute myocardial infarction: Effect modification by established risk factors. Atherosclerosis, 2018, 272(175−181.
[23] Keijzer M, den Heijer M, Borm G, et al. Low fasting methionine concentration as a novel risk factor for recurrent venous thrombosis. Thrombosis and haemostasis, 2006, 96(4): 492−497.
[24] Chaturvedi P, Kamat P, Kalani A, et al. High Methionine Diet Poses Cardiac Threat: A Molecular Insight. Journal of cellular physiology, 2016, 231(7): 1554−1561.
[25] Han L, Wu G, Feng C, et al. Dietary methionine restriction improves the impairment of cardiac function in middle-aged obese mice. Food & function, 2020, 11(2): 1764−1778.
[26] Xiao Y, Su X, Huang W, et al. Role of S-adenosylhomocysteine in cardiovascular disease and its potential epigenetic mechanism. The international journal of biochemistry & cell biology, 2015, 67(158−166.
[27] Dayal S, Bottiglieri T, Arning E, et al. Endothelial dysfunction and elevation of S-adenosylhomocysteine in cystathionine beta-synthase-deficient mice. Circulation research, 2001, 88(11): 1203−1209.
[28] Zawada AM, Rogacev KS, Hummel B, et al. S-adenosylhomocysteine is associated with subclinical atherosclerosis and renal function in a cardiovascular low-risk population. Atherosclerosis, 2014, 234(1): 17−22.
[29] Hollenbeck CB. An introduction to the nutrition and metabolism of choline. Central nervous system agents in medicinal chemistry, 2012, 12(2): 100−113.
[30] Fernàndez-Roig S, Cavallé-Busquets P, Fernandez-Ballart JD, et al. Low folate status enhances pregnancy changes in plasma betaine and dimethylglycine concentrations and the association between betaine and homocysteine. The American journal of clinical nutrition, 2013, 97(6): 1252−1259.
[31] Ueland PM. Choline and betaine in health and disease. Journal of inherited metabolic disease, 2011, 34(1): 3−15.
[32] Zeisel SH. Betaine supplementation and blood lipids: fact or artifact? Nutrition reviews, 2006, 64(2 Pt 1): 77−79.
[33] Blachier F, Andriamihaja M, Blais A. Sulfur-Containing Amino Acids and Lipid Metabolism. The Journal of nutrition, 2020, 150(2524S-2531S.
[34] Meyer KA, Shea JW. Dietary Choline and Betaine and Risk of CVD: A Systematic Review and Meta-Analysis of Prospective

Studies. Nutrients, 2017, 9(7): 711.

[35] Papandreou C, Bulló M, Hernández-Alonso P, et al. Choline Metabolism and Risk of Atrial Fibrillation and Heart Failure in the PREDIMED Study. Clinical chemistry, 2021, 67(1): 288−297.

[36] Svingen G, Ueland P, Pedersen E, et al. Plasma dimethylglycine and risk of incident acute myocardial infarction in patients with stable angina pectoris. Arteriosclerosis, thrombosis, and vascular biology, 2013, 33(8): 2041−2048.

[37] Svingen GF, Schartum-Hansen H, Ueland PM, et al. Elevated plasma dimethylglycine is a risk marker of mortality in patients with coronary heart disease. European journal of preventive cardiology, 2015, 22(6): 743−752.

[38] Alsayed R, Al Quobaili F, Srour S, et al. Elevated dimethylglycine in blood of children with congenital heart defects and their mothers. Metabolism: clinical and experimental, 2013, 62(8): 1074-1080.

[39] Razak MA, Begum PS, Viswanath B, et al. Multifarious Beneficial Effect of Nonessential Amino Acid, Glycine: A Review. Oxid Med Cell Longev, 2017, 2017(1716701-1716701.

[40] Wang-Sattler R, Yu Z, Herder C, et al. Novel biomarkers for pre-diabetes identified by metabolomics. Mol Syst Biol, 2012, 8(615−615.

[41] Palmer ND, Stevens RD, Antinozzi PA, et al. Metabolomic profile associated with insulin resistance and conversion to diabetes in the Insulin Resistance Atherosclerosis Study. The Journal of clinical endocrinology and metabolism, 2015, 100(3): E463-468.

[42] Takashina C, Tsujino I, Watanabe T, et al. Associations among the plasma amino acid profile, obesity, and glucose metabolism in Japanese adults with normal glucose tolerance. Nutrition & metabolism, 2016, 13(5).

[43] El Hafidi M, Pérez I, Baños G. Is glycine effective against elevated blood pressure? Current opinion in clinical nutrition and metabolic care, 2006, 9(1): 26−31.

[44] Wang W, Wu Z, Dai Z, et al. Glycine metabolism in animals and humans: implications for nutrition and health. Amino acids, 2013, 45(3): 463−477.

[45] Ding Y, Svingen GFT, Pedersen ER, et al. Plasma Glycine and Risk of Acute Myocardial Infarction in Patients With Suspected Stable Angina Pectoris. J Am Heart Assoc, 2015, 5(1): e002621.

[46] Guéant-Rodriguez RM, Guéant JL, Debard R, et al. Prevalence of methylenetetrahydrofolate reductase 677T and 1298C alleles and folate status: a comparative study in Mexican, West African, and European populations. The American journal of clinical nutrition, 2006, 83(3): 701−707.

[47] 刘建平, 程锦泉, 彭绩, 等. 中国汉族人群MTHFR基因多态性与脑卒中易感性关系的Meta分析. 疾病控制杂志, 2007, 01): 30−32.

[48] McNulty H, Strain JJ, Hughes CF, et al. Riboflavin, MTHFR genotype and blood pressure: A personalized approach to prevention and treatment of hypertension. Molecular aspects of medicine, 2017, 53(2−9.

[49] Wu YL, Hu CY, Lu SS, et al. Association between methylenetetrahydrofolate reductase (MTHFR) C677T/A1298C polymorphisms and essential hypertension: a systematic review and meta-analysis. Metabolism: clinical and experimental, 2014, 63(12): 1503−1511.

[50] Marosi K, Agota A, Végh V, et al. [The role of homocysteine and methylenetetrahydrofolate reductase, methionine synthase, methionine synthase reductase polymorphisms in the development of cardiovascular diseases and hypertension] . Orvosi hetilap, 2012, 153(12): 445−453.

[51] Verkleij-Hagoort A, Bliek J, Sayed-Tabatabaei F, et al. Hyperhomocysteinemia and MTHFR polymorphisms in association with orofacial clefts and congenital heart defects: a meta-analysis. American journal of medical genetics Part A, 2007, 9): 952−960.

[52] Den Heijer M, Lewington S, Clarke R. Homocysteine, MTHFR and risk of venous thrombosis: a meta-analysis of published epidemiological studies. Journal of thrombosis and haemostasis : JTH, 2005, 3(2): 292−299.

[53] Yu D, Zhuang Z, Wen Z, et al. MTHFR A1298C polymorphisms reduce the risk of congenital heart defects: a meta-analysis from 16 case-control studies. Italian journal of pediatrics, 2017, 43(1): 108.

[54] Hanson NQ, Aras O, Yang F, et al. C677T and A1298C polymorphisms of the methylenetetrahydrofolate reductase gene: incidence and effect of combined genotypes on plasma fasting and post-methionine load homocysteine in vascular disease. Clinical chemistry, 2001, 47(4): 661−666.

[55] Ray J, Langman L, Vermeulen M, et al. Genetics University of Toronto Thrombophilia Study in Women (GUTTSI): genetic and other risk factors for venous thromboembolism in women. Current controlled trials in cardiovascular medicine, 2001, 2(3): 141−149.

[56] Ghazouani L, Abboud N, Mtiraoui N, et al. Homocysteine and methylenetetrahydrofolate reductase C677T and A1298C polymorphisms in Tunisian patients with severe coronary artery disease. Journal of thrombosis and thrombolysis, 2009, 27(2): 191−197.

[57] Eftychiou C, Antoniades L, Makri L, et al. Homocysteine levels and MTHFR polymorphisms in young patients with acute myocardial infarction: a case control study. Hellenic journal of cardiology : HJC = Hellenike kardiologike epitheorese, 2012, 53(3): 189−194.

[58] 沈静, 张红琴, 马蔡昀, 等. MTHFR基因C667T和A1298C多态位点和高同型半胱氨酸与冠心病的相关性研究. 标记免疫分析与临床, 2020, 27(02): 219-223+241.

[59] 刘先锋. 亚甲基四氢叶酸还原酶基因C677T和A1298C多态性与血浆同型半胱氨酸水平及冠脉病变程度的相关性分析[D]; 天津医科大学, 2016.

[60] Laraqui A, Allami A, Carrié A, et al. Relation between plasma homocysteine, gene polymorphisms of homocysteine metabolism-related enzymes, and angiographically proven coronary artery disease. European journal of internal medicine, 2007, 18(6): 474−483.

[61] Iqbal MP, Iqbal K, Tareen AK, et al. Polymorphisms in MTHFR, MS and CBS genes and premature acute myocardial infarction in a Pakistani population. Pakistan journal of pharmaceutical sciences, 2016, 29(6): 1901−1906.

[62] Wang XL, Duarte N, Cai H, et al. Relationship between total plasma homocysteine, polymorphisms of homocysteine metabolism related enzymes, risk factors and coronary artery disease in the Australian hospital-based population. Atherosclerosis, 1999, 146(1): 133−140.

[63] Jacques PF, Bostom AG, Selhub J, et al. Effects of polymorphisms of methionine synthase and methionine synthase reductase on total plasma homocysteine in the NHLBI Family Heart Study. Atherosclerosis, 2003, 166(1): 49−55.

[64] Kim OJ, Hong SP, Ahn JY, et al. Influence of combined methionine synthase (MTR 2756A > G) and methylenetetrahydrofolate reductase (MTHFR 677C > T) polymorphisms to plasma homocysteine levels in Korean patients with ischemic stroke. Yonsei medical journal, 2007, 48(2): 201−209.

[65] Vinukonda G, Shaik Mohammad N, Md Nurul Jain J, et al. Genetic and environmental influences on total plasma homocysteine and coronary artery disease (CAD) risk among South Indians. Clinica chimica acta; international journal of clinical chemistry, 2009, 405(127−131).

[66] Raina JK, Sharma M, Panjaliya RK, et al. Methylenetetrahydrofolate reductase C677T and methionine synthase A2756G gene polymorphisms and associated risk of cardiovascular diseases: A study from Jammu region. Indian heart journal, 2016, 68(3): 421−430.

[67] Chen L, Liu L, Hong K, et al. Three genetic polymorphisms of homocysteine-metabolizing enzymes and risk of coronary heart disease: a meta-analysis based on 23 case-control studies. DNA and cell biology, 2012, 31(2): 238−249.

[68] Yates Z, Lucock M. Interaction between common folate polymorphisms and B-vitamin nutritional status modulates homocysteine and risk for a thrombotic event. Molecular genetics and metabolism, 2003, 79(3): 201−213.

[69] Wang J, Ouyang N, Qu L, et al. Effect of MTHFR A1298C and MTRR A66G Genetic Mutations on Homocysteine Levels in the Chinese Population: A Systematic Review and Meta-analysis. Journal of translational internal medicine, 2017, 5(4): 220−229.

[70] 李雅洁, 李永旺, 丁旭, 等. 甲硫氨酸合成酶及其还原酶A2756 G、G66A基因多态性与冠心病易感性的Meta分析. 中华预防医学杂志, 2010, 09): 820−824.

[71] 徐恩, 邓兵梅, 陈盛强, 等. MTRR A66G、MSD919G、MTHFR C677T基因多态性与脑梗死的关系. 中华神经医学杂志, 2005, (09): 902-904+907.

老年肺炎的中医药疗效优势及实践

王成祥[1]　于会勇　郭雨菲
（北京中医药大学第三附属医院，医学博士，主任医师，教授，博士生导师）

【摘要】老年性肺炎是老年人的常见病和多发病，其发病率和死亡率明显高于青年人，临床表现不典型、临床治疗难度大，严重危害老年人的生命健康。中医药治疗老年肺炎具有祛邪与扶正兼顾、疗效明显、安全性强等优势，有助于应对老年肺炎的严峻挑战。本文在浅析老年肺炎发病特点与“正气亏虚、痰瘀互结、热毒炽盛”核心病机的基础上，结合个人及团队的临床经验与科研成果，浅谈老年肺炎的中医药治疗优势。

老年肺炎是指65岁以上人群所患的终末气道、肺泡和肺间质的炎症，可由细菌、病毒、支原体、真菌等病原体、理化因素、免疫损伤、过敏及药物所致。老年肺炎是老年人最常见的肺部感染性疾病，其发病率随年龄增长而上升，有研究表明，我国社区获得性肺炎患者中，65岁以上的患者占28.7%，老年人成为罹患该病的重要人群[1]。老年肺炎发病隐匿，预后较差，调查显示我国老年社区获得性肺炎的住院病死率为5.7%，高龄老年社区获得性肺炎住院病死率高达11.9%[2]。

老年肺炎患者多伴有基础疾病，临床治疗难度大，尤其是细菌耐药等问题使得临床抗感染难度大大增加。因此，老年肺炎的早期诊断、合理有效的治疗尤其重要，提高老年肺炎疗效，缩短住院时间，降低死亡率，成为目前亟待解决的临床问题。老年肺炎在中医上主要属于老年“风温肺热病”范畴，是以发热、咳嗽、胸痛、咯痰等肺系症状为主要临床特征的急性外感热病。中医药治疗老年肺炎具有祛邪与扶正兼顾、疗效明显、安全性强等优势，有助于应对老年肺炎临床治疗带来的严峻挑战。本文在浅析老年肺炎发病特点与核心病机的基础上，结合个人及团队的临床与科研实践，浅谈老年肺炎的中医药疗效优势。

1　老年肺炎发病特点

1.1　起病隐匿，多有诱因

老年人患肺炎通常呼吸道症状不典型，实验室检查缺乏特异性，易发生漏诊、错诊。在发病前多有劳累、受凉、情绪波动等诱因。

1.2　病原体复杂，耐药性较高

老年肺炎以混合感染多见，如细菌与病毒混合感染，细菌与真菌混合感染等，病原菌以革兰氏阴性杆菌占优势，耐药菌较多。CHINET数据显示，老年人呼吸道常见分离菌有肺炎克雷伯菌、鲍曼不动杆菌、铜绿假单胞菌、金黄色葡萄球菌等，呼吸道分离肺炎克雷伯菌及铜绿假单胞菌对亚胺培南耐药率的年龄段比较，均为老年人的耐药率高[3]。

1.3 基础病多，病情较重

由于老年人多伴有心脑血管疾病、神经系统疾病、糖尿病等基础疾病，以及一些院内医疗措施的应用，使得老年人患肺部感染的几率增加。老年肺炎多发生在原发基础疾病之上，可表现为原发基础疾病症状加重，而呼吸系统症状、体征不典型，如表现为心动过速、呕吐、意识障碍等。

1.4 病变迅速，并发症多

由于老年肺炎患者免疫力较低，病情演变比较迅速，起病不久即易并发呼吸衰竭、心力衰竭、感染性休克、肺性脑病、水电解质紊乱和酸碱失衡等，因此老年人罹患肺炎的病死率较青年人明显升高。

2 老年肺炎临床特点

老年肺炎的临床症状不典型，通常缺乏肺炎特征性表现，如发热、咳嗽、咯痰、寒战、胸痛等，而常出现谵妄、意识状态下降、嗜睡、食欲不振、恶心、腹痛、腹泻、尿失禁、淡漠、虚弱等神经及消化系统非特异症状。老年肺炎的临床体征可因脱水、浅快呼吸、痰鸣音等呼吸道传导音干扰而改变，呈现出不典型的体征，通常缺乏肺实变体征。辅助检查上，老年肺炎患者血常规可无白细胞升高表现，但较多发生低氧血症及菌血症，胸部影像学表现常较重。

3 老年肺炎中医核心病机

为了发挥中医药在老年肺炎的治疗中的优势，几代呼吸热病专家进行了不懈的努力。董建华院士提出的三期二十一候温热病辨证规范，将急性外感热病分为表证期、表里证期、里证期三个阶段二十一个证候进行辨证；我的导师杜怀棠教授发现风温病与肺热病症状比较相似，将老年肺炎归于“风温肺热病”范畴，从而规范了老年肺炎的中医病名及辨治标准。我带领研究团队在继承董老、杜老等前辈经验的基础上，结合自己40余年的临床实践，根据老年肺炎“热、痰、瘀、虚”的变化特点，提出“热毒炽盛、痰瘀互结、正气亏虚”是老年肺炎（老年风温肺热病）贯彻始终的核心病机，其病机关键为：热（毒）、痰、瘀、虚，为本虚标实之证。在病变过程中，机体正气亏虚是内因，感受风温毒邪是外因，热毒炽盛、痰瘀互结则是其主要病理变化，也是影响疾病预后的关键因素。该核心病机的提出，丰富了老年呼吸热病学病因病机的认识，为临床治疗树立了“扶正解毒化瘀”的原则，研制了专利药物扶正解毒化瘀颗粒，在国家十一五科技支撑计划的临床研究中发现，扶正解毒化瘀方可有效降低老年肺炎的病死率，尤其对耐药铜绿假单胞菌有较好的干预作用，对病毒所致的老年肺炎亦具有较好疗效，取得了良好的社会和经济效益。

4 中医药治疗老年肺炎临床实践

扶正解毒化瘀方由西洋参、黄芩、连翘、漏芦、炒薏米等八味药组成，全方配伍严谨，将肺痈理论与肺炎联系起来，兼顾热毒、瘀血、正虚与痰浊的相互关联，共成扶正、解毒、化瘀之效。在“十一五”国家科技支撑计划项目课题通过随机对照试证实[4]：老年肺炎患者表现为咳嗽、发热、咳痰、胸闷痛、喘息、气短懒言、倦怠乏力、大便干结、口干舌燥等临床症状，证实了正虚、热毒、痰瘀的病机，拟定的扶正解毒化瘀颗粒可以即时退热，改善老年人排痰及其他临床症状，可明显提高入组后住院达2周以上老年肺炎患者的有效率。对该组患者分析发现：革兰氏阴性杆菌占检出致病菌的78.84%，其中绿脓假单胞杆菌占23.08%，另真菌占17.31%，说明治疗组对抗生素不敏感或耐药菌感染的患者具有较好疗效。通过检测老年耐药菌肺炎患者血清白介素等炎症因子含量，验证了活血化瘀药物可以降低血清炎性因子的水平，降低耐药菌感染过程中全身过度炎症反应，直观证实了化瘀法在肺炎中的治疗作用[5]。

5 中药治疗老年肺炎机制探讨研究

5.1 中药改善细菌耐药

耐药菌感染是导致老年肺炎患者病情缠绵加重，住院时长增加的重要原因。团队在“十一五”临床研究的基础上，根据“扶正解毒化瘀颗粒可以提高住院2周老年肺炎患者有效率”的研究结果，提出假设：扶正解毒化瘀方可以通过延缓细菌耐药性，达到对老年肺炎的干预效果，结合病原学检测中以铜绿假单胞菌为主，最终以扶正解毒化瘀方干预耐药铜绿假单胞菌为研究方向进行了实验验证。体外抑菌实验证实[6-8]，中药与抗生素联合干预多重耐药铜绿假单胞菌较单独使用抗生素，最低抑菌浓度值降低一个浓度梯度，且能破坏细菌的超微结构；中药对多重耐药铜绿假单胞菌的生物膜有明显抑制作用。研究还表明[9]中药可以通过干预外排泵系统发挥对多重耐药铜绿假单胞菌的治疗作用。通过对扶正解毒化瘀方拆方，解毒药物组含药血清能一定程度恢复哌拉西林他唑巴坦和亚胺培南西司他丁钠对多重耐药铜绿假单胞菌的敏感性，化痰组含药血清能一定程度恢复哌拉西林他唑巴坦对细菌的敏感性[10]。

5.2 中药改善老年肺炎免疫损伤

诸多研究表明中药能够通过改善肺炎带来的免疫损伤，从而达到好的疗效。以团队研究的扶正解毒化瘀方为代表，观察扶正解毒化瘀方对脂多糖诱导的大鼠肺巨噬细胞中炎性体通路及相关炎性反应递质的作用，扶正解毒化瘀方组能下调促炎因子的表达，上调抑炎因子的表达，其可能通过干预机体炎性通路减轻延缓机体免疫炎性损伤[11]。

动物实验表明，扶正解毒化瘀方能够抑制多重耐药铜绿假单胞菌急性肺炎大鼠促炎性因子的表达，促进干扰素水平，通过炎症通路作用于细菌感染所致的免疫炎性反应从而降低感染对机体的损伤[12]。实验还发现，扶正解毒化瘀方对急性肺部感染大鼠肺损伤模型的微循环障碍及肺水肿具有减轻作用。在多重耐药铜绿假单胞菌慢性感染大鼠模型中，同样发现扶正解毒化瘀方能够下调感染后炎症因子的水平，干预炎症通路，调节多重耐药铜绿假单胞菌慢性肺炎时炎性体的激活及免疫炎性反应[13]。

6 中医特色疗法预防和调护老年肺炎

面对老年肺炎疾病，除了传统中药，中医也有许多特色疗法能够辅助治疗，加强老年患者预后效果，以及预防肺炎的发生和重复感染。中医食疗是最简便的调理方法之一，老年肺炎患者可在医生的指导下进行饮食调理，常见的有具有解表功效的紫苏叶、桑叶、葱白、菊花、生姜，具有化痰功效的陈皮、橘红、枇杷、萝卜，具有活血化瘀功效的山楂、沙棘，以及具有补虚功效的山药、沙参、西洋参、百合、莲藕等。除了食疗，也可以根据辨证服用中药膏方。中医用药主张“以平为期”，温而不燥，滋而不腻，动静结合，气血同调，膏方具有便携、易储藏、口感佳、方便服用、胃肠道反应小等优势，特别适合老年人群做预防食用。

《素问·四气调神大论篇》中有云：“圣人不治已病治未病，不治已乱治未乱。”“治未病”是中医防护疾病的一个重大原则。艾灸具有温经散寒、扶阳固脱、消瘀散结、防病保健、引热外行的作用，既能扶正，又可祛邪，通过激发人体正气，增强抗病能力，预防老年人肺炎的发生，未病施灸有防病保健的作用。艾灸的穴位可选择：风门，肺俞，足三里，气海，关元等。对于阳气下陷或欲脱之危证，可用艾灸扶助阳气、举陷固脱；对于体内寒热之邪，既可以温和热力祛散寒邪、温通经络，又能使皮肤腠理开放，毛窍通畅，使热有去路，引热外行。现代研究显示，艾灸具有双向调节机体免疫作用，既能使紊乱的免疫功能向正常状态调整，也能使正常机体的抗病能力增强[14]。

穴位贴敷和按摩也是预防老年肺炎的中医特色疗法。以“冬病夏治”为原理，在一年中最炎热的三天（“三伏天”）将中药敷贴在特定穴位上治疗秋冬发作的疾病，称为“三伏贴”。对于肺部疾病可选取定喘、肺俞、脾俞、肾俞等穴位，以增强机体免疫力。运用敷贴疗法刺激体表穴位，从而达到以肤固表、以表托毒、以经通脏、以穴驱邪和扶正强身的目的。对于老年肺炎等肺部疾病，还可通过按摩膻中、天突、合谷等穴位，达到宣通肺气，降气化痰，通经活络的效果。

“正气存内，邪不可干”，通过固护人体正气，能够增强对外邪的抵御，降低疾病的发生率。适当的运动引导能够帮助老年人增强体力与免疫力。如八段锦主要是通过呼吸的调整、身体活动的调整和意识的调整为手段，达到强身健体、防病治病的目的。太极拳是基于太极阴阳之理念，用意念统领全身，通过入静放松、以意导气、以气催形的反复习练，达到修身养性、陶冶情操、强身健体、益寿延年的目的。

7 总结

随着我国老龄化问题日渐显著，老年人作为肺炎的易感人群受到越来越广泛的关注。团队通过多年的临床经验提出老年性肺炎“正气亏虚、痰瘀互结、热毒炽盛”的核心病机并提出了扶正解毒化瘀治法方药，通过大量临床和实验研究，证实了其有效性。中药治疗感染性疾病具有多靶点的优势，不仅具有消灭病原微生物的作用，降低微生物的耐药性，同时还能通过激发机体自身免疫及调节炎性因子释放促进炎症的吸收和肺组织的修复，为临床治疗老年肺炎提供了新的突破口。除了中药治疗老年肺炎，中医还有其他特色疗法预防和调护老年肺炎。综上所述，中医药治疗老年肺炎相比西医治疗具有一定的优势，有助于缓解临床耐药等棘手问题，能够降低老年肺炎的病死率。

参考文献

[1]李晓梅，史亮亮，张瑶，等. 中国老年社区获得性肺炎现状[J]. 空军军医大学学报，2022, 43(7): 910-913.

[2] HAN X, ZHOU F, LI H, et al. Effects of age, comorbidity and adherence to current antimicrobial guidelines on mortality in hospitalized elderly patients with community-acquired pneumonia [J]. BMC Infect Dis, 2018, 18(1): 192.

[3] CHINET数据云/资料下载[EB/OL]. [2023-12-19]. https://www. chinets. com/Content/File/CHINET 2022年细菌耐药监测结果. ppt.

[4] XU H, LI M, WANG C, et al. Evaluation on clinical efficacy of Fuzheng Jiedu Huayu Decoction combined with antibiotics in the treatment of pneumonia in the elderly – A multi-center, double-blind, parallel, randomized controlled trial [J]. Complementary therapies in medicine, 2018, 37: 127−132.

[5]林玉洁，徐红日，王成祥，等. 活血化瘀中药对老年耐药细菌性肺炎细胞因子的影响[J]. 当代医学，2011, 17(25): 11−12.

[6] XU H, LIU C, LI M, et al. In Vitro Antibacterial Experiment of Fuzheng Jiedu Huayu Decoction Against Multidrug-Resistant Pseudomonas aeruginosa [J]. Front Pharmacol, 2019, 10: 1682.

[7]刘国星. 铜绿假单胞菌肺炎证候特点及扶正解毒化瘀方对MDRPA体外抑菌实验研究[D]. 北京中医药大学，2018.

[8]王玉婷，王成祥，赵世同. 扶正解毒化瘀方含药血清联合抗菌药物对PA和MDRPA的体外抑菌作用[J]. 西部中医药，2022, 35(11): 36−39.

[9]王玉婷，徐红日，赵世同，等. 扶正解毒化瘀方对多重耐药铜绿假单胞菌MexAB-OprM外排泵表达影响的研究[J]. 世界中医药，2019, 14(4)· 859−863.

[10]赵世同，徐红日，王玉婷，等. 扶正解毒化瘀方拆方的体外抑菌作用及其对抗生素体外抑制多重耐药铜绿假单胞菌作用的研究[J]. 中华中医药杂志，2019, 34(6): 2683−2686.

[11]崔兰凤，徐红日，王玉婷，等. 扶正解毒化瘀方对脂多糖诱导大鼠肺巨噬细胞的调控作用[J]. 世界中医药，2020, 15(4): 538−542.

[12]王玉婷，王成祥，赵世同，等. 扶正解毒化瘀方对MDRPA感染肺炎大鼠血清炎症细胞因子水平的影响[J]. 山东中医药大学学报，2021, 45(3): 380−383.

[13]崔兰凤，李富增，王玉婷，等. 扶正解毒化瘀方通过NLRP3炎性体减轻多重耐药铜绿假单胞菌慢性肺炎肺损伤的作用机制[J]. 中华中医药杂志，2023, 38(2): 588-592.

[14]武凤琴，陈庆伟，王荎. 艾灸调节机体免疫功能的研究进展[J]. 中医药临床杂志，2016, 28(4): 454-456.

肝病科普

郑鑫卓　徐春军[1]　牛作虎　武　璇
（首都医科大学附属北京中医医院，教授，主任医师，博士生导师）

【摘要】近年来我国肝疾病谱中，乙型肝炎、丙型肝炎等感染性肝病所占比例明显下降，酒精性肝病、非酒精性脂肪性肝病、药物性肝损伤等非感染性肝病所占比例逐渐上升，这种变迁与随着社会经济的高速发展，我国医药卫生事业的进步和人民物质生活水平的提高息息相关。肝病的临床表现以消化道症状最为常见，早期多无特异性临床症状，随着疾病进展可发展为肝衰竭或肝纤维化、肝硬化甚至肝癌。在治疗上，常规西医治疗以病因治疗、保肝治疗和综合支持治疗为主，中医治疗肝病重在病证结合、扶正祛邪兼顾、三因制宜。在疾病治疗之外，肝病患者日常还应重视情绪舒畅、饮食有节、起居有常、劳逸结合等调护宜忌。

【关键词】肝疾病谱；调护；十节操

1　肝疾病谱的变迁

肝脏作为最大的实质性器官和腺体，在人体内担负着复杂多样的生理功能，如分泌胆汁、支持凝血过程、过滤或清除体内外的一些毒物或代谢产物、参与免疫调节、参与脂肪、蛋白质等基础物质代谢。临床上常见的肝脏疾病有：病毒性肝炎、酒精性肝病（ALD）、非酒精性脂肪性肝病（NAFLD）、药物性肝损伤（DILI）、自身免疫性肝病［AILD，包括原发性硬化性胆管炎（PSC）、自身免疫性肝炎（AIH）、原发性胆汁性胆管炎（PBC）］、肝纤维化/肝硬化、肝细胞癌（HCC）、肝寄生虫病、隐源性肝病（CID）等。

目前我国约有4亿人口正饱受着以病毒性肝炎（主要是乙型肝炎、丙型肝炎）、药物性肝损伤、自身免疫性肝病、非酒精性脂肪性肝病及酒精性肝病为主的肝脏疾病的困扰[1]。近年来随着社会经济的高速发展、医药卫生事业的进步和人民物质生活水平的提高，肝脏疾病谱也发生了明显的变化[2]。统计发现，近年来我国肝疾病谱中，感染性肝病所占比例明显下降，非感染性肝病所占比例逐渐上升[1]。

在感染性肝病中，自1992年开始实施新生儿乙型肝炎疫苗规划管理[3,4]以来，随着抗病毒药物的应用及乙肝疫苗的普及，我国1−59岁人群HBsAg流行率从1992年的9.75%降至2006年的7.18%[5]，2016年全人群HBsAg流行率进一步下降至6.1%[6]，这说明我国乙肝控制工作取得了显著成绩，但乙型肝炎目前仍在住院肝病患者的原因中高居首位[7]，这提示我国的乙肝防治工作仍然任重道远。丙型肝炎患者的住院率以2012年为分界点，2012年之前逐年上升，这可能与加大了对重点人群及高危人群的筛查力度有关，之后逐渐呈下降趋势，可能与小分子药物的成功研发有关[1]，据估计[8]，2020年我国一般人群HCV感染者约948.7万例。甲型和戊型肝炎主要由不洁食物、饮水等通过粪—口途径传播，此类患者人数所占同期住院肝病患者的比例较低，与我国近年来卫生环境条件改善，人民经济生活水平、卫生知识水平及防范保护意识提高息息相关。

在非感染性肝病中，ALD占同期肝病住院患者的比例从2000年的2.4%上升至2004年的4.3%，酒精性肝硬化占肝硬化的病因构成比1999年的10.8%上升到2003年的24.0%，这与我国饮酒人群和嗜酒者在一般人群中所占比例逐年上升的趋势密切相关[9]。随着大众的饮食结构、生活习惯及生活方式的改变，NAFLD人数显著上升，其全国患病率已从2008—2010年的25.4%迅速上升至2015-2018年的32.3%[10]，并成为全球第一大慢性肝病原因[11]。DILI的患者人数占比也逐渐升高，究其原因可能与误用或滥用药物有关，特别是传统中草药、保健品、膳食补充剂等[12-15]，其在可能引起肝损伤的药物中占比高达26.81%[16]，此外抗结核药物、抗肿瘤药物、免疫调节剂等引起的药物性肝损伤[17]也较为常见。一项回顾性研究表明[14]，我国普通人群中每年药物性肝损伤的发生率至少为23.80/100 000，远高于西方国家[18,19]，且呈逐年上升趋势[20]，甚至已经超越CHC成为肝病住院患者的第二大原因[1]。随着我国风湿免疫学科的发展、自身抗体的检测以及肝活组织检查的广泛开展，AILD的构成比也呈上升趋势[1]，我国的PBC患病率估算为20.5/10万，在亚太地区位居第二位[21]。此外，由于诊断技术的发展和提高，原来少见的遗传相关性肝病如Gilbert综合症以及隐源性肝病也有更多的病例被发现。

统计发现，原发性肝癌在肝病患者住院原因中的占比呈显著上升趋势[22,23]，一方面是随着医疗水平的提高和检查检验手段的发展，对肝癌的早期诊断率有所提高；另一方面是生活方式的改变、工作压力等多种因素会影响肝癌的发生[22]，导致肝癌患者增多；此外，乙肝病毒[24]、丙肝病毒感染在肝癌的发生发展中起着重要作用，饮酒、糖尿病、超重、肥胖等情况逐年增多亦使原发性肝癌发生风险增加[23]。

2 肝病的临床表现

肝脏作为人体最大的消化器官，与胃肠功能关系密切[25]，因此食欲减退、恶心、腹胀、大便失调等消化道症状是各类肝病的常见临床症状，其症状改善直接关系到肝病预后[26]。

由于肝实质内痛感神经缺乏且具有较强的自我修复能力，故早期肝病多起病隐匿，无明显症状或仅出现疲倦乏力等非特异性症状[27]，如病毒性肝炎[28,29]、酒精性肝病[9]、非酒精性脂肪性肝病[30]、自身免疫性肝病[21,31]、药物性肝损伤[17]等患者早期多表现为病原学指标或免疫指标异常，伴或不伴肝酶轻、中度升高，而无明显临床症状。随着病情进展，一部分患者出现慢性肝病的急性加重，甚至发展为急性或亚急性肝衰竭[17]，引起以急性黄疸加深、凝血功能障碍为表现的临床症候群，可合并包括肝性脑病、腹水、电解质紊乱、感染、肝肾综合征、肝肺综合征等并发症，以及肝外器官功能衰竭[32]；一部分患者在持续性慢性肝损伤的刺激下，逐渐进展成为肝纤维化、肝硬化甚至肝癌。肝纤维化患者的临床表现多为原发慢性肝病的临床表现，如疲倦乏力、食欲不振、大便异常、肝区不适或胀或痛、睡眠障碍、皮肤瘙痒等；肝硬化患者还可有面色晦暗、蜘蛛痣、肝掌、脾脏肿大等体征；部分患者可无明显症状与体征，或表现为伴同于原发慢性肝病的其他临床表现[33]；肝癌患者以乏力、消瘦、肝区疼痛为主要临床表现，晚期患者多伴有多器官功能衰竭及严重腹水[34]。

此外，病毒性肝炎患者在急性感染期可出现全身乏力、食欲减退、恶心和肝区疼痛不适、黄疸等症状，少数伴低热，轻度肝肿大，部分患者可出现脾肿大。也有多数患者无明显症状，表现为隐匿性感染；当感染超过6个月后，结合病原学及肝脏组织病理学检查可诊断慢性肝炎[28]。非酒精性脂肪性肝病除了上述临床症状外，还可以结合BMI、腰围、代谢性危险因素及并存疾病等进行诊断与评估[30]。

3 肝病的基本治疗

肝脏疾病一般有肝损伤→肝炎→肝纤维化→肝硬化→肝癌五个发展历程[35]，引起肝损伤的原因有病毒性、代谢性、自身免疫性等多方面，因此常规西医治疗一般分为病因治疗、保肝治疗和综合支持治疗三方面，并以减轻肝损伤、抑制肝病进展、积极预防各项并发症为主要目标[32, 33]。

慢性乙型肝炎以抗病毒治疗、抗炎抗氧化保肝治疗、抗纤维化治疗为主，常用药物有NAs类（恩替卡韦、富马酸替诺福韦酯等）和干扰素α类抗病毒药物，甘草酸制剂、水飞蓟素制剂等抗炎、抗氧化、保护肝细胞药物，安络化纤丸、复方鳖甲软肝片等抗纤维化药物[29]。丙型肝炎的抗病毒治疗以DAAs为主，如艾尔巴韦/格拉瑞韦、索磷布韦/维帕他韦等方案[28]。酒精性肝病的治疗以戒酒和营养支持为主[9]，在完全戒酒[36]的基础上还需要注意蛋白、各种维生素及叶酸等营养补充。非酒精性脂肪性肝病的治疗首要目标是减肥和改善胰岛素抵抗，预防和治疗代谢综合征、2型糖尿病及其相关并发症；次要目标为减少肝脏脂肪沉积，避免因“附加打击”而导致非酒精性脂肪性肝炎和慢加急性肝功能衰竭[30]。药物性肝损伤除了基础治疗外还要及时停用可疑肝损伤药物，并尽量避免再次使用可疑或同类药物[17]。原发性胆汁性胆管炎目前的治疗一线用药为熊去氧胆酸，应答不佳者可考虑奥贝胆酸、贝特类药物以及布地奈德等二线治疗[21]。自身免疫性肝炎目前主要采用非特异性免疫抑制：泼尼松（龙）联合硫唑嘌呤治疗或者泼尼松（龙）单药治疗作为标准治疗方案[31]。

中医药治疗肝病具有疗效确切、多靶点调控、安全性高等特点，特别是在缓解临床症状、减缓疾病进展速度、提高生存质量等方面优势突出。其治疗肝病的基本原则如下。(1) 病证结合。各类肝病因病因区别而具有不同的特点，如酒精性肝病起自酒毒，易酿湿生热，从而具有湿热的特点[37]；药物性肝损伤起自药毒，具有易损伤脏腑气血而致正虚的特点；肝寄生虫病起自虫毒，具有可传染、病程久等特点；病毒性肝炎起自疫毒，具有缠绵难愈、病性暴烈等特点。辨证论治是中医学认识和治疗疾病的基本原则，是对疾病某一阶段病理过程的概括，也是病机所在，针对肝病患者不同的病因、病机特点，从而在药物选择上有所侧重，才能做到有的放矢，取得良好的临床效果。(2) 扶正祛邪兼顾。肝病发生的根本原因为正虚，致病条件为外邪，在肝病发展的不同阶段，正邪交争呈现不同的局势，早期正虚尚不明显，邪气不盛，治疗上以祛邪为主，辅以扶正，以尽早驱逐客邪；中期，正气已虚，邪气渐盛，处于正邪交争的平衡状态，当扶正、祛邪并重；晚期正气大伤，邪盛至极，当以扶正为主，佐以祛邪，待正气恢复邪实可徐徐祛之。(3) 三因制宜。不同肝病的发生与患者的体质、发病时令及周围环境密切相关，因此在临证时因人、因地、因时制宜而辨证立法，遣方用药，才能取得良好的疗效。因人制宜：根据患者的年龄、性别、体质等进行区分，如青少年患者具有脏腑娇嫩的生理特点，以及饮食不节、营养过剩的病理特点，临床治疗要注重消补兼施，不可一味猛攻损伤正气；老年患者多有肝肾亏虚的生理特点，因此治疗时需着眼于肝肾的平衡调护；相较男性患者，女性患者有“以血为本，以肝为先天”的生理特点，治疗上要注重养血调肝。因地制宜：同一疾病在不同的地理气候、饮食习惯等作用下表现出的致病特点也不尽相同，如岭南地区雨水充沛，气候炎热潮湿而多瘴雾，岭北地区冬季冰雪严寒干燥，不同的气候特点造就了不同的患者体质，因而用药侧重也有所不同。因时制宜：四时有春暖、夏热、秋凉、冬寒的气候特点，《素问·厥论》云：“春夏则阳气多而阴气少，秋冬则阴气盛而阳气衰。”故春夏用药当避免辛温发散太过，耗伤气阴；秋冬用药当避免寒凉太过，损伤阳气。

4 肝病调护

多数肝病患者的病程都相对较长，在临床上既要重视肝病治疗本身，也要时刻谨记以人为本，重视患者的精神状态、生活起居、休息营养等调护宜忌[38]。通过健康宣教能充分调动患者的主观能动性，医患合作，才能够顺利战胜肝病。

4.1 情绪舒畅，忌急躁

临床上不少肝病患者因所患疾病症状多、病情复杂、病程迁延、易反复等特点，出现或忧虑不宁或急躁易怒的情绪。《素问·阴阳应象大论》云："怒伤肝""思伤脾""恐伤肾""喜伤心""忧伤肺"；《素问·举痛论》云："怒则气上，喜则气缓，悲则气消，恐则气下，惊则气乱，思则气结。"可知情绪变化对脏腑功能和全身气机均有较大影响，从而影响患者的身体康复。故肝病患者应当保持情绪舒畅，避免急躁，"使志安宁"，才能"精神内守，病安从来"。

4.2 饮食有节，忌偏嗜[39]

饮食失节是部分肝病的发病原因之一，而肝病患者又以消化道症状为主，因此调节饮食是治疗肝病的重要辅助疗法。(1) 既要随其所好，又要有所节制：患者因地域、习惯不同，有嗜酸、嗜甜、嗜辛辣、嗜咸的口味，肝病患者饮食不振，若从其所好，则能增加食量，有利于营养补给，但也不能过偏。《素问·至真要大论》云："五味入胃，各归所喜，攻酸先入肝，苦先入心，甘先入脾，辛先入肺，咸先入肾。"然而五味过偏对脏腑功能也有直接影响，反而不利于营养吸收，《素问·生气通天论》云："味过于酸，肝气以津，脾气乃绝；味过于咸，大骨气劳，肌短，心气抑；味过于甘，心气喘满，色黑，肾气不衡；味过于苦，脾气不濡，胃气乃厚；味过于辛，筋脉沮滞，精神乃央。"故肝病患者饮食口味可以从其所欲，但不能过偏。(2) 忌暴饮暴食：肝病患者的饮食当定时定量，节奏协调，消化功能才能正常进行。若进食间隔时间太久，则过饥而无欲；间隔时间太短，则中满而不消；若间隔不定，偏爱零食，受纳无度，则升降失节，难以运化。此外，肝病患者每餐不宜过饱，因为肝病困脾，运化失司，过饱则难以胜任，只有适当减量，留有余地，才更有利于充分消化吸收。(3) 根据病情和条件，适当调配：例如普通肝炎患者可多吃含蛋白质、维生素及热量高且易消化的食品，一些多伴有湿热证候的急性肝炎患者，宜选用偏凉且有祛湿作用的膳食进行调理，如鸭架冬瓜汤、红豆薏仁粥、鲫鱼汤等。对肝硬化或肝功能严重衰竭的患者，则应限制蛋白质、脂肪、糖类的摄入，否则助热伤肝，生湿伤脾，从而增加肝脏负担，甚至诱发肝昏迷。(4) 食疗养生[40]：俗话说"药补不如食补"，很多食物不仅含有丰富的营养物质以供人体热能与新陈代谢的需要，还具有重要的治疗疾病与养生长寿的作用。如：肝病食疗方薏苡仁粥，由生薏米、枸杞子、莲子、山药组成，整体补而不腻，性味平和而不燥烈，可以保肝补虚、健身延寿。拟制冬季食用补方乌鸡归参汤，即用乌骨鸡一只，配合当归、党参或西洋参，共煮，多喝汤少吃肉，补气养血而不助热，适合严寒冬季温补食用。

4.3 起居有常，顺应四时

《素问·五藏生成》云："人卧血归于肝，肝受血而能视，足受血而能步，掌受血而能握，指受血而能摄。"《温病条辨》云："肝主血，肝以血为自养，血足则柔，血虚则强。"可知规律作息有助于肝藏血的正常发挥，进而影响肝脏自身及其他生命活动。肝病患者更要注重睡眠充足、作息规律，如此肝血得养，才有利于肝病的恢复。此外，肝病的发生多起于内虚，患病之后，邪正交争，正气更加耗伤，机体抵抗力下降，因此平日要做到"虚邪贼风，避之有时"，根据四时气候变化适时增减衣被，避免感冒。

4.4 劳逸结合，不妄作劳

《素问·宣明五气》云："久视伤血，久卧伤气，久坐伤肉，久立伤骨，久行伤筋。"《素问·上古天真论》云："形劳而不倦，气从以顺。"

可知过劳或过逸都会影响气血、筋骨、肌肉等生理常态，只有劳逸结合，才能气机顺畅，有利于机体功能的恢复。对肝病患者而言，在急性期或肝功能严重损害阶段，保证卧床休息、安静内守，有利于正气缓慢恢复。急性期过后或肝功能逐渐恢复阶段，则应根据个人的体力情况，逐渐减少卧床时间，增加活动时间，使气顺血畅，促进身体康复。

5 肝病养生十节操

北京中医医院徐春军教授在肝病泰斗关幼波教授的养生经验基础上，自创了“肝病十节操”[41]，对各类慢性肝病患者而言，既可以起到运动锻炼效果，又相对柔和，有助于患者的身体康复。

第一节叩头：直立，两手握空拳，腕关节施力，两手指端轻叩头顶部。先从前额向中、向后轻叩，再由后枕部向左右顶边缘部及前额轻叩，通常50次为宜。

第二节梳头：用木梳梳头。第一步直向梳刷，每天1次，每次3~5分钟，每分钟20~30次，以后逐渐加快。第二步手握梳柄，手腕回转，使梳子顶端碰着头皮，斜向梳刷。先顺着头形梳，将头发梳顺，接着逆向梳，再顺着头形梳。用力要均匀、适当，以防划破头皮。

第三节弯腰与扩胸：两脚自然分开，两手叉腰，先左右侧弯30次，再前俯后仰30次，最后两臂左右扩胸数次。

第四节击掌：两手侧平举，手指伸直分开，然后用力击掌20次，自觉疼痛为度。此举类似手针疗法，有利于调节全身状况。

第五节浴手：取习惯体位，排除杂念，心静神凝，意守丹田，两手合掌由慢到快搓热。

第六节搓面：双手搓热平放于面部，两中指分别由前额沿鼻两侧，向下至鼻两旁，反复揉搓，至面部发热为止。一般20次左右。然后闭目，用双手指尖揉按眼部周围。

第七节搓耳：用双手食指、中指与无名指，前后搓擦耳廓，可刺激分布在耳廓上的各个穴位。一般20次为宜。

第八节搓颈：两手食指、中指与无名指伸直并拢，用力搓擦风池穴和风府穴，力量由轻到重，直到发热。

第九节缩唇呼吸：直立，两手叉腰，腹式呼吸，先吸气，停顿片刻，然后缩唇，慢慢呼气，直到吐完为止，再深深吸一口气，反复十余次。

第十节散步：不拘形式，闲散、从容地踱步。

参考文献

[1] 付懿铭, 韩萍, 纪冬等. 21382例肝活检患者的慢性肝病谱及变化趋势[J]. 肝脏, 2019, 24(01): 16-19.

[2] 新疾病谱召唤 共赴临床“肝”需[N]. 医药经济报, 2022-08-18(005).

[3] 罗秋敏, 陈佳, 李智鹏等. 慢性乙型肝炎抗病毒治疗新进展[J]. 广东医学, 2022, 43(07): 843-848.

[4] 单姗, 贾继东. 慢性乙型病毒性肝炎近十年防控成就[J]. 中国临床医生杂志, 2022, 50(10): 1131-1132.

[5] 崔富强, 庄辉. 中国乙型肝炎的流行及控制进展[J]. 中国病毒病杂志, 2018, 8(04): 257-264.

[6] Polaris Observatory Collaborators. Global prevalence, treatment, and prevention of hepatitis B virus infection in 2016: a modelling study[J]. Lancet Gastroenterol Hepatol, 2018, 3(6): 383-403.

[7] 徐志远, 杨永峰. 2012-2021年南京市第二医院肝病住院患者疾病谱及变化趋势分析[J]. 临床肝胆病杂志, 2023, 39(09): 2137-2144.

[8] Polaris Observatory HCV Collaborators. Global change in hepatitis C virus prevalence and cascade of care between 2015 and 2020: a modelling study[J]. Lancet Gastroenterol Hepatol, 2022, 7(5): 396-415.

[9] 中华医学会肝病学分会脂肪肝和酒精性肝病学组, 中国医师协会脂肪性肝病专家委员会. 酒精性肝病防治指南(2018更新版). 中华肝脏病杂志, 2018, 26(03): 188-194.

[10] Zhou F, Zhou J, Wang W, et al. Unexpected rapid increase in the burden of NAFLD in China from 2008 to 2018: A systematic review and meta-analysis[J]. Hepatology, 2019, 70(4): 1119-1133.

[11] 金玉, 武晓旭, 李秋娟等. 非酒精性脂肪性肝病流行现状调查[J]. 人民军医, 2021, 64(05): 425-428.

[12] LANCASTER K, RHODES T, RANCE J. Towards eliminating viral hepatitis: Examining the productive capacity and

constitutive effects of global policy on hepatitis C elimination [J]. Int J Drug Policy, 2020, 80: 102419.

[13] ZHENG E, SANDHU N, NAVARRO V. Drug-induced liver injury secondary to herbal and dietary supplements [J]. Clin Liver Dis, 2020, 24(1): 141–155.

[14] SHEN T, LIU Y, SHANG J, et al. Incidence and etiology of drug-induced liver injury in mainland China [J]. Gastroenterology, 2019, 156(8): 2230–2241. e11.

[15] GREWAL P, AHMAD J. Severe liver injury due to herbal and dietary supplements and the role of liver transplantation [J]. World J Gastroenterol, 2019, 25(46): 6704–6712.

[16] 沈琴,王晓萍,强磊.药物引起的肝损伤发病机制研究进展[J].药学研究,2022,41(09):595–599.

[17] 马世武,刘成海,刘晓琰等.中国药物性肝损伤诊治指南(2023年版)[J].胃肠病学,2022,27(06):341–375.

[18] NAVARRO V, AVULA B, KHAN I, et al. The contents of herbal and dietary supplements implicated in liver injury in the united states are frequently mislabeled [J]. Hepatol Commun, 2019, 3(6): 792–794.

[19] de ABAJO FJ, MONTERO D, MADURGA M, et al. Acute and clinical y relevant drug-induced liver injury: a population based case-control study [J]. Br J Clin Pharmacol, 2004, 58(1): 71-80.

[20] LI X, TANG J, MAO Y. Incidence and risk factors of druginduced liver injury [J]. Liver Int, 2022, 42(9): 1999–2014.

[21] 中华医学会肝病学分会.原发性胆汁性胆管炎的诊断和治疗指南(2021).中华肝脏病杂志,2022,30(03):264–275.

[22] 陈文辉,陈昆仑,钱兴旺等.2013—2019年河南省肝脏疾病住院患者疾病谱变化[J].中国临床研究,2023,36(03):425–429.

[23] 欧蔚妮,付艳,邢卉春等.2005至2013年首都医科大学附属北京地坛医院住院肝病患者肝病疾病谱变化及相关因素分析[J].中华实验和临床感染病杂志(电子版),2016,10(03):327–332.

[24] 朱平安,金娴,谭杨等.肝细胞癌组织中乙肝病毒前S基因分析[J].热带医学杂志,2021,21(12):1527–1532.

[25] Archer Sam, Davies Kate, Biological basis of child health 9: development of the liver and clinical features of childhood liver disease.[J]. Nurs Child Young People, 2021, 33: 34–42.

[26] 苏全武,吴红红,徐如龙等.柴胡疏肝散加减治疗肝硬化患者伴胃动力障碍的临床研究[J].时珍国医国药,2021,32(04):919–921.

[27] 蒋开平,黄凯舟.警惕肝脏的求救信号[J].安全与健康,2022(05):80.

[28] 中华医学会肝病学分会,中华医学会感染病学分会.丙型肝炎防治指南(2022年版)[J].中华传染病杂志,2023,41(1):29–46.

[29] 尤红,王福生,李太生等.慢性乙型肝炎防治指南(2022年版)[J].实用肝脏病杂志,2023,26(03):457–478.

[30] 中华医学会肝病学分会脂肪肝和酒精性肝病学组,中国医师协会脂肪性肝病专家委员会.非酒精性脂肪性肝病防治指南(2018更新版).中华肝脏病杂志,2018,26(03):195–203.

[31] 中华医学会肝病学分会.自身免疫性肝炎诊断和治疗指南(2021).中华肝脏病杂志,2022,30(05):482–492.

[32] 王宪波,王晓静,刘慧敏等.慢加急性肝衰竭中西医结合诊疗指南[J].临床肝胆病杂志,2023,39(07):1547–1552.

[33] 徐列明,刘平,沈锡中等.肝纤维化中西医结合诊疗指南(2019年版)[J].中国中西医结合杂志,2019,39(11):1286–1295.

[34] Sucandy I, Giovannetti A, Ross S, et al. Institutional First 100Case Experience and Outcomes of Robotic Hepatectomy for Liver Tumors [J]. Am Surg, 2020, 86(3): 200–207.

[35] 周啟秀,谢言青,谭文红等.藤茶的保肝作用及机制研究进展[J].中医药学报,2023,51(10):112–119.

[36] O'shea RS, Dasarathy S, Mccullough AJ, et al. Alcoholic liver disease [J]. Hepatology, 2010, 51(1): 307–328.

[37] 方清云,徐健众.徐健众教授论治酒毒经验举隅[J].中国中医急症,2021,30(02):341–344.

[38] 北京中医医院.关幼波临床经验选[M].北京:人民卫生出版社,1979:176–184.

[39] 徐春军.关幼波医学文集[M].北京:华夏出版社,2013:364-366.

[40] 赵伯智.关幼波肝病杂病论[M].北京:中国医药科技出版社,2013:462–463.

[41] 袁梦.慢性肝病养护操[J].恋爱·婚姻·家庭(养生版),2016,(2):46–46.

成人流感：你想知道的那些事儿

滕 菲[1] 杨建坤[1]
（首都医科大学附属复兴医院感染科，主治医师）
（首都医科大学附属复兴医院感染科，主任，主任医师）

流感就是重感冒么？

流行性感冒是由流感病毒感染引发的疾病，其中以季节性流感最为常见，分为甲型、乙型等类型，除此之外还有禽流感等。流感初期的典型表现为突起发热、咳嗽、咽痛、乏力和肌肉酸痛。发热程度通常为37.8~40.0℃，也可能更高[1]。对于不存在基础疾病的青年或中年人，如果在季节性流感流行期间出现上述症状，则有约80%的可能性是流感病毒感染[2]。甲型、乙型流感的症状都有轻有重，且流感样症状也与其他呼吸道病原体感染时引起的症状相似，如副流感病毒、呼吸道合胞病毒、人偏肺病毒、腺病毒、鼻病毒和新型冠状病毒等，因此需要通过具有特异性的检测项目来确诊流感病毒感染。检测时通常取口咽拭子或鼻拭子，检验的灵敏度与病毒载量相关，在发病3天内进行检测，其阳性率较高[1]。用于诊断流感的实验室检测金标准是病毒培养和逆转录聚合酶链式反应（RT-PCR），有流感症状抗原阳性也可确诊，但抗原阴性不能除外，因为抗原假阴性率较高。流行性感冒的其它症状还包括头痛、恶心、腹泻、食欲不振等，老年人(≥65岁)还可以出现神志改变[3]。

普通感冒是一种良性的、具有自限性的综合征，不同病毒科的200余种病毒亚型均可引起普通感冒，其中，鼻病毒(包括100余种血清型)是最常见的病毒。术语“普通感冒”是指轻度的上呼吸道病毒感染，是一种独立的疾病，与流行性感冒并不等同。普通感冒的症状主要是由机体对感染的免疫应答反应所致，而不是缘于病毒对呼吸道的直接损害。成人感冒很少出现高热，最常见的症状是鼻塞、流涕、咽干、咳嗽等。普通感冒的症状因人而异，症状的种类和严重程度都与宿主因素(年龄、基础疾病及既往免疫状况等)及感染病毒的类型有关[4]。

普通感冒多无全身症状或症状轻微，通常不会出现并发症，一般无需治疗或仅需对症治疗，病程具有自限性，多不超过一周半。而流行性感冒患者常有高热、头痛和肌痛等症状，若未经治疗，后期可能继发细菌感染、促发患者原有的基础病加重(如慢性阻塞性肺疾病、哮喘、冠状动脉疾病或心力衰竭等)，还有可能出现诸多并发症（如肺炎、急性心肌梗死、脑炎、脑血管意外、吉兰-巴雷综合征、肌炎和横纹肌溶解等）。流行性感冒的病程较长，完全康复需要10−14天（65岁以上的患者可能更长），部分患者的乏力症状及咳嗽、咳痰等呼吸道症状会持续数周[5]。

若在流感季出现了流感样症状，应引起充分重视，及时就医诊治，以免延误病情。

扛过甲型流感又得乙型流感？

在同一年的流感季内，已经得过一次流感，痊愈后间隔不久又出现了类似于流感的症状，有可能是又得了流感么？答案是肯定的。引发流感季的“元凶”最常见的有四种流感病毒亚型：甲型H1N1、甲型H3N2、乙型Victoria、乙型Yamagata。这些病毒株相互独立，罹患其中某一种，在痊愈后，仅产生针对该亚型毒株的抗体，而不同亚型之间交叉保护效力微乎其微。所以，若是未曾接种流感疫苗，就有可能出现得完甲型流感又得乙型流感的情况。

一人感染全家沦陷？

流感病毒在人与人之间主要经呼吸道传播，如果未采取防护措施，在约1.8米的距离内即有经大飞沫(≥100μm)或气溶胶(<100μm)吸入而发生感染的风险[6]。流感病毒感染者的呼吸道分泌物中存在病毒，当感染者说话、咳嗽、打喷嚏时，病毒就有机会被他人直接吸入，或病毒先污染物体表面，他人接触后再触摸自己的眼、鼻或口，病毒通过黏膜侵入，因此而造成感染传播[7]。

流行性感冒的潜伏期（已感染病毒但尚未出现症状）通常为1-4日(平均2日左右)[8]。若免疫功能正常，流感病毒在感染者出现症状时开始排出，发病后24-48小时病毒排出量达到高峰（传染性最强），之后迅速下降，5-10日后几乎检测不到病毒(传染性极弱)[9]。发生家庭内传播时，传播者与被感染者的发病时间间隔多为3—4日[10]。但并非一人患病，所有的家庭成员均会“中招”，是否会出现症状，取决于免疫系统与流感病毒的“博弈”。若免疫系统占据上风，感染者可能会在发病前即将病毒清除（隐性感染）；若免疫力较弱或是感染的病毒量较大、致病力较强，那么免疫系统就不足以抑制流感病毒在体内的复制和播散，从而让病毒有机可乘，亦即“中招”。所幸有研究发现，如果家中已有成员罹患流感，在其出现症状后的36小时内，家中所有成员开始实施手卫生并佩戴口罩，就可以有效降低病毒在家庭内传播的风险[11]。罹患流感的家庭成员及时服用抗病毒药物也可以降低将病毒传播给其他家人的可能性。

药物预防能够代替疫苗接种么？

接种疫苗是预防季节性流感最重要的措施。在未接种疫苗的情况下，若有流感病毒的暴露史（指照护流感患者、与患者一同生活或近距离面对面交谈等），可在暴露后的48小时内通过抗病毒药物（如奥司他韦）进行暴露后预防，若超过48小时，则无预防效果。除采取暴露后预防外，尚未接种疫苗者还应及时接种流感疫苗。抗病毒药物仅可用作辅助性预防措施，但无法代替疫苗接种（具有时效性且药物的保护效力逊于疫苗）。可以理解为，抗病毒药物类似于具有时效性的防护屏障，可以在短时间内击退侵入的病毒并产生保护效力，但时间一过即会消失，下一波病毒暴露后依然束手无策。而疫苗接种则是使机体自身的免疫系统产生抗体，类似于训练出保护自己的军队，在每一波病毒入侵时都能迅速反击，产生较为持久的保护效力。

常用抗流感病毒药物大起底~

奥司他韦（疗程5日）是治疗流感的首选抗病毒药物，是明确有效且在当下安全性最好的药物。对于重症流感，在常规治疗剂量的基础上再增加用药剂量[12]，或是与其它抗病毒药物联合用药[13, 14]，都并不能提高疗效。对于无并发症的流感患者，若是能在早期接受抗病毒治疗(症状发作后48小时内)，奥司他韦能使成人缓解症状的时间提前16.8小时[15]，而玛巴洛沙韦能使症状减轻的中位时间提前29小时[16]。玛巴洛沙韦仅需单次服药，简便易行，但免疫功能受损的患者不应使用，否则易产生耐药性。目前国内也未批准将玛巴洛沙韦用于流感的预防。经口吸入给药的扎那米韦（单次用药）有引发支气管痉挛的风险，故禁用于支气管哮喘患者或慢性阻塞性肺疾病患者。帕拉米韦（疗程5日）为静脉制剂，仅用于无法耐受口服或吸入给药的患者。

已经得过流感，还要注射疫苗么？

即使罹患过一次流感，但由于感染的毒株与其他毒株之间的交叉保护作用微乎其微，在当季流行期间，仍需注射流感疫苗以预防感染其它种类的流感病毒亚型（如前文所述的“得完甲流又得乙流”）。且因流感病毒的抗原特异性经常改变、注射疫苗后产生的抗体水平也会逐渐下降，保护力也随之减弱，故而每年均需重新接种当年新制备的流感疫苗。

鉴于流感病毒可以发生抗原性漂移，即病毒蛋白抗原性的血凝素（HA）和神经氨酸酶（NA）基因的微小突变，每年都会根据预测的流行病毒株更新疫苗抗原。但疫苗株也可能与流行株并不匹配，这就会导致疫苗效力降低。现有的流感疫苗多为四价（四种流感抗原：甲型H1N1、甲型H3N2、乙型Victoria、乙型Yamagata）或三价（三种流感抗原：甲型H1N1、甲型H3N2、乙型Victoria），基本涵盖了当季活跃度较高的“元凶”。

流感疫苗可以与其他疫苗同时接种么？

目前国内常用于预防成人流感的疫苗是需经肌肉注射的灭活疫苗，流感疫苗可与COVID-19疫苗同时接种[17]。流感疫苗也可与其他疫苗同时接种，但应选择不同的注射部位。流感病毒灭活疫苗不会干扰机体对其他灭活疫苗或病毒活疫苗的免疫应答，即不会降低其他疫苗接种后所产生的保护效力，也不会降低自己的免疫效能。

接种流感疫苗后还有可能得流感么？

疫苗的有效性受多种因素影响，如年龄、基础健康状况、自身免疫状态等，还与当季疫苗抗原与流行病毒株的匹配度相关[5]。总体而言，接种流感疫苗可以有效降低流感的发病率，在极大程度上保护我们免受流感病毒的侵袭。然而，接种流感疫苗后仍然有罹患流行性感冒的风险，但即使发病，接种过疫苗者也可以降低死亡率及减轻流感的严重程度，所以，接种疫苗仍然是预防流感的首选措施。

参考文献

[1] Krammer, F., et al., *Influenza*. Nat Rev Dis Primers, 2018, 4(1): p. 3.

[2] Ohmit, S.E. and A.S. Monto, *Symptomatic predictors of influenza virus positivity in children during the influenza season.* Clin Infect Dis, 2006, 43(5): p. 564−8.

[3] Uyeki, T.M., et al., *Clinical Practice Guidelines by the Infectious Diseases Society of America: 2018 Update on Diagnosis, Treatment, Chemoprophylaxis, and Institutional Outbreak Management of Seasonal Influenzaa*. Clin Infect Dis, 2019, 68(6): p. e1−e47.

[4] Eccles, R., *Understanding the symptoms of the common cold and influenza*. Lancet Infect Dis, 2005, 5(11): p. 718−25.

[5] Uyeki, T.M., *Influenza*. Ann Intern Med, 2021, 174(11): p. Itc161-itc176.

[6] Cowling, B.J., et al., *Aerosol transmission is an important mode of influenza A virus spread*. Nat Commun, 2013, 4: p. 1935.

[7] Bischoff, W.E., et al., *Transocular entry of seasonal influenza-attenuated virus aerosols and the efficacy of n95 respirators, surgical masks, and eye protection in humans*. J Infect Dis, 2011, 204(2): p. 193−9.

[8] Cox, N.J. and K. Subbarao, *Influenza*. Lancet, 1999, 354(9186): p. 1277−82.

[9] Carrat, F., et al., *Time lines of infection and disease in human influenza: a review of volunteer challenge studies.* Am J Epidemiol, 2008, 167(7): p. 775−85.

[10] Cowling, B.J., et al., *Comparative epidemiology of pandemic and seasonal influenza A in households.* N Engl J Med, 2010, 362(23): p. 2175-2184.

[11] Cowling, B.J., et al., *Facemasks and hand hygiene to prevent influenza transmission in households: a cluster randomized trial*. Ann Intern Med, 2009, 151(7): p. 437−46.

[12] Welch, S.C., et al., *High-dose versus standard dose oseltamivir for treatment of severe influenza in adult intensive care unit patients*. Intensive Care Med, 2015, 41(7): p. 1365−6.

[13] Beigel, J.H., et al., *Oseltamivir, amantadine, and ribavirin combination antiviral therapy versus oseltamivir monotherapy for the treatment of influenza: a multicentre, double-blind, randomised phase 2 trial*. Lancet Infect Dis, 2017, 17(12): p. 1255−1265.

[14] Kumar, D., et al., *Combining baloxavir marboxil with standard-of-care neuraminidase inhibitor in patients hospitalised with severe influenza (FLAGSTONE): a randomised, parallel-group, double-blind, placebo-controlled, superiority trial*. Lancet Infect Dis, 2022, 22(5): p. 718−730.

[15] Jefferson, T., et al., *Neuraminidase inhibitors for preventing and treating influenza in adults and children.* Cochrane

提高科学素养，发挥中医优势 实现身心健康

于智敏
（中国中医科学院中医基础理论研究所，研究员，医学博士，传承博士后，博士研究生导师）

养生保健、健康长寿是当今社会关注的热点，延长健康快乐的美好生活是永恒的主题，也是人类为之奋斗的终极目标，而中医养生则是实现这一目标的重要方法。但在现实生活以及养生保健中，还存在较多的盲目盲从行为，由此导致“求生养生丧生”的悲剧屡屡发生，究其原因，无不与科学素养不高，身心健康失衡有关。因此，提高科学素养，实现身心健康乃当务之急！

提高科学素养，明辨养生真伪

“素养”一词出自东汉班固编撰的《汉书·李寻传》，其中有“士不素养，不可以重国”之论，意思是说人如果没有足够的能力，是没有办法帮助国家强盛的。素养源自平日的修习涵养，是人的综合素质的体现。《后汉书·刘表传》云：“越有所素养者，使人示之以利，必持众来。”陆游《上殿札子》“气不素养，临事惶遽”，表达的就是这层含义。

科学素养是素养概念的延伸和派生，其中蕴含理解和运用相关信息开发自己的知识和潜能的能力。科学素养赋予我们分析问题、提出假设、进行实验和从数据中得出结论的能力。

养生保健、健康长寿是当今社会关注的热点，深受众人追捧。我国文化教育水平不断提高，真正意义上的“文盲”已经绝迹，但是“隔行如隔山”，面对相对专业的养生保健知识，尽管不是本领域的行业专家，但是只要具备基本的科学素养，从底层逻辑分析也能分辨出有些声称具有养生保健长寿功能产品的真伪。可见，提高公众的科学素养，不仅能够更好地理解我们所生活的世界，还能够更好地应对复杂的挑战和问题。

健康素养隶属于科学素养，它通过各种渠道获取健康信息，并运用这些信息维护和促进自身健康，这个过程本身就是科学素养的集中体现。健康是身体、精神和社会等方面都处于良好的状态。躯体健康可以通过饮食运动等方法促进，精神健康和社会关系健康则需要提高科学素养与健康素养才能达成。因为只有具备这些素养，才能明白科学的力量及其局限性，才能清楚如何正确合理地使用这种力量，实现对人类、社会和自然生态环境的认知，实现对生老病死、健康与疾病、

Database Syst Rev, 2014, 2014(4): p. Cd008965.

[16] Ison, M.G., et al., *Early treatment with baloxavir marboxil in high-risk adolescent and adult outpatients with uncomplicated influenza (CAPSTONE-2): a randomised, placebo-controlled, phase 3 trial.* Lancet Infect Dis, 2020, 20(10): p. 1204–1214.

[17] Grohskopf, L.A., et al., *Prevention and Control of Seasonal Influenza with Vaccines: Recommendations of the Advisory Committee on Immunization Practices - United States, 2022-23 Influenza Season*. MMWR Recomm Rep, 2022, 71(1): p. 1–28.

预防与治疗以及医疗的作用与局限性有清晰的基本判断，进而影响我们的思维方式、决策和行动能力。

科学素养、健康素养的高低决定一个国家、民族群体与个体的前途与发展方向。因此，提高公众健康素养对调整改善个体与群体的身心健康状态具有重要意义，也直接影响并调整改变身心健康状态。教育是提高科学素养与身心健康的主要手段，宣传教育，普及推广科学与健康知识，提高公民科学素养与健康素养任重道远！

重视健康素养，实现身心健康

健康是每个人都希望拥有的宝贵财富，是人类追求的永恒目标，健康素养则是我们打开通向健康坦途之门的钥匙，是一项关乎每个人的必备技能，它包括对人体健康和疾病治疗以及预后的理解判断，更包含对维护身心健康方法的理解、解释与运用。健康素养是构建现代养生理论与应用体系，实现身心健康的核心内容。

中医养生强调“养生莫若知本，治病必求其本”，追求“以人为本”和身心健康的价值目标，主张整体的和谐统一，重视心理、行为与躯体健康的综合共治，突出人文关怀、人的道德和人际关系、社会适应能力的培养。科学与人文的水乳交融，传统与现代的有机结合，理念与方法的融会贯通，形神与道德的兼收并包，共同构成具有鲜明时代特色的养生体系。

提高健康素养与认知，才能深刻体会身心健康的真谛。归根结底，健康的身体和愉快正常的心态才是健康的全部。中医养生理论与养生方法尤其重视身心健康，在《黄帝内经》中表述为“故能形与神俱，而尽终其天年，度百岁而去”，主张形神合一，强调形体为精神活动之载体，精神活动为形体之主宰，形体与精神同生、同存、同亡，是不可分割的统一整体。身心健康，“形神合一”是中医学的整体健康观；《冯氏锦囊秘录》所言：“人之所生者神也，所托者形也，神大用则伤，形大劳则敝，形神离则死，故圣人重之。”

提高健康素养与认知，有助于提高公众对养生保健理论方法的体悟与意义探寻，从根本上解决重“术”轻“道”，知其然不知其所以然，偏听偏信，盲目盲从问题，进而积极主动自觉地调整身心状态，潜移默化之中提高养生理论的认知度与应用程度，实现健康素养与身心健康的全面提升。养生不是单纯意义上的经验与习惯，而是理论与实践结合的产物，科学素养与健康素养，身心健康与人际关系的和谐维护是其重要内容。

中医健康认知，积精敛气全神

养生是指通过各种方法颐养生命，增强体质，预防疾病，从而达到延年益寿的行为与活动。任何单一学科都难以实现养生目的并完成养生使命。养生方法多种多样，但宗旨与目的则一，都是通过身心共治，实现“延长人类健康快乐的美好生活”。提高科学素养，实现身心健康同样如此，毕竟形神一体，心安则身健，身强则心宁，两者相辅相成，密不可分。

中医认为，身心健康的标准是脏腑气血阴阳平衡，精足血满，气旺神生，心有所主，神有所藏。毕竟“小病在身，大病在心”；养生在于养心，治病重在治心，身心共调，协调并重方为正鹄。

凝神敛气，静心葆精是中医养生之本，“精气神”是其关键所在，“得神者昌，失神者亡”是中医学重要的原则。神由心所主，心所藏，血所养，《素问·灵兰秘典论》“主明则下安，以此养生则寿，殁世不殆”“恬淡虚无，真气从之，精神内守，病安从来”，突出了神在人体生命活动中的地位。气是人体生命活动的主要表现形式，人体通过气机的升降运转，表现出种种生命活动。中医强调“出入废则神机化灭，升降息则气立孤危”，以保持人体气机升降出入为延年益寿的重要手段。“人始生，先成精，精成而脑髓生”；肾为先天之本，主藏精；精血同源，炼精化气，炼气化神，精气神一体，精存则生，精失则死。延年益寿的内容之一就是积精成神，保养先天之根本。此外，中医养生还有多种强身健体的方法，这些方法形式不同，目的则一，是一致百虑，殊途同归的具体表达。

保持维护健康的方法很多，尽管各种方法都有相对明确的适宜人群和适应范围，但各种方法本身并无高低贵贱之分。抑此扬彼，宣传夸大某种方法的作用都是片面的。科学素养、健康素养能给我们一双“慧眼”，把各种纷扰看个明白。

坚持“和实生物”，目标“形与神俱”

《国语》指出：“夫和实生物，同则不继。”中医西医具有各自独立的生命观、健康观、疾病观、治疗观、康复观，应该秉承此原则相互补充，相互促进，协调共建，健康发展。因此，以开放包容之心，求和谐，谋发展，提高科学素养与健康素养，身心并重，形神一体，和实生物，构建统一新医药学。

在中医养生的理论与实践中，“和”既是追求的稳定状态，平正中和，不损不亢；又是一种重要的调和方法，气血调和，五脏和谐，天人合一；同时还是养生终极追求的目标，和为贵，和实生万物，处天地之和，法于阴阳，和于术数。

身心健康的本质是“和”，是天人和一，天地合谐，就是关系和、心身和、气血和。健康的标准就是一个“和”字，养生的目的就是“保和”“求和”“和谐”。《内经》概括为“因而和之，是谓圣度”，故而能“却老全形”，或通过养生“亦可使益寿而有极时”。

“气血冲和，万病不生。”气血以通达为顺，营养、滋润全身。气血运行通畅，卫外机能正常，五脏阴阳平衡，人体健康不病；“血气不和，百病乃变化而生”。如果气机闭塞，血脉淤滞，流通不畅，各种疾病都会随之发生。《滇南本草》：“气血调而阴阳固守，忧郁开而疾病不生”，强调了“气血冲和”的重要性。

“和”是完美、完善的体现形式，是和谐、和平、祥和的最佳状态，是养生疗病的最高法则，也是生命的本质和健康的标准。《灵枢·本脏》把“人之常平”的状态总结为“血和”“卫气和”“志意和”“寒温和”等。气血和，则经脉通利；脏腑和，肢节得养；志意和，则情志调畅，精神安宁，心境平和；寒温和，则人对气候变化及饮食温凉能够适应，进而避免邪气的侵犯。

“和”是中医治疗疾病的核心。以人为本，以正气为先，重视人体正气在疾病抗争中的地位，调整顾护人体正气，补其不足，以达到扶正祛邪的目的。方法有损其有余，补其不足，刚柔并济等，目的都是求“和谐”。

“和”即健康，“不和”则为疾病。养生疗病必须顺应天地及生命规律，以维持和恢复人体“和”的状态。人与自然的天人相应之和，人际关系的人和，人身的阴阳之和、气血之和、脏腑之和、情志之和、营卫之和、表里之和、劳逸之和、饮食之和等等，都是健康的要素，无论养生治疗，防病治病，始终应该追求“和谐”。“谨察阴阳所在而调之，以平为期”，其中的“平”，就是平和、中和、保和与和谐状态。

思　考

健康是一个动态的概念，是社会进步、物质文明和精神文明共同发展的重要标志，是社会与个人整体综合素质的集中体现。因此，提高公众科学素养与健康素养，鼓励提倡人们发挥自己的主观能动性，保证社会所有成员都获得身心健康的平等权利，是所有人的共同行为，也是全社会的共同责任，应该成为《科学与健康》的重点领域。

中医药学兼具科学和人文双重属性，科学为人文奠基，人文为科学导航。中医药学的发展需要现代科学技术助力，科学研究也应该从中医药学中汲取思想精华，东方西方文明互鉴，水乳交融，协调发展，这是社会对《科学与健康》的期望。

中医西医应资源共享、平台共建、扬长避短、优势互补，紧密围绕社会需求，发扬各自医特色及优势，拓展在健康领域的协同发展空间，推动大健康产业的发展，这是《科学与健康》的使命。

5G赋能智慧医疗　按下健康“加速键”

丛海波
（山东第一医科大学二级教授，利民医院首席专家）

5G技术在医疗健康领域的应用被称为5G医疗健康，它为医疗行业带来了许多创新和改进。党的二十大报告指出，要“把保障人民健康放在优先发展的战略位置”，“促进优质医疗资源扩容和区域均衡布局”，这是一项有针对性的重大指导性的战略部署。2020年3月24日，工信部发布了关于推动5G加快发展的五方面18项举措中明确指出开展5G智慧医疗系统建设，建立5G智慧医疗平台，加快5G在疫情预警、院前急救、远程诊疗、智能影像辅助诊断等方面的应用推广。随着5G技术的普及，以及与云计算、大数据、人工智能的广泛结合，必将担当起促进医疗行业数字化转型、推动医疗产业创新的重任。

1　5G远程医疗

5G的高速传导和低延迟特性、海量链接使得远程医疗变得更加可行，医生可以通过视频通话与患者进行远程诊断和治疗，无需面对面接诊。对于远途患者来说尤为重要，他们可以获得更专业的医疗服务，节省到院时间和成本。

目前国内外研究机构正借助5G技术、磁导航技术、机器人技术开展远程会诊、远程手术、应急救援等研究。研究初期以试点探索为主，多为应用场景的先导性尝试。技术验证、方案推广可行性研究仍较少，可推广性、安全性、稳定性需要提升。丛海波显微微创团队研发的电磁导航手术机器人系列设备，开发用于手术机器人的主从跟踪控制方法，实现术中对不同解剖结构的时间/空间实时追踪和手术导航。研发相应系列的电磁导航手术机器人、配套手术器械及软件，满足不同的临床应用5G+远程医疗开始了初步探讨和试验，并进行了相应的临床应用，取得了良好效果。通过对5G+电磁导航机器人系统的充分整合和运用，在远程治疗产业越来越呈现出强大的影响力和生命力。该系统运用多种影像技术融合显示并可追踪显示末端执行器位置，实时显像的同时把重建的CT或者MRI图像同步显示，并将结果利用设备直观立体的表现出来。5G网络大带宽、低时延、高可靠等特性为该系统增速。低至毫秒级的时延可有效应用于远程手术操控应用，实现从医学观察、指导到医学操作的突破。

构建“5G+远程治疗系统”和“电磁导航手术机器人智能化平台”，以及制定电磁导航在外科领域应用的规范化治疗方案，是非常有前景和创新性的举措。这些技术和方案将为外科医生和患者带来许多好处，包括更精确的手术导航、更高效的远程治疗和更安全的手术操作。在构建“5G+远程治疗系统”方面，可以利用5G网络的高速和低延迟特性，实现医生与患者之间的实时远程交流和诊断。这将使得医生可以远程监控患者的病情，提供远程诊断和治疗建议，减少患者的就医负担和提高医疗资源的利用效率。“电磁导航手术机器人智能化平台”可以实现更精确的手术导航和操作，通过电磁导航技术，可以实时获取患者的解剖结构信息，帮助医生准确定位和操作，结合机器人技术，可以实现手术的自动化和精确性，减少手术风险和提高手术效果。电磁导航在外科领域应用的规范化治疗方案将确保电磁导航技术的正确使用和安全性，规范医生的操作流程和治疗方案，提高治疗的一致性和效果，促进技术的推广和应用，为医生和患者提供更好的医疗服务和治疗效果。

2 5G智慧移动医院

2.1 5G智慧移动医院建设

丛海波显微微创治疗团队于2022年率先在国内外提出“移动医疗理念，两网结合（5G网络+公路交通网络）的车上医院模式”。与威高集团医工结合，研发集64排CT、X光检查、超声、心电、检查、检验、层流手术室为一体的车上医院，结合互联网+5G系统，现场检查、院内诊断、车上治疗、现场医保结算。该创新性移动医疗理念及模式还可用于疫情防控、应急医疗（创伤救治、溶栓、野外救援）、疾病筛查、慢病治疗及日间手术。创新性落实了党的医疗惠民政策下基层，真正把高质量医疗服务送到企业、村居等人民身边，落实医疗服务基层人民群众，促进卫生事业多模式发展。既能提高医疗卫生服务效率，节约医保资金；也能推动医疗服务延伸至百姓身边，贯彻落实政府关于医疗下基层惠民生，强化基层医疗及公共卫生服务能力的决策目标和工作重点。

国外的移动医疗侧重在家庭医生和私人化健康服务，以健康的监测，门诊的预约为主，如各种终端智能手机、手表，IPAD等作为连接媒介，医疗仅限于内科慢性病的用药指导或者传染病的监控。我国移动医疗产业目前仍处于初级阶段，但近些年我国互联网医疗发展迅速，移动医疗平台达2000多个，通过这些平台，百姓可获得远程诊断、预约挂号、医疗信息咨询、健康检测等多种服务，但受众多为受过高等教育的群体，基层百姓不能享受普惠。医疗平台的APP质量参差不齐，在数据稳定、信息可信度和患者隐私保护方面有待提升，部分缺乏政府医疗监管所呈现的乱象也亟需解决。作为医疗资源配置的补充方式，移动车载医疗的出现在一定范围内服务周边群众，弹性配置了医疗资源，在国内方便了基层百姓，打通偏远地区群众医疗服务“最后一公里”。对于国际援建，提升国家形象软实力，为“一带一路”后续卫生援助和流动医疗义诊车的可持续利用提供经验。在战时卫勤保障，灾情医疗救治培训，新冠肺炎病毒筛查，移动车载医疗也体现出不可替代的优点。

“移动医疗理念，两网结合（5G网络+公路交通网络）的车上医院模式”，从根本上变革式改变现有的移动医疗理念和模式，从就诊化验检查，到用药治疗或者开展合适的日间手术，到最后的医保终端结算，全程在车上医院完成。在“村村通”公路网成熟形成和低延时的5G网络快速发展基础上，让移动网络的车上医院开到村庄，走到厂矿，民居老百姓身边，真正做到打通最后一里路。在抗震救灾、战时应急、疫情突发等情况下，更可以抢救伤员，在车上手术室开展急救手术等，实现“智能移动医院、智能移动医疗”。助力实现全方位、多维度、体系化跃升，以责任担当书写健康中国新答卷。

2.2 健康管理与医疗服务

2022年，国家卫生健康委、财政部、人力资源社会保障部、国家医保局、国家中医药局和国家疾控局联合印发《关于推进家庭医生签约服务高质量发展的指导意见》，提出了签约服务覆盖率每年提升1—3个百分点的阶段性目标要求，到2035年，签约服务覆盖率达到75%以上，重点人群签约服务覆盖率达到85%以上。14亿人口形成的医疗资源紧张需要各种规范的医疗模式来平衡互补。移动车上医院一方面利用5G网和公路网可以进行区域内医疗服务，另一方面可以构建三级诊疗和家庭医生对居民电子健康档案大数据库建设，形成区域中心的多样化医疗模式。在数据库对接模式下，三级诊疗下的家庭医生可以有时效性的，针对性的开展对基层群众如糖尿病、高脂血症、高血压、心肌梗塞、慢性肝炎、肝病、类风湿性关节炎、贫血等慢性病进行定期诊治等等，改变老年患者医院排队挂号拿药的低效率模式。每一次的移动车上医院对区域内慢性病的诊疗既是医疗服务，也是动态完善区域内居民电子健康档案大数据库的资料，特别是在日益严峻的老龄化形势下，提高了我国老年人健康安全保障。

成熟稳定的医疗模式离不开相应成熟的医疗制度管理和监督，利用车载医保电子终端设备对接医保数据中心，一方面方便百姓一次性结算，少跑腿，另一方面也有利于医疗监督。车载医院涉及健康，医疗，临床，医保结算、移动数据等多个方面，需要政府顶层设计，需要综合监管法律法规。建立标准流程、信息化建设和监测体系，避免多部门领导。节省医疗资源不是降低优质医疗资源服务质量，而是要坚持政府过紧日子，也要更好节用裕民。高效的利用移动车上医院，使区域内医疗平衡发展，让智能高效的车上医院走到基层群众身边，使智能医疗模式可持续发展，推广全国惠及14亿人口。

3 医疗数据传输和共享

5G网络的高速和大带宽可以支持大规模的医疗数据传输和共享。医院和各级医疗机构可以更快地传输和共享患者的医疗数据，提高医疗决策的准确性和效率。同时，医疗数据的安全性和隐私保护也是5G医疗健康需要解决的问题之一。

随着5G技术在医疗领域应用的推进和技术的发展，医疗数据的传输和共享变得更加便捷和高效，对于提高医疗质量、促进医疗研究和个体化医疗具有重要意义。医疗数据传输主要涉及将患者的医疗信息从一个地点传输到另一个地点，这可以通过各种方式实现，包括互联网、专用网络和无线通信等。传输医疗数据需要确保数据的安全性和隐私保护，因此，采取加密和身份验证等措施是必要的。共享医疗数据可以促进医疗研究和合作，提高医疗决策的准确性和效率。然而，医疗数据共享也面临一些挑战，如数据隐私和安全性、数据标准化和互操作性等。为了促进医疗数据传输和共享，需要制定相关的政策和法规，明确数据的所有权、使用权限和隐私保护等方面的规定。同时，还需要建立统一的数据标准和互操作性框架，以确保不同系统之间的数据交换和共享的顺畅进行。通过合理的技术和政策措施，可以实现医疗数据的安全传输和高效共享，为医疗研究和个体化医疗提供更好的支持。

4 虚拟现实和增强现实在医疗培训和手术中的应用

5G技术的低延迟和高带宽可以支持虚拟现实和增强现实在医疗培训和手术中的应用。医学学生可以通过虚拟现实技术进行模拟手术和培训，提高技能和经验。在手术中，医生可以通过增强现实技术获得更多的信息和指导，提高手术的准确性和安全性。

5G网络的低延迟可以支持实时的虚拟现实和增强现实手术规划和导航，医生可以通过5G网络远程访问患者的医学影像数据，使用虚拟现实和增强现实技术进行手术规划和导航，实时获取患者的解剖结构信息，提高手术的准确性和安全性。5G网络的高速和低延迟可以支持实时的虚拟现实和增强现实患者治疗和康复。医生可以通过5G网络远程监测患者的病情和康复进展，提供实时的虚拟现实和增强现实治疗和康复指导，实现个性化的治疗和康复方案。5G虚拟现实和增强现实在医疗培训和手术中的应用可以提供更高质量、实时性和个性化的体验，帮助医生提高技能和决策能力，同时改善患者的治疗和康复效果。

总的来说，5G技术的引入为医疗健康领域带来了许多机会和挑战。它可以改善医疗服务的可及性和质量，提高医疗资源的利用效率，促进医疗健康产业的创新和发展。同时也需要解决隐私和安全等问题，确保5G技术的可持续发展和应用。

激发脑功能：青少年认知能力的多维提升

顾建文
（战略支援部队特色医学中心，主任医师）

1 引言

青少年时期是儿童转变成人角色的过渡时期，包括学龄期和青春期，这个时期儿童的体格生长速度相对缓慢，各系统器官外形均接近成人，智力发育更加成熟，可以接受系统的教育学习，但同时这一时期情绪多变且不稳定。认知能力即大脑反映事物客观规律，掌握事物之间联系即揭示对人的意义的作用的能力，是青少年完成学习活动的必要条件与根本保证。通俗的说包括我们常说的智力及对事情的执行能力。青少年时期是认知能力提升的重要时期，研究表明，青少年的认知能力与大脑区域发育密切相关。了解大脑发育的规律和机制，对促进青少年的生长发育和智力发展具有重要意义。过去二十多年里，由于磁共振成像(MRI、fMRI)的广泛应用，使用神经成像技术来研究人类大脑的成熟变化的研究数量迅速增加，提高了我们对青少年大脑发育的理解。研究发现，在青少年时期脑容量已经接近成人水平，但神经连接网络仍然是一个没有完成的工作。青少年时期的大脑结构和大脑功能的重大、区域特异性变化有关，导致青少年大脑反应和行为的独特模式。加强这些区域的“连接”功能，对青少年认知能力的提升显得十分重要。

2 了解大脑结构

首先我们要了解大脑的不同区域分布及这些区域的主要功能，如图1所示。大脑包括边缘系统、间脑和大脑三个主要部分，边缘系统的核心是丘脑，负责指挥来自各感官的信息流向，下丘脑相当于一个中继站，主要调节身体功能来维持平衡，如体温等；海马则可以保存刚刚发生的记忆，并且将记忆固化成长时记忆中；而杏仁核树立情绪。大脑再往下就是间脑，包括脑桥、延髓和小脑，脑桥、延髓控制自主功能，如呼吸、心跳、血压、睡眠等，以及感觉处理，如视觉、听觉等；小脑则对动作、平衡等行为具有核心作用。从核心向外就是大脑区域，占整个大脑重量的80%左右，又称端脑，脊椎动物脑的高级神经系统的主要部分，由左、右两半球组成，结构和功能都及其复杂，是控制运动、产生感觉及实现高级脑功能的高级神经中枢，包括大脑皮层、白质、基底节及侧脑室。大脑皮层又分为四个叶，额叶位于大脑半球最前端，主要功能与随意运动和高级精神活动有关；顶叶位于大脑半球中部，主要功能区包括皮质感觉区、运动中枢和视觉语言中枢；颞叶主要功能与听觉、语言和记忆相关；枕叶位于大脑半球后半部，负责接收和处理视觉刺激，如颜色、亮度等；以及位于外侧裂深面的岛叶，其功能与内脏感觉和运动有关，与网状结构和大脑皮质有广泛联系，参与高级神经、精神（情绪和记忆等）和内脏活动有关。

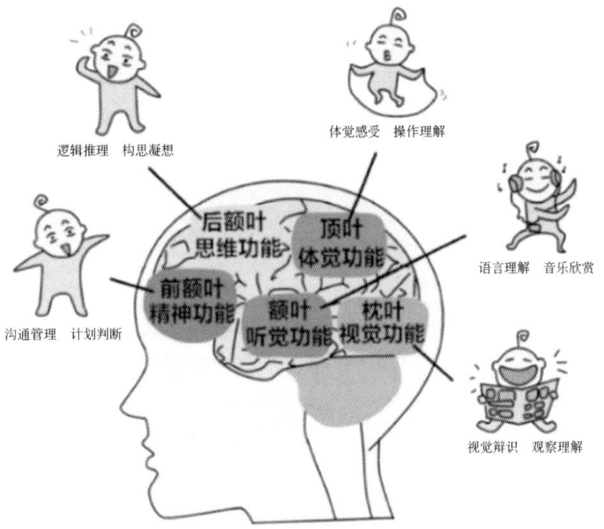

图1 大脑功能区域分布示意图

3 青少年的大脑发育

在青少年时期，大脑仍在发育阶段，从生理结构上分析，其显著特点是是灰质（Gray matter）减少，白质（White matter）增加[1]，从而对认知产生持久的影响[2]，体现在突触结构的完善等生理性的发展。白质区域与认知能力密切相关，有医学研究表明，脑小血管疾病即会出现认知能力下降，而脑小血管疾病的特征就是会出现进行性白质高信号，这种现象同样也表现在帕金森病人身上，众所周知，帕金森病人的显著特点就是进行性认知功能下降[3]。同时，个体认知能力发展与大脑结构发育的关系受到年龄和认知水平的交互影响。这个时期的学习和运动经验可以对智力和协同运动的发展产生积极影响，大脑在受到外界不断刺激后，会发生相应的结构和功能的改变，神经系统根据变化的需求和环境改变进行相应结构的改变，我们称其为大脑的可塑性。

大脑不同区域的发育是一个长期且复杂的过程，涉及到多个阶段和多种因素，例如遗传、环境、性别、年龄及经验等因素。大脑表现出的可塑性，是大脑在不同阶段通过学习和经验来建立新的神经连接，使得大脑在结构和功能上不断改变和发展的过程，从而影响个体的认知能力，这是人类的大脑具备的与生俱来的学习能力。在早期，一些研究者做了一项研究，对刚出生不久的婴儿做了吐舌动作，有趣的是，婴儿也对他们做了吐舌动作，即使人类的大脑尚未发育，但已经具备了相当程度的学习能力[4]。事实上，人类在生老病死的这一过程中，大脑会因为学习或者所经历过的事物进行相应结构上的改变，其目的在于增强已形成连接的神经网络，提高多区域的协同能力。

4 把握大脑发育的“机会之窗”

当我们了解了大脑的“学习能力”后，下一步我们更关心的就是如何“学习”，如何利用这种可塑性提高认知能力。天下父母都希望子女成才，极度重视智力的开发，都不希望自己的子女在文化课上输在起跑线上，然而他们却忽略了一个问题，即人类最基本的生物学使命是拥有一个健康的身体，常常因为学习而忽略了运动。在哺乳动物中，人类相比其他哺乳动物，孕期短而寿命长，并且出生后很长一段时间需要父母的抚育、陪伴和教育，这也意味着人类在大脑还未成熟之时便被迫推入人世而延续下半程的塑造发育。科学证明，神经系统具有可塑性，是可以被调节和锻炼的，大脑也是具有可塑性的，在结构和功能上有自身修改适应环境变化的能力，这种可塑性受多种因素调节。我们知道青少年时期不仅是学习也是社会认知发生重大变化的时期，在生活学习中，我们更关注的是青少年的一些实际问题。比如积极的社会实践活动及人际交往、体育锻炼、睡眠、音乐等提升认知能力，如图2所示。“动”起来，是意识控制身体的过程，也是发散思维能力提升的一种很好的方式，更加重要的是，“动”起来，能够调节神经系统的各种功能，促进大脑边缘系统的发育，提高大脑对人体各种活动时的判断能力，并及时做出协调、准确、迅速的反应。正所谓大脑产生观念，观念指导行为，行为产生结果。

事实上，在提高大脑功能方面，进行数字游戏、记忆力的训练这些脑力活动，都无法达到规律的体育锻炼所带来的效果。

在青少年学习之余，参与音乐课程，体育锻炼是否有益于这种认知能力的提升？

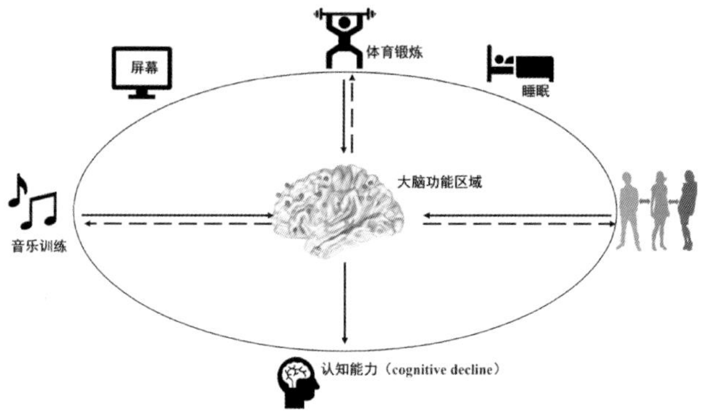

图2　影响大脑功能区域因素

一些研究表明，音乐乐器演奏涉及到大脑多个区域的参与，例如大脑听觉皮层、视觉皮层以及运动皮层等等[5]，长期的音乐训练可能会引起大脑相关区域结构及功能的改变。Schlaug[6]等人的研究发现，音乐家胼胝体的体积要显著大于非音乐家被试的胼胝体体积（胼胝体是连接左右两侧大脑半球的横行神经纤维束，是大脑半球中最大的连合纤维，对大脑两半球之间的连接起到非常重要的作用）。研究表明，可能是较长时间的音乐训练能促进大脑两半球的信息交流以及它们之间的相互协调与合作。如当演奏者在演奏一个曲子时，他们需要将视觉音符转化为乐器相应的弹奏动作，同时又要时刻关注弹奏出来的声音以更好地进行下一个弹奏动作，这种训练需要大脑运动区、视觉区、听觉区等多个区域的相互协作，一段时间的训练自然也会促进这些相应脑区的发育。

大脑是在运动中最受益的器官，在过去的几年里，来自人类和动物研究的证据都表明，体育活动和体育锻炼对神经可塑性有促进作用，通常还能改善认知功能。另一项针对1820名年龄在13.0至18.5岁之间的青少年的研究表明，在闲暇时间参加体育活动可能会对青少年的认知表现产生积极影响。这里的认知能力通过名为“SRA-Test of Educational Ability”的测试对语言、数字和推理能力进行分析[7]。另外，在锻炼身体时，心情愉悦，注意力、记忆力、创造力和抗压能力也得到了锻炼，可以更快速地处理信息和思考问题，并让大脑资源获得更加合理的分配，学习的效率反而会更高，以达到良好的身体和心理健康状态。

参与社会活动，扩展社会交往对于认知能力的影响

青少年在处理社会实践活动及人际交往方面所经历的巨大变化同样与他们大脑的变化有关。对于我们成年后的社交能力，大部分都是从我们的大脑在青春期经历的变化中进化而来[8]。研究证据表明，社会能力的个体差异（部分由遗传对大脑结构和功能的影响决定）会影响青少年时期社会关系的质量和数量，相反，一个人的社会网络结构会对个人行为和心理健康产生复杂而深刻的影响。通过这种方式，大脑和社会环境在整个青少年时期相互塑造，从而影响一个人的认知能力。研究表明，参与社会信息处理的大脑系统包括多个系统，情感系统（The mentalizing system）包括杏仁核、纹状体、下丘脑、腹侧前扣带、腹侧前额叶皮层和前岛。控制系统（The control system）包括前皮层的背侧、腹侧和眶区、颞上沟和顶叶上皮层。智力系统（The affective system）包括内侧前额叶皮层、梭状回、前扣带皮层和颞后上沟附近的皮层。

在青少年这个关键的发育阶段，因为涉及处理社会信息的神经系统正在不断发展，大脑成熟和社会环境之间的相互作用会影响青少年的社会行为，而调节社会行为的大脑区域在整个青春期都在持续发展（这些变化与大脑发育的显著时期相吻合，其特征是突触结构的完善和远程轴突通路的成熟），因此，青少年通过不断的参与社会活动，扩展社会关系，能够更有效的驾驭他们的社会环境，促进大脑相应区域的发展。

良好的习惯，降低负面影响

最后，在注重多维提升认知能力的同时，我们也应重视一些可能产生负面行为的影响，比如睡眠质量、较少的社会活动以及电子产品使用等因素。一项在10到19岁青少年之间的睡眠研究表明，通

过客观的睡眠测量结果，显示出延长睡眠时间和改善睡眠质量有助于提高大脑的记忆[9]。特别是在学习后直接睡觉有助于巩固记忆，可能有助于提高学习成绩。另一方面，睡眠不足可能会对儿童和青少年大脑发育中的各种大脑功能和结构产生负面影响，同时不健康的睡眠与情绪调节、生长、认知能力、学习成绩、生活质量、胰岛素和血压等均存在着不良的关联[10]。所以，在学习累了之后就赶紧让大脑休息一下吧。社会活动是积极生活方式的一个方面，一些证据表明它与老年人保持的认知功能有关。

另一个常见的因素，“屏幕活动因素”，例如看电视或视频，玩视频游戏或使用社交媒体是儿童和青少年中最常见的娱乐活动之一。一项研究表明，常见的网络游戏成瘾个体的双侧前扣带皮层、楔前叶、辅助运动区、顶叶上皮层、左背外侧前额叶皮层、左岛叶和双侧小脑的灰质体积比对照组要少[11]。

写在最后

得益于科学的持续发展，在过去的二十年里，认知神经科学的研究提高了我们对青少年大脑发育的理解。青少年时期伴随着大脑突触“修剪”的发生，在此期间，不使用的连接被删除，以最大限度地提高效率。这种转变过程可能会产生意想不到的结果，也是社会认知发生重大变化的时期。适当的参与多种活动有助于提高这种区域的“连接”与协调，促进大脑的发育，进而提高认知能力。也是我们常说的学习过程需要更“德智体美劳”的全面发展。

参考文献

[1] K. B. Walhovd et al., “Neurodevelopmental origins of lifespan changes in brain and cognition,” *Proc Natl Acad Sci USA*, vol. 113, no. 33, pp. 9357–62, Aug 16 2016.

[2] J. N. Giedd, A. Raznahan, A. Alexander-Bloch, E. Schmitt, N. Gogtay, and J. L. Rapoport, “Child psychiatry branch of the National Institute of Mental Health longitudinal structural magnetic resonance imaging study of human brain development,” *Neuropsychopharmacology*, vol. 40, no. 1, pp. 43–9, Jan 2015.

[3] A. Arola et al., “Associations of cognitive reserve and psychological resilience with cognitive functioning in subjects with cerebral white matter hyperintensities,” *Eur J Neurol*, vol. 28, no. 8, pp. 2622–2630, Aug 2021.

[4] A. Mehren et al., “Acute Effects of Aerobic Exercise on Executive Function and Attention in Adult Patients With ADHD,” *Front Psychiatry*, vol. 10, p. 132, 2019.

[5] R. J. Zatorre, J. L. Chen, and V. B. Penhune, “When the brain plays music: auditory-motor interactions in music perception and production,” *Nat Rev Neurosci*, vol. 8, no. 7, pp. 547–58, Jul 2007.

[6] G. Schlaug, L. Jäncke, Y. Huang, and J. F. Staiger, “ Increased corpus callosum size in musicians.,” vol. 33(8), pp. 1047–1055, 1995.

[7] J. R. Ruiz et al., “Physical activity, fitness, weight status, and cognitive performance in adolescents,” *J Pediatr*, vol. 157, no. 6, pp. 917–922 e1-5, Dec 2010.

[8] R. Stirrups, “The storm and stress in the adolescent brain,” *Lancet Neurol*, Mar 15 2018.

[9] E. J. de Bruin, C. van Run, J. Staaks, and A. M. Meijer, “Effects of sleep manipulation on cognitive functioning of adolescents: A systematic review,” *Sleep Med Rev*, vol. 32, pp. 45–57, Apr 2017.

[10] C. Dutil et al., “Influence of sleep on developing brain functions and structures in children and adolescents: A systematic review,” Sleep Med Rev, vol. 42, pp. 184–201, Dec 2018.

[11] H. Wang et al., “Kinetics and functional effectiveness of nisin loaded antimicrobial packaging film based on chitosan/poly(vinyl alcohol),” Carbohydr Polym, vol. 127, pp. 64–71, 2015.

基于核心病机观从浊毒论治慢性萎缩性胃炎胃癌前病变研究

王彦刚
（北京中医药大学第三附属医院脾胃科）

辨证论治是中医学灵魂之一，临证时精准把握辨证论治至关重要，但总会遇到一些问题。比如不同的西医疾病，其中医证型虽然一样，治法和方药是否相同？如慢性萎缩性胃炎，可以出现脾胃湿热证、脾胃虚弱证、肝胃郁热证、胃阴亏虚证、胃络瘀血证、肝胃不和证等多种不同证型。而慢性肝病同样也会出现上述这些证型，那我们用药是否一样呢？更有一种常见的现象，同一个病人，在同一个时期看病，不同的医生，可能会给出不同的辨证结果，有时甚至截然相反，可见，中医辨证虽然灵活，但灵活中透射出证型多样、纷繁复杂、难以把握的问题。以上诸多困惑，促使我们进行思考，如果我们临证时，根据患者症、舌、脉表现，寻求疾病的核心病机，把握疾病的基本矛盾，就会做到蔓引株求，提要钩玄，有效提高临床疗效。

1　核心病机观概述

1.1　历史沿革

病机之名，首见于《素问·至真要大论》的“谨候气宜，无失病机”和“谨守病机，各司其属”。前人将病机释为“病之机要”“病之机括”。先秦两汉时期，医家已将审察病机作为诊疗的核心，并形成以辨病机为核心的疾病诊断和论治体系，如《素问·至真要大论》的病机十九条，对病机学发展具有重要的指导意义。《伤寒杂病论》在《内经》基础上，对很多病证的病机进行了阐述；晋隋唐至两宋时期，《诸病源候论》对1729种病候的病因、病机及其临床证候作了阐述，成为我国历史上最早的病因病机学专著，病机理论的内容得到了极大丰富。金元时期，病机理论得到了进一步的发展，刘河间在《素问·玄机原病式》中提出“六气皆从火化”和“五志过极，皆为热甚”的观点；李东垣在《内外伤辨惑论》中，论述了“内伤脾胃，百病由生”和“火与元气不两立”的病机；张从正在《儒门事亲》中论述了“邪气”致病的病机；朱丹溪在《格致余论》中阐释了“阳有余而阴不足”和“湿热相火”等病机。明清时期，病机理论得以进一步完善，如吴又可提出“邪伏膜原”病机理论，叶天士阐发温热伤胃阴说，薛雪辨析湿热病机理论。

近年来，中医病机学得到了较大发展。如国医大师周仲瑛,提出“‘审证求因’的实质当为‘审证求机’。临证辨证应首重病机,病机为理论联系实际的纽带,是通向论治的桥梁”。李佃贵国医大师提出“浊毒理论”，极大丰富了中医病因病机学。周学平等又提出“以病机为核心构建中医辨证论治新体系”。中医蕴含的丰富哲学思想是构建其特有文化内涵及独特理论体系的重要组成部分，这些哲学内涵是中医先进防治理念之源，也是其完善自身发展的理论借鉴。有鉴于此，笔者在系统总结前人经验，并结合临床实践，在综合各种病机理论的基础上提出了“核心病机观”理论。该理论以古今医家的病机学说为理论基础，并加以系统总结，有效地指导了临床实践。

1.2　核心病机观的具体内容

核心　《辞海》中言：核心，就事物之间的关系而言，意思是中心，主要部分。面对复杂多变的人体疾病，同样存在一个核心，它贯穿疾病始终。我们只有抓住疾病的核心，才能治愈疾病。病机：疾病发生、发展与变化的规律和机理。

核心病机　不论是简单的运动形式，或复杂的运动形式，矛盾是普遍地存在着的，而且事物发展的根本原因，在于事物内部的矛盾性。正如著名中医学家岳美中先生所说："凡是一种疾病，必定有它一种贯穿在疾患从产生到消灭整体过程中起决定性作用的基本矛盾，其他的矛盾都从属于它，它的存在，是该疾患的本身存在，没有它，该疾患特定本质就要丧失。"也就是说，矛盾也必然存在于疾病发生、发展的过程中。而且疾病内部的基本矛盾是引起疾病发展的根本原因，是疾病的本质所在，我们将这种疾病内部的基本矛盾称之为"核心病机"。

主要病机　在复杂的疾病发展过程中，有许多的矛盾存在，然而其中必有一种是主要的矛盾。不论主要矛盾与基本矛盾是否一致，我们都将此时的主要矛盾称之为"主要病机"。核心病机隶属于事物发展过程中的"基本矛盾"，这个基本矛盾是始终存在的，而主要病机隶属于疾病发展过程中的某一阶段的"主要矛盾"，有时，主要病机和核心病机是一致的，有时却又不一致。

次要病机　任何疾病如果有多数矛盾存在的话，其中必定有一种是主要的，起着领导作用的，其他则处于次要和服从的地位，我们都将其称之为"次要病机"。

核心病机观　疾病的致病因素是多元的，病因于致病而言是绝对的,但是中医学对疾病因果关系的处理不是先揭示原因，而是由结果推定原因，即审证求因。因此尽管疾病相同，如果证候不同，那么病因就会不同，证候变化了，病因也随之变化。所以在治疗疾病时，我们要着眼于这个"证"，以这个"证"为"中心"，尽快梳理出"主线"，这个"证"就是"核心病机"。如果不这么做，我们面对疾病如此复杂的"象"，也很难抓住疾病的本质。

所以说，每一种疾病都有其发生、发展、演变、预后的规律，其中的关键因素是其特有的病理机制，即"核心病机"。相对于核心病机而言，在病情发展的过程中，可能会出现这样或那样的不同于核心病机的其他病机，其中起主要作用的可称之为"主要病机"，我们将其他的病机统称为"次要病机"。核心病机隶属于事物发展过程中的"基本矛盾"，而主要病机隶属于疾病发展过程指导的某一阶段的"主要矛盾"。以上理论，在"以病为纲"的基础上，用于临床实践，我们称之为"核心病机观"。

1.3　基于"矛盾论"阐述"核心病机观"的理论特性

普遍性原理　包括两方面的含义:其一是指核心病机存在于一切疾病的发展过程中，其二是指每一种疾病的发展过程中自始至终都存在着特定的核心病机。根据"核心病机观"的普遍性这一原理，可以说核心病机存在于所有疾病的发展过程中，而每一种疾病其发展过程中自始至终存在着核心病机。这是"核心病机观"理论适用性的理论支撑。

特殊性原理　疾病的核心病机是具有其独立性、特殊性的。根据这一原理，可以说每种疾病都具有其特定的核心病机，每一疾病都有其对应的核心病机，而且各不相同，如反流性食管炎的核心病机就是郁热阴伤。这是"核心病机观"理论精确性的理论支撑。

绝对性原理　疾病在其演变过程中，其病理机制是复杂多变的，然而核心病机作为引起疾病发生和发展的根本原因，是具有绝对性的。所以，疾病发展过程中的核心病机及其所体现的疾病本质，非到疾病痊愈之时，是不会被消灭的。也就是说，无论疾病的病机如何复杂，其核心病机是固定不变的，这种绝对性，是针对核心病机而言的。

相对性原理　在疾病的发展过程中，可能有着不同的病机存在，其中必有一种是主要病机，由于它的存在和发展规定或影响着疾病的存在和发展。然而主要病机并不是固定的，主要病机和次要病机是可以互相转化的，疾病的性质也就随着起变化。所以说，核心病机观是具有相对性的，而这种相对性，是针对主要病机而言的。

1.4　核心病机与主要病机的演变规律

核心病机与主要病机在疾病的发生发展过程中是不断变化的，两者的变化也遵从一定的规律，即中医的从化理论和动变制化理论。首先，疾病的性质变化——从化，疾病不仅有动态变化，同时还存在疾病性质的变化，即使病邪相同也可以出现不同的疾病。如《医宗金鉴》所说："人感邪气难一,因其形脏不同,或从寒化，或从热化,或从实化,或从虚化,故多端不齐也。"其次，中医理论认为，事物具有动变制化的规律。《素问·六微旨大论》认为，万事万物运动是绝对的，不动是相对的，不停地运动就会变，由量变到质变则发生化，在变动时，又循亢害承制，即"动、变、制、化"。因此，人体的动变制化，根据天人相应，遵循五行相生相克，相乘相侮、脏腑五行，相互关联，无克亦无生，并据其维持着机体内在机制的平衡。

疾病的发展过程，纷繁复杂，一般来讲，会出现以下几个方面的情况：1、主要病机为核心病机所化：疾病产生时，主要病机与核心病机一致，此时临床表现仅以核心病机为主，治则和治法一致，以治疗核心病机为法度。2、主要病机为核心病机所从：疾病产生时，主要病机与核心病机同在，但以核心病机为主，同时兼有主要病机，治当以核心病机为主，兼顾主要病机。3、主要病机为核心病机所不化：疾病产生时，此时临床表现仅以主要病机为主，治则和治法当与主要病机保持一致，但同时要兼顾核心病机的存在，临证应灵活应对，或避重就轻，或统而治之。4、主要病机为核心病机所不从：疾病产生时，临床表现二者同时存在，此时的治疗法则应该二者兼顾。临证用药时而左，时而右，这也体现了中医在辨证施治上的灵活思想，但也为中医传承造成了一定的困难。

因此，临证时需要正确把握核心病机和主要病机的关系。如果只注重主要病机，就容易忽视疾病本质；如果只抓核心病机，则会把辨证论治机械化，无异于刻舟求剑。这两种情况是应该避免的。

核心病机观是中医临床诊疗的理论依据，在临证时能够清楚认识疾病病机的因果、主次和动态转化，因此，具有重要的指导意义，尤其是疑难重症往往多为复合病机，虚实夹杂，多脏受损，难以把握。临床运用核心病机观可以达到提纲挈领，执简驭繁的效果，更重要的是治病求本的具体体现。多年来，运用核心病机观诊疗慢性萎缩性胃炎胃癌前病变就是很好的例子。

2　基于浊毒理论诊治慢性萎缩性胃炎胃癌前病变

慢性萎缩性胃炎（CAG）是消化系统难治性疾病之一，属于胃癌的癌前疾病，国外文献多统称为广义的癌前病变，伴肠上皮化生和异型增生均称为胃癌前病变，CAG患病率与胃癌发病率呈正相关。一般随年龄增长而上升。包含107项研究的meta分析表明，CAG的全球患病率为33%。国内一项基于上海居民的随机抽样调查(n=1022)，CAG的检测率为63.8%。一项山东省农村人群抽样调查(n=3400)显示，符合中国胃癌协会病理诊断标准的CAG患病率为44.8%。一项针对慢性胃炎开展的全国多中心调查（涉及10个城市、33个中心共8892例患者）显示，CAG病理诊断率为25.8%，肠化生患病率为23.6%，异型增生患病率为7.3%。总体来说，我国CAG患病率较高。因部分患者无明显消化道症状或未行内镜检查，CAG的实际患病率可能更高，估算我国整体人群的CAG患病率>20%[1]。本病的发病原因，目前认为与幽门螺杆菌感染、免疫因素、胆汁反流、胃微生态失调、遗传因素、年龄因素、习惯服用烈酒、浓茶、浓咖啡、泡菜、过烫或过冷等食物以及肥胖超重、焦虑抑郁、工作生活压力过大等因素有关。

2.1　病因病机

中医学根据慢性萎缩性胃炎胃癌前病变患者临床症状，将其归属于"胃痞""胃脘痛""痞满""反酸"、"嘈杂"等病证范畴。

2.2 临床表现

症状

(1) 痛：疼痛部位主要是胃痛、腹痛、胁肋间痛、咽痛、胸骨后痛等。疼痛性质包括刺痛、胀痛、闷痛、空痛、隐痛、麻痛等。

(2) 胀：胃胀、胁肋间胀等；饭前胀、饭后胀、持续胀等。

(3) 满：患者自觉脐周满、小腹满、胸部憋满等。

(4) 呆：一指精神呆滞、疲乏无力、做事情兴致不高；二指纳呆、食欲不振、无饥饿感等。

(5) 嗳：频繁嗳气，长出气、按压或拍打身体某部位后嗳气发作等。

(6) 烧：烧心反酸或牵涉后背沉紧、胃部烧灼感、食管烧灼感、咽部烧灼感、舌热、口干、口酸、咽干、舌涩、舌麻等。

(7) 凉：胃凉、脐周凉、小腹凉、手脚凉，甚至全身怕凉。

(8) 烦：心烦意乱、想事多、易怒、焦虑抑郁、失眠等。

(9) 泻：大便次数多、水样便，进食油腻或喝酒后加重。

(10) 秘：大便干、大便黏、排便不尽感、无便意等。

舌象和脉象

舌质一般较坚敛或偏瘦小，常见红、紫红、暗红、紫暗、红绛；舌苔常见黄、黄腻、黄厚腻、老腻苔、少津液。

脉象：滑脉、数脉常见，尤以右关脉滑数突出。临床以滑数、弦滑、弦细滑、细滑、沉细脉多见。病程较短，浊毒盛者，可见弦滑、或弦滑数脉；病程较长者，可见细滑脉、沉细滑脉、沉弦细脉；沉细脉时多为浊毒阻滞络脉，病情较重。正如《金匮要略方论》所说："诸积大法，脉来细而附骨者，乃积也。"说明细脉主积而不主虚证。

因此，根据以上症舌脉表现，结合胃为阳腑，多为热证、实证的生理病理特点，本病病位在胃，涉及肝、脾、心。本病的发病和症状特点：慢性萎缩性胃炎胃癌前病变，多起病缓慢，病程长，症状不剧烈，容易反复，缠绵难愈；相对而言，慢性非萎缩性胃炎则起病较急，病程短，症状较重或剧烈但容易缓解。同时需要注意的是本病的症状与病情的严重程度并不一致。

2.3 核心病机、核心治法与核心方药

如果长期饮食不节、饥饱失常，易损伤胃腑，形成食积；长期精神紧张、情志不畅，肝气郁结，易形成气滞；外感六淫之邪，尤其是湿邪，极易直中胃腑，损伤脾胃，导致中州运化失职，湿邪内生，湿聚为患而成痰浊，蕴而化热成毒，久羁不除，瘀而化痈，形成浊毒，浊毒损伤胃腑，而致本病。浊毒损伤脾胃，中焦气机不畅，而见浊毒中阻；气滞日久，入于络脉，可出现浊毒入络之证；浊毒易阻遏阳气，胃腑失于阳气温煦，可见胃凉怕冷之证；浊毒凝聚胃腑日久，耗伤阴津，胃腑失养，出现浊毒伤阴的表现。因此，本病的核心病机为浊毒内蕴，故核心治法为化浊解毒法，其核心方药为化浊解毒方，组成藿香、佩兰、薏苡仁、茯苓、苦参、黄芩、黄连、蒲公英、茵陈、半枝莲、半边莲、白花蛇舌草。

2.4 辨证论治

(1) 浊毒中阻：胃脘胀满，胀痛，时牵及两胁，口干苦，或伴恶心呕吐，纳呆，舌红或暗，苔黄腻，脉弦滑或滑数。治法：化浊解毒，理气和胃。方药：化浊解毒方加枳实、厚朴、香附、青皮、荔枝核等。

(2) 浊毒入络：胃脘胀满，疼痛，呈刺痛，且部位固定不移，夜间明显，口干欲漱水不欲咽，舌紫暗，或有瘀点、瘀斑，苔黄腻，脉细涩。治法：化浊解毒，活血通络。方药：化浊解毒方加郁金、姜黄、当归、川芎、三七等。

(3) 浊毒遏阳：胃脘自觉凉，或摸之发凉，喜温喜按，得温则舒，遇寒加重，舌暗红，苔黄厚腻，脉弦滑。治法：化浊解毒，宣通胃阳。方药：化浊解毒方加荜拨、薤白、桂枝、滑石、金银花、甘草等。

(4) 浊毒阴伤：胃脘胀满，灼痛，胃中嘈杂，饥不思食或食少，口干，伴五心烦热，大便干结，舌红少津，苔少或花剥，脉弦细或细。治法：化浊解毒，滋养胃阴。方药：化浊解毒方加沙参、麦冬、石斛、玉竹、乌梅等。

3 基于浊毒理论诊治慢性萎缩性胃炎胃癌前病变的临床和实验研究

3.1 证候规律研究

通过选取符合标准的371例病人资料，包括中医症状、体征、舌象和脉象在内的56个指标，进行变量聚类分析，归纳CAG症候学特点，聚为5类证候：浊毒内蕴、肝胃不和、胃络瘀阻、脾胃虚弱、胃阴不足。其中以浊毒内蕴证最多[2]。通过将CAG浊毒内蕴证治验处方252条纳入研究，涉及186种药物，总用药6141频次，对53味出现频次在30以上的中药做聚类分析，得出针对不同邪气的7个聚类方，进行分析后认为化浊解毒治疗CAG是构建祛湿、散瘀、通滞、化积、解毒、消痈“六位一体”的综合性治疗网络[3]。基于方证相应的CAG浊毒内蕴证用药规律研究，确认药物和脉症之间具有较强相关性，说明CAG浊毒内蕴证与化浊解毒方方证的高度相应性[4]。

3.2 临床研究

通过运用化浊解毒方对92例和110例CAG患者临床观察，该方能够有效改善患者症状，以及胃镜像，病理方面总有效率，萎缩78.85%肠化84.62%，明显优于对照组。化浊解毒方能根除Hp，改善胃黏膜分泌功能，提高胃液总酸度和游离酸的含量；显著降低胃液及血液中CEA、CA19-9、CA72-4、CA125的含量；改善胃动力，促进胃排空，改善患者症状[5-9]。

3.3 实验研究

3.3.1 化浊解毒方调控癌基因与抑癌基因

化浊解毒方能显著抑制胃癌前病变患者胃粘膜CyclinD1的表达，升高PTEN的表达，机制可能与抑制癌基因的激活和抑癌基因的失活，促进胃癌前细胞凋亡有关。动物实验证实，该方可以改善和逆转癌前病变大鼠胃黏膜的病理改变，其作用可能与调控胃黏膜组织CyclinD1、PTEN mRNA的表达有关[10、11]。

3.3.2 化浊解毒方对胃上皮细胞增殖和凋亡的影响

化浊解毒方可下调模型组大鼠胃黏膜组织中TAZ蛋白和基因表达水平,上调LATS2、MST1蛋白和基因表达水平，影响细胞增殖和凋亡周期[12]。另有研究，模型组大鼠胃黏膜APC和P16蛋白的表达明显降低；与模型对照组比较，化浊解毒方组大鼠胃黏膜APC和P16蛋白的表达明显升高，化浊解毒方可能通过抑制细胞增殖，诱导细胞凋亡发挥作用[13]。有研究，对照组EGFR蛋白翻译和mRNA转录水平均有过表达，表达随病变的进展而递增；化浊解毒方组EGFR蛋白及mRNA的表达下调,PCNA指数、P21H-ras基因蛋白阳性指数明显低于对照组。解毒化浊方对大鼠CAG胃癌前病变细胞的增殖有良好的阻断作用，该作用可能与下调PLGC组织EGFR蛋白及mRNA的表达有关[14]。

3.3.3 对胃癌前病变大鼠血管生成机制的影响

化浊解毒和胃方可能是通过降低PLGC大鼠胃黏膜HIF-1α、VEGF的表达，从而抗血管生成达到防治慢性萎缩性胃炎PLGC的治疗效果，并且存在一定的量效关系[15]。

3.3.4 对慢性萎缩性胃炎大鼠代谢产物的影响

使用代谢组分析不同组别代谢物的变化，通过LC-MS在大鼠胃粘膜组织中鉴定了68种与CAG相关的代谢物。化浊解毒方治疗后，21种代谢物（如胆碱、L亮氨酸和L-丝氨酸等）呈现恢复趋势，表明化浊解毒方对CAG诱导的21种代谢物的改变具有治疗作用，于是对这21种代谢物进行KEGG富集分析，以确定受到显著影响的代谢和信号转导途径，结果发现，这些代谢物参与了mTOR信号通路和胆碱代谢通路。16s扩增子测序结果表明，CAG引起了大鼠肠道微生物组成和相对丰度的变化。化浊解毒方治疗后，与M组相比，CM组中血尿杆菌的相对丰度增加，脱硫球菌和埃希氏菌的相对丰度降低。同时研究结果显示，几种典型的肠道微生物群高度相关的肠道代谢物，如，埃希氏菌与L-亮氨酸呈负相

（下转168页）

宠物鸟的致命伤害

杨建坤　滕　菲　韩陶然
（首都医科大学附属复兴医院感染性疾病科）

2023年1月，在发热门诊就诊的众多患者中，88岁的张爷爷引起了医生的特别关注。张爷爷就诊时已经连日发烧、咳嗽近3周，辗转过几家医院就诊，并曾在某三甲中医医院住院10日，期间服过药也输过液，甚至静脉用过糖皮质激素，无奈退热总是暂时的，每天的最高体温还是能到38℃左右。治疗过程中咳嗽症状也未见减轻，还逐渐出现了周身乏力、肌肉酸痛、营养变差等症状，张爷爷甚至对治疗丧失了信心，认为自己可能是得了“绝症”。张爷爷的家人慕名来到了首都医科大学附属复兴医院感染性疾病科就诊，发热门诊当班大夫了解病情后，认为张爷爷病情比较复杂及蹊跷，就把张爷爷收住到了感染性疾病科病房进一步诊治。当时，感染性疾病科的发热门诊及病房很多与张爷爷症状相似的发热患者，主要是因为感染了新冠病毒，经抗病毒等治疗很快就能退热，症状也都明显减轻。虽然张爷爷肺部CT显示双肺间质性肺炎，血白细胞检查也基本正常，但新冠核酸检测几次都是阴性，外院也曾尝试抗病毒治疗，可张爷爷的病情仍迁延不愈，并日益加重，那究竟是什么病因引起的他的肺炎久治不愈呢?

虽然在感染性疾病科发热待查是他们经常碰到的疾病，但这种富有挑战性的病种每一例成功的诊治都离不开医务人员探根寻底、缜密思考和寻找蛛丝马迹的辛勤付出。感染科杨主任首次查房详细了解了张爷爷的发病诱因、诊治过程、用药情况等，并认真查体、详细阅读已有的化验、检查。经反复细致询问张爷爷流行病学史，张爷爷提供了一个令自己伤心、但自认为与发病无关的线索——张爷爷2个月余前晨起遛弯时在路边草丛处捡到一只鹦鹉，张爷爷认为与此鸟很有“缘分”，将鹦鹉带回家并购置了鸟笼、小碗等用品饲养。鹦鹉刚开始十几天表现尚正常，它有时呆萌、有时活泼的样子很惹张爷爷喜欢，喂鸟、看鸟逐渐成为张爷爷生活的重心。然而约20余日后，张爷爷心爱的鹦鹉出现了食量减少、拒食等表现，这可急坏了张爷爷，每日围着它添食加水，抚摸清扫等，期盼着这只可爱的小生灵能多吃两口，从蔫头耷脑的状态尽快恢复往日的活泼灵动。没成想，鸟儿还是未能好转，陪伴张爷爷约1个月后最终离开了世界。张爷爷伤心不已，茶饭不香，没几日张爷爷发热病倒了。杨主任认真思考后分析：患者虽然病变部位为肺部“定位”明确，但就诊几家医院，静脉应用头孢菌素等多日，口服了不少抗病毒药及中药，临床效果不好，说明前面“定性”不对，治疗不对症、没有治疗到患者真正的致病微生物（当然也需要除外血管炎、肺间质纤维化等疾病)。他们可能忽略了接触“鹦鹉”这一关键流行病学史。杨主任当即指示换用左氧氟沙星静脉输液联合多西环素口服治疗，完善血液衣原体等相关抗体、血液培养、痰培养、自身抗体等检查，并与张爷爷子女沟通外送第三方行血液NGS（二代高通量宏基因测序检测，即同时检测上万种病原微生物特异性基因片段的方法）检查。经过调整用药，张爷爷1日后体温明显下降，咳嗽、咳痰、喘息逐渐改善。张爷爷的化验陆续回报支持“支原体”感染诊断，经治疗2周，张爷爷完全康复，并恢复了既往开朗的性格。出院前一日，张爷爷向医护人员借来纸和笔，写下了发自肺腑的感谢信：感谢复兴医院感染科给了他第二次生命…！张爷爷出院诊断为“鹦鹉热衣原体肺炎”。

那么“鹦鹉热”是什么疾病呢？与可爱的鹦鹉有什麽渊源呢？鹦鹉怎么会成为传播灾厄的使者了呢？

其实张爷爷罹患的是一种相对少见但并不罕见的疾病——鹦鹉热（psittacosis）。这种病也称鸟疫（ornithosis），是由鹦鹉热衣原体感染引起的人兽共患病。鹦鹉热衣原体（Chlamydia psittaci）是一种寄生于动物细胞内的的病原体，已知基因型多达17种[1]。在自然界中，很多物种都有可能成为鹦鹉热衣原体侵袭的目标，幼龄禽类易感性大，目前已知的至少就包括32种哺乳动物和190种鸟类[1]。

鹦鹉热衣原体主要在染病鸟类的呼吸道及胃肠道定植，可随其体液、皮屑和排泄物排出体外，对区域环境造成污染。一般在鹦鹉科鸟类之间传染时称为“鹦鹉热”，人类接触染疫鹦鹉而发生感染时亦称为“鹦鹉热”；而发生在各种非鹦鹉科鸟类时称“鸟疫”，或称之为“衣原体病”。人类感染鹦鹉热衣原体的途径主要是通过与鸟类或家禽的接触，包括接触被感染的鹦鹉、鸽子等鸟类的羽毛，或是被感染鸟类的排泄物形成气溶胶，在清扫鸟舍时，人类将含有病原微生物的气溶胶经呼吸道吸入肺部而致病[2]。

于人类而言，世界各地均有鹦鹉热衣原体感染引发的病例，当人类感染鹦鹉热衣原体时，可以表现为肺炎。既然鹦鹉热衣原体肺炎并非是一种罕见病，那为什么于很多人而言，都从未听说过这种“怪病”呢？常用于治疗社区获得性肺炎的大环内酯类药物、喹诺酮类药物对鹦鹉热衣原体而言都有一定的疗效，所以，鹦鹉热衣原体肺炎在以前之所以“寂寞无闻”，是因为医疗单位常规查找病原微生物的方法如微生物培养、抗原-抗体检测等均阳性率很低，影响了该病确诊，很可能是将这些病例仅被当作了普通肺炎病例进行治疗，藏木于林，无迹可寻。随着精准医疗的不断发展，二代高通量宏基因测序检测技术的普及与应用，越来越多的特殊病原体感染得以明确诊断，这其中就包括了鹦鹉热衣原体。一项观察性研究的荟萃分析报告，在社区获得性肺炎病例中，约有1%都是由鹦鹉热衣原体引起的[3]。这些病例曾经隐匿于社区获得性肺炎的大帽子之下，而今得以浮出水面，逐渐显露出本来面貌，让我们对它有了更为清晰的认知。

清晨的鸟鸣、广场上的白鸽、花枝间跳跃的喜鹊……鸟类似乎是与我们密不可分的伙伴。2014年国内的一项调查显示，12%的成年宠物鸟体内鹦鹉热衣原体血清检测呈阳性[4]。其中，鹦鹉热衣原体感染率最高的是鹦鹉目的鸟类，其次为家禽，相对少见的是鸽子和八哥。那么，只要得了肺炎，就有可能是鹦鹉热衣原体感染么？一般而言，在感染鹦鹉热衣原体的患者中，65%都有明确的家禽接触史或鹦鹉接触史[5]，因此流行病学史很重要。易于感染鹦鹉热衣原体的人群包括：1.拥有宠物鸟的人，2.拥有或经营鸟类宠物店的人，3.兽医，4.在禽类加工厂工作的人。

鹦鹉热衣原体感染的潜伏期以5至14天居多，常见表现是突起的发热，相对缓脉（一般体温升高时我们的心率随之加快，但某些病原体感染时即使发热心率大多也不会出现明显变化[6]，即所谓的“相对缓脉”）。感染鹦鹉热衣原体后有可能会出现较为剧烈的头痛，可伴有肌肉酸痛，出现干咳症状。重症患者可有呼吸困难、胸痛和咯血。较为少见的表现是咽痛、腹泻和神志改变。某些患者会进展为鹦鹉热衣原体肺炎，其临床表现可与新型冠状病毒感染相似，虽然单侧肺炎多见，但有时也会出现双侧肺炎，某些患者还会出现脾大。

若是接触过鸟类，且出现了上述症状，就提示该及时前往发热门诊就诊了。叙述病情时一定不要忘记向医生说明发病前的鸟类接触史，为医生的诊疗提供线索，少走“弯路”。如果高度怀疑是鹦鹉热衣原体感染，医生会选用特殊类别的抗生素，如四环素类、大环内酯类或喹诺酮类[7]，以取得良好的治疗效果。

康复后的患者往往存在疑问，如果是因为接触了宠物鸟才罹患鹦鹉热，日后是否还能与宠物鸟相伴生活？这真的是一份无法承受的、致命的美丽么？其实，鸟类如果感染了鹦鹉热衣原体，也是可以通过专用的抗生素治愈的。但我们仍要注意，在日常清洁鸟舍时，应采取措施避免气溶胶的产生，注意做好自身防护。

参考文献

[1] Ravichandran, K., et al., A comprehensive review on avian chlamydiosis: a neglected zoonotic disease. Trop Anim Health Prod, 2021, 53(4): p. 414.

[2] Cillóniz, C., et al., Community-acquired pneumonia related to intracellular pathogens. Intensive Care Med, 2016, 42(9): p. 1374–86.

[3] Hogerwerf, L., et al., Chlamydia psittaci (psittacosis) as a cause of community-acquired pneumonia: a systematic review and meta-analysis. Epidemiol Infect, 2017. 145(15): p. 3096–3105.

[4] Cong, W., et al., Chlamydia psittaci exposure in pet birds. J Med Microbiol, 2014, 63(Pt 4): p. 578–581.

[5] Li, X., et al., Clinical, radiological and pathological characteristics of moderate to fulminant psittacosis pneumonia. PLoS One, 2022, 17(7): p. e0270896.

[6] Fukui, S., et al., A patient with psittacosis from a pigeon: A reminder of the importance of detailed interviews and relative bradycardia. IDCases, 2021, 25: p. e01164.

[7] 林果为，王吉耀、葛均波 实用内科学[M]. 15版. 北京，人民卫生出版社，2017：1251-1253

（上接165页）

关，血尿杆菌与尿素呈负相关，脱硫球菌与三甲胺呈正相关，与胆碱呈负相关。该结果证明了肠道微生物群和代谢物之间的功能相关性[16]。

综上所述，核心病机观对慢性病、疑难病的临床诊治具有重要指导意义；慢性萎缩性胃炎胃癌前病变的核心病机为浊毒内蕴，化浊解毒法治疗本病有确切疗效。

参考文献

[1] 中华医学会消化病学分会《中国慢性胃炎诊治指南》（2022年，上海）. 中华消化杂志，2023, 43（3）: 145.

[2] 王彦刚，李立，李佃贵. 慢性萎缩性胃炎证候学聚类研究. 河北中医，2015, 37（1）: 22–242.

[3] 王彦刚，刘宇. 化浊解毒法治疗慢性萎缩性胃炎用药聚类分析. 世界华人消化杂志，2015, 23(14): 2274–2279.

[4] 周盼盼，王彦刚. 基于方证相应的慢性萎缩性胃炎浊毒内蕴证用药规律研究. 中草药，2014, 19（22）: 3236–3240

[5] 王彦刚，李佃贵. 基于浊毒学说治疗慢性萎缩性胃炎伴肠上皮化生临床疗效观察，中华中医药杂志，2009, 24（3）: 353-355

[6] 高绍芳、李佃贵、王彦刚，等. 化浊解毒和胃方对慢性萎缩性胃炎胃癌前病变患者的治疗作用，中国老年学杂志，2010, 3（40）:460–462

[7] 侯玉茹，李佃贵，王彦刚，等。化浊解毒方对60例慢性萎缩性胃炎患者胃排空影响临床观察。医学研究与教育。2011, 28（5）:33–37.

[8] 张金丽，王彦刚，等. 化浊解毒和胃方对慢性萎缩性胃炎癌前病变患者胃液分析的影响. 中医杂志，2014, 55（5）: 400–443.

[9] 李佃贵，杜艳茹，郭敏，等. 化浊解毒方治疗胃癌前病变临床疗效及对微量元素的影响. 中药材，2011, 34(1):158–160

[10] 高绍芳，李佃贵，崔建从，等. 化浊解毒和胃方对慢性萎缩性胃炎胃癌前病变患者的治疗作用. 中国老年学杂志，2010, 30(4): 460–462

[11] 高绍芳，李佃贵，郭敏等. 化浊解毒和胃方对胃癌前病变大鼠胃癌相关基因的影响. 中华中医药杂志，2010, 25（1）: 34–37

[12] 王彦刚，郝新宇，于仁杰，田雪娇. 化浊解毒方对慢性萎缩性胃炎大鼠Hippo/TAZ信号通路及相关蛋白TAZ、LATS2、MST1的影响. 中药药理与临床，2019, 35(03):105–110.

[13] 郭喜军，张颜伟，赵见文. 胃癌前病变大鼠中抑癌基因APC、P16表达与浊毒的相关性研究. 河南中医，2010, 33(10):1119–1122.

[14] 李佃贵，赵玉斌. 解毒化浊方药治疗大鼠慢性萎缩性胃炎合并癌前病变作用机制的研究。第三届世界中西医结合大会摘要集。

[15] 高绍芳，王彦刚，李佃贵，等. 化浊解毒和胃方对胃癌前病变大鼠血管生成机制的影响. 中国中西医结合杂志，2013, 33（11）: 1515–1519.

[16] Pingping Zhou, YangangWang. Determination of the protective effects of Hua-Zhuo-Jie-Du in chronic atrophic gastritis by regulating intestinal microbiota and metabolites: combination of liquid chromatograph mass spectrometer metabolic profiling and 16S rRNA gene sequencing. Chinese Medicine. 2021 May 1;16(1):37

个体化矫正：脊柱畸形迈向数字智能诊疗时代

张扬璞[1] 杨宏浩 海 涌[2*]
（首都医科大学附属北京朝阳医院骨科
首都医科大学脊柱畸形临床诊疗与研究中心）

引言

根据中华预防医学会脊柱疾病预防与控制委员会的前期流调数据，结合权威杂志和国内专家的共识，目前我国中小学生发生脊柱侧凸的人数预计已经超过500万，并且仍以每年30万左右的速度递增。脊柱侧凸目前已成为危害我国儿童和青少年健康的第三大“杀手”，仅次于肥胖和近视。除了引发外在畸形，如青少年驼背、高低肩、骨骼不对称等问题，脊柱侧凸还可能导致脏器发育畸形和功能障碍，严重时甚至会引发心肺衰竭、瘫痪甚至死亡。未经治疗的脊柱侧凸患者，由于躯体畸形亦可能导致心理问题，同时还伴随着求学、就业、结婚等社会问题。

“中流砥柱”缘何出现畸形

脊柱侧凸是一种三维畸形，表现为脊柱侧方或旋转弯曲，可累及一个或数个脊柱节段。与正常脊柱存在的生理性弯曲不同，脊柱侧凸患者的脊柱所出现侧方异常弯曲无法通过自身的直立和姿势的调整来纠正。在脊柱侧凸的患者中，超过80%的人找不到发病原因，这种情况医生常称之为“特发性”，也就是病因不明。特发性脊柱侧凸在青少年患者中发病率为2~4%，女性发病率是男性的1.5~3倍[1]。青少年脊柱侧凸患者因早期发病隐匿而容易误诊或漏诊，且儿童和青少年正处于身体和心理成长的关键期，一旦出现明显进展会表现出明显外观畸形、疼痛、神经功能与心肺功能障碍，因此治疗脊柱侧凸的关键在于“早发现、早治疗”[2]。

一般来说，青少年特发性脊柱侧凸的手术治疗常见于10~20岁之间，尤其是在13~16岁的患者，这个时段骨骼接近成熟，柔韧性相对较好，是矫正效果最佳的时期。对于小于10岁但已超过40度的早发性脊柱侧凸，也应尽早接受手术治疗，可以采用生长棒技术保留生长潜能，同时达到遏制和矫正的效果。对于先天性侧凸，需要持续、密切地评估弯度进展，对于符合手术指征的患者应及时进行手术矫正。对于复杂的畸形，早期治疗通常更为简单而安全，可避免严重的继发畸形，减少融合固定节段，保留更多的脊柱活动度，从而提高患者的生活质量。

“千人千面”亟需个体化精准评估

一千个读者眼中就会有一千个哈姆雷特，世界上也没有两个一样的脊柱畸形患者。脊柱畸形的个体差异性和多样性使其成为医学领域中一项挑战性。脊柱侧凸可能在不同的节段、方向和角度上表现出不同的形态，这种差异涉及到脊柱结构及其周围组织的多方面影响。脊柱畸形的发生原因多种多样，包括特发性、先天性、神经肌肉疾病等多个方面。特发性脊柱侧凸通常在青春期发病，病因不明，而先天性脊柱畸形则源于脊柱的发育异常，导致脊柱畸形的类型和程度因个体差异而异。在这个过程中，医疗团队需要深入了解患者的具体情况，以制定个性化的诊断和治疗方案，通过个性化的诊断和治疗方案来应对其特定的脊柱问题。

根据患者的临床和影像学特征，为每位患者量身定制个性化和精确的手术计划已经成为骨科医生的日常实践。而近年来，三维模拟重建和3D打印技术的快速发展使它们与医学的整合成为可能。随着该技术不断创新，它们在现代医学领域内不断与之整合的新案例仍在不断涌现。在各种医学领域，三维成像技术已被用于重建各种生理和病理结构，模拟手术计划，并制定手术策略，逐渐成为医生不可或缺的工具。在脊柱外科领域，这项技术近年来也取得了显著的进展。对于接受脊柱手术的患者，基于患者成像数据的三维重建用于创建真实脊柱模型。在这些可视化模型中制定精确的手术计划，实现个性化手术治疗方案，以提高手术结果和疗效，并保证手术安全性。

传统脊柱的计算机断层扫描（CT）重建提供了三维图像，但在静态与动态结构评估、术前规划和术中指导方面仍然存在局限。基于CT扫描数据的3D打印技术可以为外科医生提供高精度、解剖结构准确的脊柱模型。通过三维模型，医生可以更准确地评估患者的脊柱畸形，包括曲度、角度和旋转等参数。这使得手术计划更具个体差异，能够更好地满足患者独特的治疗需求。更为重要的是，三维模型直观地展示了患者的脊柱情况，有助于医生向患者和家属清晰地解释手术方案和预期效果。这促进了患者对治疗过程的理解和信任。

我们的团队近年来在国际上首创脊柱畸形椎管三维测量技术，基于全脊柱CT三维重建图像对三维骨骼结构及神经结构进行术前评估，对椎体模型及椎管进行标准化重建。测量严重复杂脊柱畸形围手术期椎管形态及长度变化，归纳截骨与矫正手术操作“安全线”，制定严重复杂脊柱畸形手术矫形安全范围，指导精准脊柱畸形矫正手术方案的规划和评估，为确保严重复杂脊柱畸形的安全高效矫形提供了全新的测量方法[5-6]。通过应用三维重建与模型评估，不仅在教育医学生、解释患者状况和手术计划方面起到了至关重要的作用，而且通过可视化解剖结构和组织来协助外科医生，最终减少手术时间。另外，三维脊柱模型可以增强外科医生进行更高级别截骨术的信心，并显著提高严重脊柱畸形矫正手术的安全性和效率。团队验证了3D打印脊柱模型在脊柱畸形手术中良好的应用前景[7]。

“因地制宜”个体化建策精准应对

随着我们步入“精准医学”时代，追求更准确和高效的手术治疗策略变得至关重要。在历史上，手术计划通常基于外科医生的个人经验和文献报告，这导致了对患者术后结果的粗略评估和预后，缺乏可见性、特异性和有效性。医疗团队需要充分尊重患者的个体差异，制定个性化的治疗方案，以提高治疗效果，减少患者的不适感，促进康复和生活质量的提升。脊柱畸形的诊断和治疗中不宜采用一刀切的标准化方法。医生在制定手术计划时需要考虑患者的具体情况，包括畸形的类型、程度、患者的年龄和生长发育情况等多个因素。三维重建和3D打印技术的应用使得手术计划更加精准和个体化，旨在确保治疗效果最大化同时最小限度地影响患者的生理和心理健康。

脊柱畸形疾病具有多样化和高度个性化的特征，对脊柱外科医生的诊断和治疗技能提出了较高要求。由于严重僵硬的脊柱畸形的复杂性，诸如螺钉植入、截骨、撑开和减压等程序显著增加了手术并发症，尤其是术中神经并发症的风险。有报道显示，复杂脊柱矫正手术的术后神经并发症可能高达4.0%~23%[8]。神经并发症的风险与术前畸形的严重程度、截骨位置、截骨类型以及后凸畸形矫正密切相关。个体化术前规划为脊柱畸形手术提供了全面的信息支持，使医生能够更精准地制定治疗方案、

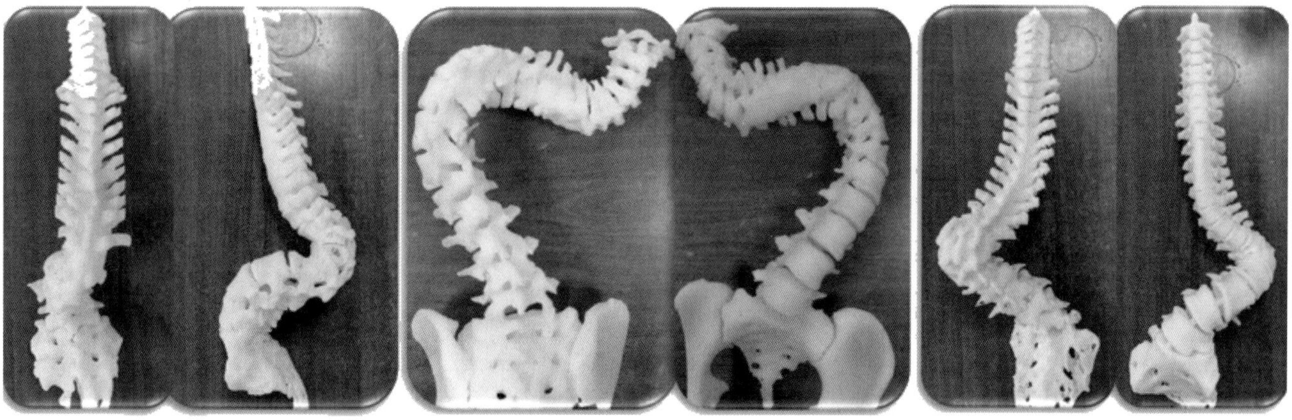

降低手术风险、提高手术效果。

利用先进的三维重建和3D打印技术，根据患者独特的解剖结构和畸形特点，为手术提供详细、精确的信息。这有助于医生准确诊断脊柱畸形的类型、程度和特点，为制定个性化的治疗方案提供基础。同时，个体化术前规划提供了对患者脊柱结构的深入了解，使医生能够更准确地评估手术难度和风险。这有助于在手术前识别潜在的并发症风险，采取更精准的手术策略，最大限度地降低手术风险。另外，术前规划生成的三维模型可用于术中导航和定位，医生可以在手术过程中参考这些模型，确保手术的准确性和精确性，更有效地进行矫正操作。通过个体化术前规划，医生可以更全面地了解患者的脊柱畸形，采取更精准的内固定选择，对脊柱畸形因素更针对性地进行矫正。这有助于提高手术的整体效果，减小畸形程度，改善患者的身体功能和外观。本团队既往研究[7-8]表明计算机辅助椎弓螺钉插入规划（CASIP）及三维术前规划的运用在治疗严重脊柱畸形中的可行性和有效性，其提高了椎弓螺钉放置的准确性，使脊柱外科医生能够制定详细的术前个性化手术计划，从而改善了内固定效果。

“精确制导”3D打印确保精准实施

精准医学的兴起促使骨科医生寻求先进技术的支持，以改善手术结果。面对脊柱畸形疾病提出的复杂挑战，对个性化和精确手术规划的需求导致了三维形态评估和3D打印技术的融合。这些创新可以创建特定患者的骨科模型，为个体需求量身定制的细致手术计划奠定了基础，在这个系列中呈现的研究突显了先进技术在脊柱畸形治疗中的变革潜力。从研究截骨技术对脊髓变形的影响，到通过计算机辅助规划提高椎弓螺钉准确性，再到在复杂病例中利用三维手术模拟，这些技术强调了数字技术在优化手术干预中的潜力。此外，3D打印的脊柱模型和导板的应用显示出手术效率、准确性和安全性方面的切实改进。随着技术持续重塑骨科领域，这些进步有望提升患者的治疗结果，重新定义脊柱畸形治疗的标准。

而在这其中，定制化手术导板在脊柱畸形治疗中发挥着关键作用，其主要体现在个体化手术方案的精准实施、结构标志的精准识别、手术风险的显著降低、手术精准度的显著提高。通过3D打印技术基于术前规划精准设计和制作导板，医生可以在手术中利用精准工具实现对患者脊柱的个体化规划的精准实施，大幅度提高手术的准确性和成功率。这一技术创新不仅减少手术时间，降低手术风险，还有助于规划效果的更好实现，为脊柱畸形患者提供更安全、更有效的治疗方案。定制化手术导板在脊柱畸形治疗中的应用，有助于实现个体化治疗，提高手术的精准性和安全性，同时减轻了患者的手术负担。这一技术的不断创新和发展将进一步推动脊柱畸形治疗的进步。通过三维模拟重建和3D打印技术，各种术前数据、手术计划和术后效果都可以被可视化，使外科医生能够更准确地评估骨骼结构状况。此外，通过三维模拟制定的相关内固定和截骨导板的应用可以进行精确的术前截骨模拟，降低了与严重成人僵硬畸形高水平截骨相关的手术风险和复杂性，有效提高手术的有效性和安全性。

既往研究已表明，3D打印技术有助于提高椎弓螺钉放置的准确性，减少手术时间，减少手术失血，降低神经并发症。我们的团队既往研究[9-10]报道了数字技术和3D打印在复杂脊柱畸形手术的术前规划和椎弓截骨中的联合应用。本研究创新性结合三维重建与模拟技术，直观、全面、个体化评估严重复杂脊柱畸形的脊柱结构，实现严重复杂脊柱畸形个体化、精准化的矫形操作规划与矫形模拟。国际上首次创新性地应用三维重建与模拟技术，率先实现了严重复杂脊柱畸形个体化、精准化的矫形操作规划，精确地模拟脊柱矫形后结构形态，预估手术矫形效果。同时，通过借助三维椎管测量技术，确保脊髓神经在耐受限度内，最大程度地优化手术结果与安全性，实现方案与结果可视化。同时，运用三维模拟技术进行个体化手术方案设计及模拟，设计相关内固定位置、内固定方式、截骨位置设计、截骨类型，并进行个体化手术矫正效果模拟及预测、矫正后脊柱骨骼结构的形态变化及椎管位移的预测。在安全性最大化基础上实现畸形最有效矫正，最终结果显示临床有效性明显提升的同时，并发症发生率显著降低。

骨牵引技术将脊柱畸形化繁为简

对于严重复杂脊柱畸形，其不仅因严重的剃刀背或肩部失衡影响患者外观，而且还存在脊柱短缩、椎体旋转偏移、胸廓塌陷等结构异常，导致胸腹腔容积减小、脏器受压，出现限制性通气功能障碍及消化功能障碍。若不及时手术治疗，随着患者脊柱畸形进展和年龄增长，心肺代偿能力逐渐降低，可能会出现进行性呼吸功能障碍，严重危害患者身心健康甚至生命。长期严重脊柱畸形又导致脊柱僵硬，一期矫形手术难度大，往往需要采用高级别脊柱截骨，因此手术时间长，术中出血量大，甚至发生脊髓不可逆损伤，患者围手术期各种并发症发生率明显增加。据研究报道，重度脊柱畸形患者围术期呼吸系统并发症和神经系统并发症的发生率分别为18.0%和23.1%[11-12]。

骨牵引技术包括头颅-重力牵引及头颅-骨盆牵引，作为脊柱矫形手术的术前治疗方法已得到广大学者认可。多项研究已证实，持续性的牵引作用能够逐步松解脊柱畸形凹侧的软组织挛缩，纠正椎体的旋转，显著改善脊柱畸形的严重程度，同时降低手术中截骨的级别。此外，持续性的脊柱牵引可以拉伸脊柱，尤其是对胸椎畸形的患者有助于改善胸廓容积，提高心肺功能，增加手术耐受力，降低患者麻醉风险和术后呼吸系统并发症风险[13]。术前牵引的畸形矫正效果都是在患者意识状态清楚的状态下获得的，术者可以通过在牵引期间对神经功能的密切观察，更好地了解患者的脊髓、神经耐受能力，评估神经并发症的发生风险。因此，骨牵引技术不仅减小了脊柱畸形程度，还降低了手术难度、增加了手术的安全性，真正做到了将复杂脊柱畸形手术化繁为简。

截骨策略最优化为患者治疗保驾护航

目前，各种先进的截骨技术已被广泛应用于改善脊柱畸形僵硬状态，并成为严重复杂脊柱畸形矫形手术中不可或缺的一部分。Suk等于2002年首次报道了后路全脊截骨术在治疗重度脊柱畸形中的应用，并取得了显著的矫形效果。与此同时，他们也强调了这一手术的高技术难度和潜在风险。Ponte等在1984年报道了Ponte截骨在矫正矢状面脊柱畸形中的应用。尽管单个节段的Ponte截骨只能提供有限的矫正能力，但它可以应用于多个脊柱节段，并具有更小的出血量和并发症风险。由于Ponte截骨可以更加广泛地改善主弯整体柔韧性，因此更适用于圆弧状的脊柱畸形矫形。团队于2008年在国际上首次提出多节段不对称Ponte截骨技术（MAPO）用于成人僵硬性脊柱侧凸的矫形，并于2019年首次报道了MAPO与VCR疗效及安全性的对比研究[14]。

结果提示应用MAPO治疗重度僵硬性成人脊柱侧后凸时可以达到于VCR相似的冠状面与矢状面影像学改善效果，显著减少手术时间和术中出血，及降低术后并发症的发生。截骨策略的优化将以往需要接受三柱截骨的患者转化为仅需接受更加安全的后柱截骨，为严重复杂脊柱畸形的诊疗添砖加瓦，保驾护航。

参考文献

[1] Zhang H, Guo C, Tang M, et al. Prevalence of scoliosis among primary and middle school students in Mainland China: a systematic review and meta-analysis. Spine (Phila Pa 1976). 2015, 40(1): 41-49.

[2] Davies G, Reid L. Effect of scoliosis on growth of alveoli and pulmonary arteries and on right ventricle. Arch Dis Child. 1971, 46(249): 623-632.

[3] Han C, Hai Y, Yin P, Cha T, Li G. In vivo deformation of the spine canal before and after surgical corrections of severe and rigid kyphoscoliosis. J Orthop Translat. 2020 Apr 10; 23: 1-7.

[4] Han C, Hai Y, Zhou C, Yin P, Guo R, Wang H, Wang W, Cha T, Li G. Investigation of in vivo three-dimensional changes of the spinal canal after corrective surgeries of the idiopathic scoliosis. JOR Spine. 2021 May 27; 4(3): e1151.

[5] Pan A, Ding H, Hai Y, et al. The Value of Three-Dimensional Printing Spine Model in Severe Spine Deformity Correction Surgery. Global Spine J. 2023, 13(3): 787-795.

[6] Fehlings MG, Kato S, Lenke LG, et al. Incidence and risk factors of postoperative neurologic decline after complex adult spinal deformity surgery: results of the Scoli-RISK-1 study. Spine J. 2018, 18(10): 1733-1740.

[7] Zhang Y, Hai Y, Yang J, et al. The feasibility and efficacy of computer-assisted screw inserting planning in the surgical treatment for severe spinal deformity: a prospective study. BMC Surg. 2022, 22(1): 265.

[8] Liang W, Han B, Hai JJ, et al. 3D-printed drill guide template, a promising tool to improve pedicle screw placement accuracy in spinal deformity surgery: A systematic review and meta-analysis. Eur Spine J. 2021, 30(5): 1173-1183.

[9] Zhang Y, Hai Y, Liu Y, et al. The Reliability of Computer-Assisted Three-Dimensional Surgical Simulation of Posterior Osteotomies in Thoracolumbar Kyphosis Secondary to Ankylosing Spondylitis Patients. Mediators Inflamm. 2022, 2022: 8134242.

[10] Ding H, Hai Y, Zhou L, et al. Clinical Application of Personalized Digital Surgical Planning and Precise Execution for Severe and Complex Adult Spinal Deformity Correction Utilizing 3D Printing Techniques. J Pers Med. 2023, 13(4): 602.

[11] Al-Iede MM, Al-Zayadneh E, Bridge C, Alqutawneh B, Waters K. Risk factors for postoperative pulmonary complications in children with severely compromised pulmonary function secondary to severe scoliosis. Pediatr Pulmonol. 2020, 55(10): 2782-2790.

[12] Fehlings MG, Kato S, Lenke LG, et al. Incidence and risk factors of postoperative neurologic decline after complex adult spinal deformity surgery: results of the Scoli-RISK-1 study. Spine J. 2018, 18(10): 1733-1740.

[13] Zhou L, Zhang H, Yang H, et al. Evaluation of Pulmonary Function After Halo-Pelvic Traction for Severe and Rigid Kyphoscoliosis Utilizing CT with 3D Reconstruction. J Bone Joint Surg Am. 2023, 105(22): 1793-1800.

[14] Zhang Y, Tao L, Hai Y, et al. One-Stage Posterior Multiple-Level Asymmetrical Ponte Osteotomies Versus Single-Level Posterior Vertebral Column Resection for Severe and Rigid Adult Idiopathic Scoliosis: A Minimum 2-Year Follow-up Comparative Study. Spine (Phila Pa 1976). 2019, 44(20): E1196-E1205.

16部门启动“体重管理年”覆盖全人群全生命周期

“我们国家居民健康状况不断改善的同时，肥胖和超重问题也日益突出。”6月26日，在国家卫生健康委召开的新闻发布会上，国家卫生健康委医疗应急司司长郭燕红表示，许多研究都表明，体重异常，特别是超重和肥胖与许多疾病都有着密切的关系，其中包括高血压、糖尿病、高血脂、心脑血管疾病以及部分癌症。超重问题、肥胖问题是重大的公共卫生问题，亟须加强干预，予以改善。

为此，国家卫生健康委与全国爱卫办、教育部、国家体育总局等16个部门近日联合启动了“体重管理年”活动。活动强调加强科学普及，提升公众体重管理意识，动员社会和群众广泛参与和积极行动，注重分类指导，提高体重管理的科学化、专业化和精准化水平，强调科技支撑和赋能，加强相关技术研究和转化应用，推动体重管理技术创新和产品升级。

郭燕红说，16个部门共同推动此项活动，将体重管理融入各项政策和行动计划中，积极发挥各部门的职能优势，在全社会形成倡导文明健康生活方式，以及对体重管理工作的支持性氛围。

“健身去哪儿”难题得到缓解

“体重管理年”活动中，体育总局在加强全民健身场所设施供给方面将持续发力，让老百姓能够有地方去活动、去运动、去健身。国家体育总局群众体育司二级巡视员杨敏介绍，该部门持续推进体育公园、全民健身中心、健身步道、社会足球场、群众滑冰场等建设工作，引导支持公共体育场馆、学校体育场馆免费或低收费向社会开放，让群众参加体育锻炼更加便利。截至2023年年底，我国人均体育场地面积达到2.89平方米，“健身去哪儿”难题得到进一步缓解。

10年前，国家体育总局根据相关文件，启动了“15分钟健身圈”建设，“对于老百姓就近就便参与体育锻炼意义十分重大。”杨敏说，“我们的目标是，到2025年，县（市、区）、乡镇街道、行政村（社区）三级公共健身设施和社区‘15分钟健身圈’实现全覆盖。”

在此过程中，国家体育总局支持完善农村地区和边疆地区全民健身场地设施，组织实施行政村农民体育健身工程、乡镇、街道全民健身场地器材补短板工程，建设县级多功能运动场或维修、更新行政村农民体育健身工程健身器材，并持续补助公共体育场馆免费或低收费向社会开放，仅2023年，就补助了2491个场馆，覆盖全国近1400个县级行政区域。

覆盖全人群全生命周期，提高体重精准管理水平

“体重管理年”活动将“覆盖全人群全生命周期，提高体重精准管理水平”作为重点内容。其中，学生体重管理的重点是培养儿童、青少年形成动态测量身高、体重、腰围的健康习惯，帮助超重和肥胖的学生做到“一减两增、一调两测”：减少进食量、增加身体活动、增强减肥信心、调整饮食结构、测量体重、测量腰围。

在“体重管理年”期间，教育部门将加强对在校学生的科普宣传教育、优化学生膳食营养、保证学生在校期间的体育运动和活动时间，促进儿童、青少年维持健康体重。

此次“体重管理年”活动还联合了全国总工会，“主要是提高职工身体素质和健康水平，加强体重管理和知识的宣传普及，丰富职工的体育健身活动，促进职业人群的健康体重管理。”郭燕红说。

职业人群的工作压力较大，不少人反映没有时间运动。针对这个问题，国家体育总局体育科学研究所国民体质与科学健身研究中心主任、研究员徐建方说：“是不是我必须要每次腾出30分钟以上的时间来锻炼？实际上不是这样的，动则有益，只要你动起来，你的身体就在消耗（能量）。”

徐建方建议，每天有若干个少于10分钟的锻炼，对于减脂、身体的健康都是有益的。

徐建方进一步补充：“比如我们上下班可以多步行一段，坐公交可以提前下来走一走。假如我们的膝关节、踝关节都没有问题，在地铁站可以选择爬楼梯，另外在办公室也可以进行短时间的运动，比如一些简单的拉伸。”“我们提倡把运动当成生活中的‘零食’，这对我们的健康促进有很好的作用。”徐建方说。（记者 刘昶荣）

2024年07月04日

（来源：中国青年报）

2024年城乡居民医保最新缴费标准公布，进一步做好居民医保筹资和待遇保障

近期，国家医保局、财政部、国家税务总局发布了《关于做好2024年城乡居民基本医疗保障有关工作的通知》，要求进一步做好城乡居民基本医疗保险筹资和待遇保障等有关工作。

通知指出，在居民医保筹资工作方面，2024年，各级财政继续加大对居民医保参保缴费补助力度，同时，居民个人缴费增幅适当降低，财政补助和个人缴费标准分别较上年增加30元和20元，达到每人每年不低于670 元和400 元。

中央财政继续按规定对地方实施分档补助，对西部、中部地区分别按照人均财政补助标准80%、60%的比例给予补助，对东部地区各省份分别按一定比例补助。并进一步落实持居住证参保政策，对于持居住证参加当地居民医保的，各级

财政要按当地居民相同标准给予补助。地方各级财政要按规定足额安排财政补助资金并及时拨付到位，不得挤占、挪用。

此外，还进一步优化了大病保险筹资结构。统筹居民基本医保和大病保险资金安排和使用，结合当地经济发展水平、大病医疗费用情况、基金支撑能力等因素，合理确定大病保险筹资水平，探索建立可持续的大病保险筹资动态调整机制。

通知表示，在医疗保障待遇水平提升方面，坚持尽力而为、量力而行，继续巩固住院保障水平，政策范围内基金支付比例稳定在70%左右。持续完善城乡居民高血压、糖尿病门诊用药保障机制。全面推动职工基本医疗保险个人账户家庭共济使用政策落地落实。

增强大病保险精准保障能力。提高大病保险保障大病患者高额医疗费用的精准度。大病保险起付标准原则上不高于当地上年城乡居民人均可支配收入，居民医保叠加大病保险的最高支付限额原则上达到当地上年城乡居民人均可支配收入的6倍左右，报销比例向高额医疗费用倾斜。加强居民医保生育医疗费用保障，进一步减轻参保居民生育医疗费用负担。

推动制度政策规范统一。全面贯彻落实医疗保障待遇清单制度，各省组织开展三年行动方案“回头看”，确保实现医保制度、政策等规范统一。

通知明确，要扎实做好过渡期后半程巩固医保脱贫攻坚成果工作。抓好医保综合帮扶政策落实。做好农村低收入人口和脱贫人口参保工作，确保两类人员参保率不低于99%。统筹发挥好基本医保、大病保险、医疗救助三重制度综合保障梯次减负功能，可根据本地区实际情况加大倾斜救助力度，稳定巩固农村低收入人口基本医保待遇水平。

健全防范化解因病返贫致贫长效机制。常态化开展高额医疗费用负担患者监测预警，重点做好农村低收入人口和脱贫人口监测，精准排查返贫致贫风险。

为切实抓好组织实施，《通知》要求各地各有关部门加强组织领导、健全工作机制、压实工作责任、强化部门协同，增强风险意识、加强基金管理、做好宣传解读，推动制度政策落实落细落好，切实维护群众医疗保障权益。

（来源：国家医疗保障局）